中华当代学术著作辑要

中国佛性论

赖永海 著

商务印书馆
The Commercial Press
创于1897

图书在版编目（CIP）数据

中国佛性论 / 赖永海著 . — 北京 : 商务印书馆，
2022

（中华当代学术著作辑要）

ISBN 978–7–100–20882–6

Ⅰ . ①中… Ⅱ . ①赖… Ⅲ . ①佛教—研究—中国

Ⅳ . ① B948

中国版本图书馆 CIP 数据核字（2022）第 050753 号

中华当代学术著作辑要

中国佛性论

赖永海　著

商 务 印 书 馆 出 版
（北京王府井大街 36 号　邮政编码 100710）
商 务 印 书 馆 发 行
北 京 通 州 皇 家 印 刷 厂 印 刷
ISBN　978–7–100–20882–6

2022 年 6 月第 1 版　　　　开本 710×1000　1/16
2022 年 6 月北京第 1 次印刷　印张 22¼

定价：98.00 元

中华当代学术著作辑要

出 版 说 明

学术升降，代有沉浮。中华学术，继近现代大量吸纳西学、涤荡本土体系以来，至上世纪八十年代，因重开国门，迎来了学术发展的又一个高峰期。在中西文化的相互激荡之下，中华大地集中迸发出学术创新、思想创新、文化创新的强大力量，产生了一大批卓有影响的学术成果。这些出自新一代学人的著作，充分体现了当代学术精神，不仅与中国近现代学术成就先后辉映，也成为激荡未来社会发展的文化力量。

为展现改革开放以来中国学术所取得的标志性成就，我馆组织出版"中华当代学术著作辑要"，旨在系统整理当代学人的学术成果，展现当代中国学术的演进与突破，更立足于向世界展示中华学人立足本土、独立思考的思想结晶与学术智慧，使其不仅并立于世界学术之林，更成为滋养中国乃至人类文明的宝贵资源。

"中华当代学术著作辑要"主要收录改革开放以来中国大陆学者兼及港澳台地区和海外华人学者的原创名著，涵盖文学、历史、哲学、政治、经济、法律、社会学和文艺理论等众多学科。丛书选目遵循优中选精的原则，所收须为立意高远、见解独到，在相关学科领域具有重要影响的专著或论文集；须经历时间的积淀，具有定评，且侧重于首次出版十年以上的著作；须在当时具有广泛的学术影响，并至今仍富于生命力。

自 1897 年始创起，本馆以"昌明教育、开启民智"为己任，近年又确立了"服务教育，引领学术，担当文化，激动潮流"的出版宗旨，继上世纪八十年代以来系统出版"汉译世界学术名著丛书"后，近期又有"中华现代学术名著丛书"等大型学术经典丛书陆续推出，"中华当代学术著作辑要"为又一重要接续，冀彼此间相互辉映，促成域外经典、中华现代与当代经典的聚首，全景式展示世界学术发展的整体脉络。尤其寄望于这套丛书的出版，不仅仅服务于当下学术，更成为引领未来学术的基础，并让经典激发思想，激荡社会，推动文明滚滚向前。

商务印书馆编辑部

2016 年 1 月

1988 年版序

一个时代有一个时代共同关心的问题。哲学史最能集中反映时代思潮。哲学史上重要作家和流派,其贡献就在于他们善于提出该时代的重要哲学问题,并对有些问题给出了答案。他们的答案对不对,不是主要的(因为他们的答案多半不对,在历史唯物主义出现以前,关于社会历史现象的认识都很肤浅),关键看提出的问题的重要性。其重要性则看它反映该时代共同关心的问题大小、深浅。

佛性论,作为人性论来看,它是中国哲学史上继玄学本体论之后必然出现的一个高潮。它是接着玄学本体论讲的,具有时代特征,它反映了南北朝到隋唐的时代思潮。当时佛教各宗各派都从自己的立场阐明自己的理论体系,各家的佛性论也成了辨识不同学说流派的一个重要标志。如果把佛性论看作人性论,那就不只是佛教界的事,它实际上具有中国哲学史的普遍意义。也应指出,思想发展的断限,不像刀切斧砍那样齐整。佛性论的提出,不是从南北朝开始的,唐以后,问题的讨论还未结束。只是说,南北朝(东晋也在内)到隋唐这一时期,佛性论在中国确实引起了广泛的关注。

中国封建社会几千年,号称盛世的应数汉唐。汉唐不只是中国的盛世,在当时国际行列中,与世界各大国相比,也都是先进的。盛大的汉王朝有着与它的政治地位相称的宏大思想体系,如董仲舒的哲学可以代表。唐朝的国势及当时的国际形象超过汉朝,而思想家似乎不及汉朝,与强大的政治、经济地位不大相称,不免使人困惑。所以造成这种困惑,在于没有把佛教经学看成中国哲学史的组成部分,没有把佛教经学与儒家经学同等看待,都看成中国传统文化的嫡派真传。隋唐时期的中国哲学史是十分丰富的,不仅有柳宗元、刘禹锡等几个唯物主义者支撑局面,在更大的范围内所探讨的心性论,也反映着隋唐的时代思潮。那个时代的理论水平相当高,超过了魏晋玄学的造诣。

赖永海同志的《中国佛性论》,从中国哲学发展史的全局着眼,把佛性论这个题目放在广阔的历史范围内去考察。他阅读了大量原始资料,也尽量参考国外学者成果(虽然可资借鉴的不多),系统地、全面地给以阐述,在中国佛教史的范围内作了第一步有意义的探索。当然,中国佛教的重要范畴不止一个"佛性论",还有"缘起论""解脱论""因果观"……"佛性论"无疑是其中重要的一个。

当然这部书也不能说已经十全十美。有些看法属于百家争鸣的范围,有人未必赞同,还值得进一步讨论;也有些更复杂的问题,要与相邻学科配合,才可以得到满意的结论,不是这一部书可以解决得了的。深信随着学术界佛教思想研究的深入,作者的学力与见解逐步提高,这部书也会得到补充、修订,更加完善。活到老,学到老,就是这个道理。

从目前学术界关于中国佛教研究的情况看,这部书有首创的功绩。赖永海同志思深而好学,他有中国哲学史的基础,短短三四年间又在佛教思想研究中取得这样的成果,很不容易。眼看着新中国培养的学者纷纷成材,心里十分高兴。赖永海同志要我为这本书写个序,义不容辞,我愿向读者推荐这部书。

任继愈

作者的话

我接触佛教，始于童年时代。老家福建闽南一带，自来佛教较盛行，从孩提时代起就常有缘耳闻乃至目睹佛教之超亡荐福、烧香拜拜等，对佛教很早就有一种神秘且敬畏的感觉。后来上了大学，读的是哲学专业，虽然也偶尔涉及佛教，但对它多取敬而远之的态度。1978年报考中国哲学专业的硕士研究生，复试时曾被老师问及："如果需要的话，录取后把你调整到佛教专业，如何？"记得我当时委婉回答："最好还是读中国哲学专业。"——因为那个时候，我心目中的佛教仍然是缥缈香烟后的顶礼膜拜和抽签问卜，而我向来较感兴趣的是哲学，尤其喜欢一些思辨的哲理和哲理的思辨，故而对研究佛教颇不以为然。但是，硕士生阶段的三年专业学习，逐渐改变了我对佛教的看法。

首先得感谢我的导师任继愈先生，是他把我引上了学习和研究佛教之路。我在中国社会科学院研究生院当硕士生时，虽然读的是中国哲学专业，主攻方向是王船山，但因当时的中国哲学专业设在宗教学系，导师任先生又是儒释道三教兼治之大家，所设课程有佛教概论、佛教史、佛教经典选读等，故我自觉不自觉地开始较系统地接触佛教。特别在较系统、深入地研读了一些颇富哲理的佛教经典之后，我进一步认识到，以往被误解为只是超亡送死、烧香拜拜乃至于常被斥为迷信的佛教，实在是一座博大精深的人类思想宝库。

1982年我国开始招收博士研究生，我毅然选择了"中国佛学"的研究方向。先是在导师孙叔平先生的指导下，较系统地阅读了一批佛教典籍。孙先生是著名的中国哲学史家,他为我所开列的佛教书目,多从中国哲学的角度切入,这对我后来的研究多侧重于佛教中的哲学思想颇有影响。1983年孙先生因心脏病猝发不幸逝世,我又回到任先生门下,继续修完博士生课程和撰写博士论文。这一阶段的学习,完全遵照先生的教导,一是掌握方法,二是大量地研读原著。

就方法而言,笔者以为历史唯物主义不失为研究佛教的一种较好的方法或最好的方法之一,它的长处在于不是就佛教论佛教,就佛经解佛经,而是把佛教的产生与发展,把特定的佛教学说放到特定的社会历史条件之下进行考察,这对于理解和说明佛教的本质和佛教的发展规律具有十分重要的意义。当然,对于历史唯物主义的研究方法,海内外学术界乃至宗教界也许有不同的看法,有些人把它与纯粹的批判宗教混为一谈,有的则把它与阶级分析的方法等同起来,实际上这是一种误解。造成这种误解有其历史的原因——在相当长的一个历史时期内,宗教研究几成禁区,特别在"文化大革命"期间,那种对佛教乃至一切宗教的毫无分析的谩骂和批判,常常被冠以"历史唯物主义"的方法,这就难怪人们对这种方法望而生畏。其实,"历史唯物主义"方法最基本的精神,就是坚持以特定的社会历史条件去说明包括宗教在内的一切社会文化现象,这丝毫不意味着对宗教只能批判否定而不能分析研究;恰恰相反,这意味着客观地评价宗教在人类发展过程中的历史地位和作用,科学地说明各个历史时期宗教为什么会产生和发展,为什么在某一历史时期所产生的是此种宗教而不是彼种宗教,各种宗教为什么会这样发展而不是那样发展。例如,佛教作为一种外来宗教为什么能够在中国站稳脚跟并持续发展,而在其"老家"却风光不再?为什么佛教的大小二乘同时传入中国,但在汉族地区小乘佛教一直发展不起来,而大乘佛教却能经久不衰?为什么佛教能够与中国传统的儒家学说交融合一,而其他的西方宗教却很难做到这一点?佛教在现阶段的中国社会究竟会怎样发展？凡此种种，如果不把佛教放在一定的历史条件下去进行考察，而试图就佛教论佛教，是根本做不到的。

当然，正如世界上的许多事物都是一个复杂的多面体，对它们的分析研究不能也不应该是单方面的，而应该是多视角、多层面的，对于佛教乃至一切宗教的研究，方法也不应该是单一的，除了历史唯物主义的方法之外，诸如人类学的方法、社会学的方法、心理学的方法乃至现象学、分析哲学的方法等等，举凡有助于揭示佛教的思想特质、历史发展、社会功能的任何方法，都没有理由反对别人去采用。实际上，不同的研究方法对于人们认识和把握对象往往会起到相得益彰的作用，如果人们能用尽可能多的方法、从尽可能多的角度去研究佛教或其他宗教，那么，对于佛教或其他宗教的了解和认识就会愈全面和具体，从而使自己的认识更接近于真理——因为人类的认识就是一个不断从抽象到具体的过程。不过，就某一个人来说，自然不可能同时采取许多方法去进行研究，各人究竟采取什么方法为好，这应该根据各自的学养和理论准备而定，不可强求一律。

至于研读原著，这是学习、研究佛教的基本功。佛教号称八万四千法门，经典浩如烟海，没有坐冷板凳的精神，是难入其门的。如果说笔者在佛教研究方面也曾得到些许收获，在某种意义上说，全然得益于当年硬着头皮、锲而不舍地啃完一部又一部佛经。这里要顺便感谢南京大学图书馆古籍部的各位教师，特别是当时的古籍部主任蒋老师。20世纪80年代的南京大学图书馆里，只有一部《大正藏》，按照规定只能到古籍阅览室阅读而不准外借，而我当时住在离校十多公里的紫金山下，如每天往返奔波，着实要浪费许多时间和精力，经蒋老师特批，允许我一部一部地借阅。因为是借来的，阅读时笔记卡片做得特别勤，到临撰写博士论文时，我的佛学笔记竟达厚厚的十六本，读书卡片更是数千张。这些读书笔记和卡片对我后来撰写博士论文的帮助之大，实在是始料未及的。为撰写这部《中国佛性论》，我整整"闭关"三年，潜心佛经，但从提笔撰写，到全书完稿，仅仅用了四十天时间。想起当年撰写论文时，几乎每一个章节都有数百条资料索引和卡片在等待录用，所以写起来颇有信手拈来、一气呵成的感觉，这与有时为了写一篇应景文章但准备不足时，一提笔三挠腮、冥思苦想、坐立不安的状态适成鲜明对照。

　　从致力于佛教研究至今已近三十个年头，在这段时间内，最令我聊以自慰的，就是自己不管在什么情况下，都能坚持不懈地致力于佛学研究，从潜心研读和整理佛典到致力于探讨佛教的佛性理论，从研究佛教哲学到探讨佛教与儒学、佛教与诗书画等中国古代各种文化形式的相互关系，每选定一个课题，就全力以赴，务求做出成果。自 2004 年起，我又与一批长期致力于佛教研究的同仁们一起，编撰了海内外第一部完整的《中国佛教通史》（总十五卷，六百五十万字），对二千年来中国佛教的发展历程、经典依据、思想义理乃至文物制度、民众信仰等各个方面进行较系统、深入的分析和论述，但愿它的问世，对于推动佛教研究的深入开展能有所助益。

　　"路漫漫其修远兮，吾将上下而求索"——佛教研究的路还很长很长，我将一如既往地走下去！

赖永海

2009 年冬于南京大学

目　　录

绪论 ………………………………………………………………… 1

第一章　印度佛性义略览与中土佛性论概观 ……………………… 6

　　一　佛性探源与经论略览 ………………………………………… 7

　　二　佛性诸义与随机摄化 ………………………………………… 15

　　三　中国佛学发展大势与中土佛性思想概观 ………………… 20

第二章　法性与真神 ………………………………………………… 25

　　第一节　法性论与本无说 ……………………………………… 25

　　第二节　真神论与灵魂说 ……………………………………… 37

　　第三节　外来宗教与传统思想 ………………………………… 45

第三章　众生有性与一分无性 …………………………………… 49

　　第一节　阐提成佛说与中土涅槃圣 …………………………… 49

　　　一　《涅槃》诸译与阐提诸义 ………………………………… 50

　　　二　众生有性说与中土涅槃圣 ……………………………… 58

　　　三　般若实相义与涅槃佛性我 ……………………………… 61

　　第二节　一分无性说与法相唯识宗 …………………………… 67

　　　一　阐提无性说与法相唯识宗 ……………………………… 68

　　　二　五种性说与唯识诸经论 ………………………………… 71

　　　三　染净所依与阿赖耶识 ･･････････････････････････ 76

　　第三节　理性平等与行性差别 ･････････････････････････ 81

　　　一　真如理性与无漏种子 ･･････････････････････････ 82

　　　二　理佛性与行佛性 ･･････････････････････････････ 85

　　　三　众生有性说与一分无性说 ･･････････････････････ 87

第四章　本有与始有 ････････････････････････････････････ 89

　　第一节　本有说与始有说 ･････････････････････････････ 89

　　　一　本有说与悉有性 ･･････････････････････････････ 90

　　　二　始有说与当果义 ･･････････････････････････････ 92

　　　三　佛性与性佛 ･･････････････････････････････････ 96

　　第二节　有因必得果与因不即是果 ･････････････････････ 98

　　　一　有性终作佛与有因必得果 ･･････････････････････ 98

　　　二　佛性非性佛与因不即是果 ･････････････････････ 101

　　　三　有因必得果与因不即是果 ･････････････････････ 102

　　第三节　亦本亦始与非本非始 ･･･････････････････････ 103

　　　一　本有于当与亦本亦始 ･････････････････････････ 104

　　　二　中道佛性与非本非始 ･････････････････････････ 104

　　　三　因果圆融与即本即始 ･････････････････････････ 108

第五章　性具与性起 ･･･････････････････････････････････ 111

　　第一节　性具说与天台宗 ････････････････････････････ 111

　　　一　性具善恶与一念三千 ･････････････････････････ 112

　　　二　贪欲即道与三谛圆融 ･････････････････････････ 128

　　　三　转迷开悟与定慧双修 ･････････････････････････ 138

　　第二节　性起说与华严宗 ････････････････････････････ 146

　　　一　如来性起与法界缘起 ………………………………… 147

　　　二　本来是佛与无尽缘起 ………………………………… 159

　　　三　方便五性与华严五教 ………………………………… 168

　　第三节　中道佛性与华严境界 ………………………………… 174

　　　一　生佛互具与生佛相即 ………………………………… 175

　　　二　修善开悟与离妄还源 ………………………………… 178

　　　三　中道佛性与华严境界 ………………………………… 181

第六章　即心即佛与无情有性 ……………………………………… 184

　　第一节　即心即佛与禅宗六祖 ………………………………… 184

　　　一　佛性平等与心性本净 ………………………………… 185

　　　二　明心见性与离相无念 ………………………………… 194

　　　三　禅非坐卧与道由心悟 ………………………………… 200

　　第二节　无情有性与后期禅宗 ………………………………… 206

　　　一　无情有性与荆溪尊者 ………………………………… 206

　　　二　木石有性与真如遍在 ………………………………… 209

　　　三　性自天然与呵佛骂祖 ………………………………… 212

　　第三节　即心即佛与无情有性 ………………………………… 217

　　　一　木石无性与无情有性 ………………………………… 218

　　　二　本觉真心与真如佛性 ………………………………… 222

　　　三　六祖"革命"与心的宗教 …………………………… 223

第七章　顿悟与渐修 ………………………………………………… 226

　　第一节　顿悟见性与理不可分 ………………………………… 226

　　　一　小顿悟与大顿悟 ……………………………………… 227

　　　二　顿悟见性与祖师禅法 ………………………………… 238

　　三　直下顿了与理不可分 ……………………………… 246

第二节　拂尘看净与因缘见性 ………………………… 248

　　一　次第修行与三乘佛教 ……………………………… 248

　　二　闻教信修与因缘见性 ……………………………… 249

　　三　拂尘看净与借教悟宗 ……………………………… 252

第三节　顿悟渐修与鱼兔筌蹄 ………………………… 255

　　一　渐以成顿与顿不废渐 ……………………………… 255

　　二　顿悟渐修与鱼兔筌蹄 ……………………………… 260

　　三　教无顿渐与人有利钝 ……………………………… 262

第八章　自力与他力 ………………………………………… 265

第一节　唯心净土与西方净土 ………………………… 266

　　一　西方净土与自性弥陀 ……………………………… 266

　　二　极乐世界与兜率净土 ……………………………… 274

　　三　理即佛与究竟即佛 ………………………………… 279

第二节　自性自度与慈悲普救 ………………………… 281

　　一　自度与佛度 ………………………………………… 282

　　二　解脱不离世间与三品九级往生 …………………… 285

　　三　修禅与念佛 ………………………………………… 292

第三节　难行道与易行道 ……………………………… 296

　　一　自力有限与佛力无边 ……………………………… 297

　　二　三学难修与佛号易念 ……………………………… 299

　　三　净土法门与末法时代 ……………………………… 301

第九章　中土佛性与汉唐社会 …………………………… 305

第一节　佛性学说的繁荣与汉唐社会的苦难 ………… 306

第二节　中土佛性论的特点与宗教学说的现实品格 …………… 311

第三节　印度佛教的中国化与儒释道三教归一 ………………… 321

主要参考文献 …………………………………………………… 341

1988 年上海版后记 ……………………………………………… 346

跋 ………………………………………………………………… 347

绪　　论

　　佛教发源于印度,却发展于中国。中国佛教与印度佛教有密切的联系,但又有自身的特点。研究中国佛教,最重要的是找出并弄清这些特点。

　　然而,佛教在中国流行的时间既长,传播的范围又广,加之典籍浩瀚,宗派林立,名相繁多,文义艰涩,读懂弄通佛典已属不易,欲从中找出中国佛教的特点更非易事。当然,这不是说中国佛教的特点全然不可捉摸,若仅举其大端,中国佛教的有些特点还是比较明显的。例如,作为整个佛教的中心问题的佛性理论,在中印两国佛教中就有着明显的差别,而这种差别则在一定程度上体现了中印两国佛教的各自特点。因此,深入研究中国佛教的佛性理论,将能帮助我们找出并弄清中国佛教的一些基本的特点。

　　那么,何谓佛性? 何谓佛性理论? 为什么说研究中国佛性理论将有助于弄清中国佛教的一些基本特点呢?

　　佛性是梵文 buddhatā 的汉译,亦作佛界、佛藏、如来界、如来藏等。佛者觉义,性者种子因本义。[①] 所谓佛性,亦即众生觉悟之因,众生成佛的可能性。这是中国佛教界对佛性的最一般理解。但是,佛性之"性"在印度佛教中,原为"界"字。《瑜伽师地论》释"界"义曰:"因义……本

_____

① 《大乘义章》卷第一,《大正藏》册四四,第 472 页。

性义……是界义。"①可见"佛性"一词,原有佛之体性的意义。慧远说:"佛性是佛自体性故。"②这是符合印度佛教之本意的。另外,《阿毗达磨俱舍论》释"界"义曰:"法种族义,是界义"③,"界声表种类义"④。这说明佛性与种性说有关,佛这一族类称为"佛性"。后来,随着佛教的不断发展,"界"义也在不断发生变化。至大乘佛教时期,"界"已含有更深的意义,被作为形而上的真理的别名。这样,佛性又具有本体的意义。

　　所谓佛性理论,简单地说,就是关于佛性问题的思想、学说或理论。它主要研究这样一些问题:何谓佛? 佛的本性是什么? 众生能否成佛? 若能成佛,其根据是什么? 众生成佛在今生今世,抑在遥远的未来? 成佛的方法是直下顿了,抑须历劫修持? 众生成佛是全凭自力,抑须仰仗他力? 等等。

　　与法律、道德等社会意识形态相比,佛性理论作为一种宗教学说,原是更"高高在上"的。但是,正如佛教本身就是一种社会历史产物一样,佛性思想的根源仍存在于现实世界之中。由于受到不同社会历史条件的影响,各个国家的佛性思想是不可能完全一样的。例如,中国的佛性思想与印度的佛性思想就不尽相同。在印度,五种性说作为瑜伽行派的重要教义之一,在印度佛性思想中占有举足轻重的地位,但是,这种思想在中土却长期得不到流行,只在唯识宗中作为家传秘法有过短暂的闪光。相反,"一切众生悉有佛性"的思想,自道生首倡,特别是《北本涅槃经》传来之后,佛学界便靡然从之,从此一直成为中国佛性思想的主流。这说明中印两国的佛性思想是各具特点的。

　　中印佛性思想的差异固然是两国佛教互相区别的一个重要方面,

---

① 《瑜伽师地论》卷五六,《大正藏》册三〇,第 610 页。
② 《涅槃义记》卷第八,《大正藏》册三七,第 827 页。
③ 《阿毗达磨俱舍论》卷一,《大正藏》册二九,第 5 页。
④ 同上。

但是这种区别不但不是唯一的,而且不是最重要的。中国佛教之区别于印度佛教,更重要的还在于佛性思想在两国佛教中地位迥异。

在印度佛教中,佛性思想的范围及地位是很受限制的。在释迦时代,释迦与弟子共住,释迦亦在僧数,佛性问题根本不存在。小乘佛教原则上也是不讲佛性的。即使是初期大乘般若学,其性空思想与"妙有"的佛性说在一定意义上也是对立的。只是般若学的实相说已在逐步孕育着一个具有遍在、常住品格的"佛性我"。直到大乘中期,佛性思想才基本孕育完成。而且即便在大乘中期,佛性思想也只以大乘经为主,印度诸论师(包括中观与瑜伽两家)都不甚重视佛性说,均视佛性说为不了义。这就是佛性思想在小乘盛行、论师称雄的印度佛教中的大体境况。

与此不同,佛性思想在中国佛教史上却呈现出另一番景象:

其一,原则上不讲佛性的小乘佛教在印度佛教中长期拥有强大的势力,但在中土佛教中,小乘的影响则远不及大乘。

其二,印度佛教界在佛性思想产生的同时,曾出现一股大乘非佛说思潮,此股思潮亦波及中国,但在中国,"非毁大乘者才得数人"。此中之因由,与其说此股思潮传至中土已成强弩之末,故势单力穷成不了气候,不如说它不合时宜,故响应者寥若晨星。

其三,分别而论,中国佛教也学派繁多,宗门林立,但舍去基本照搬印度大乘有宗的法相唯识学暂时不论,较富有中国特色的佛学主要有两大流派:一是主性空之般若学,二是主妙有之涅槃佛性说。性空般若学虽在魏晋时期借助于玄风的吹扬及罗什、僧肇等高僧的提倡而盛极一时,但进入晋宋之后,除了有三论宗的短暂中兴外,便日趋衰落。相反,涅槃佛性说自晋宋兴起之后,便迅速入主中国佛学界,使中国佛学进入一个以众生悉有佛性的佛性思想为主流的新阶段。

其四,中国佛教界有一个传统说法,人们常把禅宗作为中国佛教的代名词。实际上,如果深入地考察一下禅宗的思想,人们又会发现,禅宗思想几乎整个儿地是佛性思想。

从以上几个方面可以看出:第一,佛性问题在中印两国佛教中的地位与境遇是很不相同的。第二,以佛性问题为中心是晋宋之后中国佛教的一大特点。中国佛教的这一特点要求人们在研究中国佛教时,应该对佛性问题给予足够的重视。但是,出于各方面的原因,以往对于佛性思想的研究一直是比较薄弱的一环。特别是如何运用马克思主义基本理论去研究中国佛教中的佛性说,更是当前佛教研究中的一个重要课题,《中国佛性论》就是试图以马克思主义为指导,对中国的佛性思想进行一些力所能及的探讨。

佛性问题,本来纯粹是一个宗教问题。但是,与其他宗教完全以信仰为基础不同,佛教的解脱,除信仰外,还可靠智慧来获得。这一特点使得探讨佛性问题不会像研究"一个针尖上究竟能站几个天使"之类的宗教问题那样荒诞、乏味和一无所得;相反,隐藏在佛性问题背后的理论思维是非常丰富与深刻的。有鉴于此,《中国佛性论》在阐述分析中国佛教史上的佛性思想的同时,将尽可能把其中的理论思维发掘出来。要真正做到这一点诚非易事,但笔者将把它作为一个原则,努力贯彻到《中国佛性论》中。

研究佛教与研究科学一样,方法是至关重要的。《中国佛性论》在研究方法上将采用以范畴为线索来阐述中国的佛性思想及其历史发展。所以采用这种方法,是出于这样一种考虑,即笔者试图把佛教史上的佛性思想作为一个整体来考察,从而把中土佛性思想的各种内在联系及其历史发展揭示出来,而要达到这一点,首先得把佛性思想的各个侧面搞清楚,这自然要借助于作为反映各个侧面之内在本质的范畴。《中国佛性论》以几对大的范畴和几十对小的范畴来阐述中土佛性思想,在具体论述中又多采用相互比较的方法,目的就是为了揭示各个范畴之间的内在联系及其历史发展。当然,这仅是笔者的一个愿望,至于这个愿望在本书中的实现程度如何,只好留给本书自身去回答了。

第一章　印度佛性义略览
与中土佛性论概观

　　研究佛教是一件艰苦的工作,这不仅因为佛教典籍卷帙浩瀚、包罗广博,而且因为佛教思想到处充满矛盾,"随此则反彼,顺彼则逆此"①的现象比比皆是,甚至在许多基本观点上常常前后易说,首末反唱。例如:佛教本是作为对印度传统神教的反抗而出现的,但是到了后来,释迦本身变成了神,密教把大日如来人格化,实际上是披上袈裟的"大梵";原始佛教是以人生为着眼点的实践宗教,但是到了大乘佛教,中观学派说空谈无,瑜伽行派专演名相,几乎变成了一种玩弄概念游戏的经院哲学;释迦牟尼有感于人生皆苦,决然出家,立缘起论,唱无我说,"苦""空""无我""涅槃寂静"成为早期佛教的"四法印",但是到了后期佛教,于空上更谈妙有,于苦上更谈大乐,"常""乐""我""净"成为"涅槃四德"。佛教学说的这一特点,为后人谈论佛教提供了很多方便,因为,几乎任何思想都可以在佛教经典中找到需要的根据;同时,又给准确把握佛教带来很大困难,不要说弄清楚哪是佛说、哪是非佛说几乎办不到,就是想把握其中一些重要的概念也并非易事。以本书所要探讨的佛性问题为例,佛性在各部经论中不但释名不同,而且定义不一。如果想搞清楚佛教中的佛性思想及其发展过程,首先就必须准确地把握佛性在各部经论中的不同含义及其历史衍变。有鉴于此,在探讨中土佛

---

① 　《与斋法师书》,《白居易集》卷四五。

性思想之前,有必要对佛性思想的渊源流变,对几部有代表性的大乘经论中的佛性思想作一简略考察。

一　佛性探源与经论略览

佛教的最终目的是"成佛",而佛性就是谈众生能不能及怎样才能成佛的问题,因此佛性问题是佛教的中心问题。但是佛性问题也并不是一开始就有的,在释迦时代,释迦与弟子们共住,一起饮食,一起谈论,什么是如来根本不成问题。所谓"吾在僧数",说明释迦也是众比丘之一,差别仅在于他比一般比丘更有修养,更有学问,能力更高一点罢了。释迦逝世以后,其肉身不在了,但他所说的法还在,弟子们出于崇敬、景仰的心情,一方面把释迦佛法化,另一方面又把佛法人格化,二者的结合产生了具有超越性、本体性的"法身"。《增一阿含经·序品》说:"释师出世寿极短,肉体虽逝法身在。"[1]这说明在释迦逝世之后,众弟子结集《阿含经》时已有"法身"一说。随着佛教的不断发展,释迦牟尼开始从一个现实的能人、圣者,向具有三十二相、八十种好[2]的超人过渡。部派佛教时期,特别是大众部已把释迦描绘成至上神,并提出了佛寿量无边、法身长存的理论。但是,几乎在整个小乘佛教时期,成佛者仅限于释迦一人,其他人不具佛性,也不能做佛:"若小乘中,但佛一人有佛性,余一切人皆不说有。"[3]"于此教中除佛一人,余一切众生皆不说有大菩提性。"[4]从理论上说,小乘佛教是主张"无常""无我"的,而所谓佛性,

---

① 《大正藏》册二,第549页。

② 三十二相:古印度指大人之异相,具此相者在家称王,出家则开无上觉,具体地说就是足安平、手指纤长、手长过膝、顶成肉髻等相。八十种好:更析三十二相为八十种小相,如无见顶、眉如月、鼻不现孔等。

③ 法藏:《华严一乘教义分齐章》卷二,载石峻等编:《中国佛教思想资料选编》第二卷,第二册,中华书局,1983年,第153页。

④ 同上书,第150页。

实际上带有浓厚的"神我"色彩,因此,小乘佛教是不应有佛性说的。《大般涅槃经·梵行品》明确地说:"十一部经不说佛性。"①"光明遍照高贵德王菩萨品"亦说:"一切声闻缘觉经中不曾闻佛有常乐我净。"②所谓十一部经亦即小乘佛教的经典,《地持》云:"十二部中,唯方广是菩萨藏,余十一部是声闻藏。"③中国古代的许多名僧还把有无佛性作为区划大、小乘的重要标志之一。如智𫖳在《法华玄义》中说:"大、小通有十二部,但有佛性无佛性之异耳。"④

　　当然,小乘无佛性说,这是从总体上、原则上说的,实际上,小乘佛教发展到后期,由于出现了许多部派,不同部派的思想又各有殊异,因此,对于佛性问题的看法亦不是整齐划一的。大而言之,上座部主历史的释迦,大众部则把释迦神化。进而言之,小乘诸部对佛性的解执不同:"若依分别部说,一切凡圣众生,并以空为其本,所以凡圣众生皆从空出,空是佛性,佛性者即大涅槃。"⑤"若依毗昙萨婆多(即说一切有——笔者)等诸部说者,则一切众生无有性得佛性,但有修得佛性"⑥,进而又把众生分别为三:一定无佛性,永远不得涅槃,是一阐提犯重禁者;二不定有无,若修时即得;三定有佛性,即三乘人——声闻从苦忍以上即得佛性,独觉从世法以上即得佛性,菩萨十回向以上是不退住于佛性。这是世亲在《佛性论》中提出的看法。在对佛性说来源之一的心性本净说上,小乘诸部亦解执不一。大众部、分别部主心性本净说。《异部宗轮论》说:"大众部、一说部、说出世部、鸡胤部本宗同义……心性本

---

① 《大正藏》册一二,第 472 页。
② 同上书,第 493 页。
③ 《中国佛教思想资料选编》第二卷,第二册,第 69 页。
④ 《大正藏》册三三,第 803 页。
⑤ 《佛性论》,《大正藏》册三一,第 787 页。
⑥ 同上。

净,客尘随烦恼之所杂染,说为不净。"①这是说众生心性本净,只为客尘烦恼所污染,故为不净,若能去掉烦恼染污,即可呈现清净本心,得到解脱。这是一切众生悉有佛性的先驱思想。与此相反,说一切有部否定心性本净说。《阿毗达磨顺正理论》说:"分别论者作如是言……圣教亦说心性本净,有时客尘烦恼所染……故不应说心性本净,有时客尘烦恼所染。若抱愚信,不敢非拨言此非经,应知此经违正理故,非了义说。"②有部虽未敢言心性本净说为非经,但已把它降到"非了义"的地位。

佛性思想作为佛教学说的一个重要组成部分,它同其他宗教学说乃至一切社会意识一样,是一个历史过程,从这一点上说,小乘佛教后期有佛性思想的萌芽非但不足为怪,而且是一种正常的、合乎规律的现象。正是小乘佛教后期有佛性思想萌芽,大乘佛教才以它为基础,把佛性思想进一步发展成为后期佛教学说的一个重要内容。

当然,大乘佛教也不是一开始就有佛性思想的。印度初期大乘佛教是以龙树为代表的般若学。般若学的经典极多,六百卷的《大般若经》与一百卷的《大智度论》是其主要经论。般若经论虽洋洋数百卷,但其中的思想可用一言以蔽之——"空"。此"空"乃非一无所有之空,而是"因缘所生法,我说即是空,亦为是假名,亦是中道义"③之谓。亦即万物因缘和合而有,故无自性,无自性故"空",但"空"不碍假有、幻有。这种性空幻有、空有相即的思想,一方面承接了早期佛教之缘起性空、无常无我的思想,另一方面又为后期之妙有思想打开了大门,铺平了道路。《大智度论》中有这样一段话:"般若波罗蜜多中,或时分别诸法空是浅,或时说世间法即是涅槃是深。色等诸法,即是佛法。"④也就是说,

---

①　《大正藏》册四九,第 15 页。
②　《大正藏》册二九,第 733 页。
③　《中论・观四谛品》,《大正藏》册三〇,第 33 页。
④　《大正藏》册二五,第 563 页。

观察诸法是空,乃系浅义,肯定世间诸法即同于寂灭的涅槃,才是深义。所以,色法等一切万法,皆是佛法。空理是指诸法无自性,非是要否定诸法而说空。不难看出,此中之性空幻有,以及空有相即之中道实相说,已包含有后期大乘的"妙有"的佛性思想。

佛性思想的孕育完成与明确化,严格地说,已是中期大乘佛教的事。特别在《涅槃经》《胜鬘经》《如来藏经》等阐扬佛性、如来藏的经典出现之后,佛性思想有了长足的发展。鉴于这些经典是我们研究佛性思想的根据所在,这里拟对这类经典及其所包含的佛性思想作一个十分简略的考察。

一、《大法鼓经》,二卷,南朝宋元嘉中(440年前后)求那跋陀罗译。此经以一切空经为不了义,是方便说,于空上更说不空,说如来常乐我净及一切众生皆有佛性:"无量相好庄严照明","如来之性,净如满月","一切众生有如来藏"。[①]

二、《央掘魔罗经》,四卷,南朝宋元嘉中求那跋陀罗译。此经以佛济度央掘魔罗为缘,说一切法空为不了义,阐扬"一切众生有如来藏"思想。经中还提出"一切众生是一界","一切众生界、我界,即是一界"[②]。提出了如来藏与众生界、我界之同一的思想。

三、《胜鬘经》,又名《胜鬘师子吼一乘大方便方广经》等,一卷,南朝宋求那跋陀罗译。此经是根据《华严经》"三界唯心"系统发展而来,说人人皆有如来之藏,藏有自体清净之如来,只因客尘烦恼所染,而现出种种非清净之杂染相,这就是真空中所显现之妙有。《大乘起信论》之"如实空境""如实不空境"说即由此而来。

四、《大方广如来藏经》,一卷,"晋惠、怀时,沙门法炬译出"[③],此译

---

① 《大正藏》册九,第297页。
② 《大正藏》册二,第540页。
③ 《出三藏记集》卷二,《大正藏》册五五,第10页。

已佚。现有晋元熙二年(420)佛陀跋陀罗及唐不空的译本。此经受《华严经》影响,以"华藏"为缘起举种种譬喻,说如来藏义,谓众生于涅槃藏复藏中,具如来法身之德。

五、《无上依经》,二卷,南朝陈永定二年(558)真谛译。此经论述众生界自性清净,为客尘烦恼所染污,故不能自见。诸佛菩萨为救众生来入三界,因佛菩萨已如实见如来界故,诸佛菩萨生老等苦非真实有。如经中说"如来即在众生身内,如理不见如来,是故我说具分圣道"①等。

六、《不增不减经》,一卷,元魏孝昌元年(525)菩提流支译。此经明众生念念成佛,而二界均无增减。进而言生佛一界之"甚深"义:"甚深义者,即是第一义谛,第一义谛者,即是众生界,众生界者,即是如来藏,如来藏者,即是法身。"②

七、《大方等无想经》,亦名《大方等大云经》,六卷,北凉昙无谶译。经中说及"一切众生皆有佛性,其性无尽。……令诸众生明见佛性,得见如来常乐我净"③。

八、《宝性论》,四卷,北魏正始五年(508)来华之勒那摩提译。此是一部中土佛性思想所依据的专门论述如来藏的代表性论典。论中以法身遍在、真如无差别、众生有佛性三义论述"一切众生有如来藏"。

以上论列的经论,从一定意义上可以把它们归结为如来藏系。此系经论有两个共同点:(一)均主"一切众生有如来藏";(二)其中蕴含之"如来藏我"都带有浓厚的"神我"色彩。为了摆脱"神我"的影响,印度佛教中的瑜伽唯识学派采用了另一种善巧的说法,即以种子和转依来说明如来藏、佛性以及众生能否成佛、如何成佛的问题。提出并弘扬这种思想的,是无著、世亲及瑜伽行派诸论师。其代表性论典是:《瑜伽师

---

① 《大正藏》册一六,第470页。
② 同上书,第467页。
③ 《大正藏》册一二,第1082页。

地论》《显扬圣教论》《辩中边论》《大乘庄严经论》《摄大乘论》《唯识三十论》等。他们所依据的主要经典是《阿毗达磨大乘经》《解深密经》等。

《解深密经》在中土先后总别有四译。此经及瑜伽唯识学说所依据的经典有一个共同点，即是有感于如来藏系经典主要是为"向上门"（即侧重上求菩提、成佛）而说，而对于现实世界如何产生等问题的说明过于简单，因此进一步用阿赖耶识、三性三无性来说明现象世界的产生及无明、净识的关系问题，由此衍化出以阿赖耶识为中心的瑜伽唯识学一系。

瑜伽唯识学以种子来说明佛种性、如来种性。他们首先分别种性为二：一本性住种性；二习所成种性。本性住种性是"法尔本有"的，习所成种性则是"串习善根所得"，亦即一是本有的，一是由不断熏习而成就的。种性亦名种子，种子是有因体而无果体，种子能生功德，名为种性。因为无漏功德有三乘之别，不同的无漏功德从不同的种子产生，所以唯识学立五种性。

另外，各部论典对于有性与无性的说法又各有不同。《瑜伽师地论》由有障无障差别，倡有无性众生；《显扬圣教论》以五种道理说种性差别，亦明言有不般涅槃种性之有情界；《庄严论》更于无性上分时边般涅槃法与毕竟无般涅槃法；等等。

关于成佛问题，唯识学则以"转依"说明之。所谓"转依"，简单地说，就是转识成智，转染成净，转凡入圣。但是，对于"转依"之体，亦即何为种子之"所依"问题，后代唯识学者与前期唯识学者说法不尽相同。前期唯识学者以有情自体——"六处殊胜"为所依，后代唯识学者则认阿赖耶识为所依。这说明后代唯识学更注重本识。

把如来藏系之如来藏与唯识系之阿赖耶识说统一起来的是《楞伽经》。《楞伽经》在中土有四译。今有三本，即南朝宋元嘉二十年（443）求那跋陀罗译的四卷本、元魏菩提流支译的十卷本、唐实叉难陀译的七卷本。此经明确地提出"阿梨耶识名如来藏"①，并且提出第八识有净与不净两面，由不净的方面生起虚妄分别之现象界，由净的方面确立法身、涅槃、真如的平等实体界。《大乘起信论》的"一心二门"思想与此相近。

糅合如来藏学与瑜伽学的还有古印度世亲所造的《佛性论》。《佛性论》参照《瑜伽师地论·菩萨地》的三持说，立三因佛性：应得因、加行因、圆满因。但此论不取《瑜伽论》的种子说，改种子为真如。由于真如为应得因，故又于应得因立三种佛性：住自性性、引出性、至得性。此外，论中又从如来藏有所摄、隐覆、能摄三义，详细论述一切众生有如来藏，一切众生有佛性。

另一部具有调和糅合性质的论典是《大乘起信论》。此论为中土之天台、华严、禅宗所共同崇信，故研究中土佛性论，不能不提到它。此论以"一心二门"为纲骨。一心即是心之本体，由此一心向光明界、清净界、悟界看，便是真如门；由此一心向无明界、杂染界、迷界看，便是生灭门。真如门是自性清净心，生灭门是杂染虚妄心。由无明而有虚妄生灭，由虚妄生灭的现实而修习向上，即可至究竟果位。此称为一心法界。本论所强调之一"心"，究竟是指理性抑指具体心，论中模棱两可。中土佛性思想中的"心"亦多属两可，《起信论》是重要根源之一。

与上述诸经论相比，对中土佛性思想影响最大的，当推《大般涅槃经》，四十卷，亦称《北本涅槃经》。北凉昙无谶自玄始十年（421）十月起从姑藏译出。此经"以至极妙有为指南，常住佛性为宗致"②，提出佛身是常、一切众生悉有佛性及一阐提亦可成佛的思想，是中土佛性思想所依据的最主要的经典。因本书第三章对此经有专门论述，此处不赘。

另外，有几部既不属如来藏学，又不属唯识学，但在中土却成为天

---

① 《大正藏》册一六，第 559 页。
② 《大正藏》册三七，第 379 页。

台、华严和禅宗阐扬佛性思想的重要根据的经典,于此亦稍作交代。这就是:

一、《华严经》,全称《大方广佛华严经》。与《般若经》之妄心缘起不同,《华严经》倡净心缘起,即认全法界皆是法身佛毗卢遮那的显现,清净法身充遍全法界。净心缘起体现在佛性思想上,即是"如来性起"。所谓"性起"即是称性而起,因为"如来智慧,无处不至,无一众生而不具有如来智慧"①。因此,一切众生皆可成佛,甚至一切众生本来是佛。晋太康八年(287)竺法护译的《如来兴显经》,即是晋译《华严经》的"宝王如来性起品"、唐译《华严经》的"如来出现品"的异译。

二、《法华经》。此经在中土有三译,亦名《妙法莲华经》《正法华经》等。此经以花落莲成表三乘是权、一乘是实,主"会三归一"。经中所说之"开""示""悟""入"四字大纲,后来成为众生可成佛的中土佛性思想的一大经典根据;而经中之佛为二乘授记及以三车诱引诸子,后"以大车度脱之"等思想,中土僧人后来用其来说明三乘均可成佛。

三、《维摩诘经》。本经在中土共有六译,以鸠摩罗什所译的《维摩诘所说经》(三卷)为最流行。本经以"般若"为背景,但消极论空,积极说有,认为我人之现实生活即是真如之显现,当下现实世界即是清净国土,甚至"心净即佛土净"。基于这个思想,此经主张不断烦恼而入涅槃,能住于直心,便是道场。这种思想对中土之禅宗影响甚大。

中土佛性思想虽然错综复杂,但就经典根据言,其源盖出于上述经论。详细剖析诸经论所包含的佛性思想,当然不是几页纸所可胜任的,这里所作的略览,充其量只是对中土佛性思想的经典根据作一简要交代。仅此而已!

---

① 《大正藏》册一〇,第272页。

二　佛性诸义与随机摄化

指出诸经论的佛性思想不尽相同,这固然是弄清楚各家各派佛性理论所以相互殊异的重要环节之一,但是这并不是事情的全部。如果不进一步去探讨各部经论的佛性思想是通过什么途径去影响后来的各种佛性理论的,那实际上等于什么事情也没做。

历史发展的事实表明,决定一种传统思想资料的发展方向的,既不是传统思想资料自身,也不是接受这种传统思想并在新的历史条件下去发挥它、改变它的思想家的主观动机,最终的决定性因素,应是那个时代的经济、政治等社会历史条件及当时社会各阶级的斗争情况。当然,决定一种思想发展变化的最终原因,并不等于唯一的、全部的原因。下面所要探讨的诸经论对佛性的释名定义等问题,就是这种虽不是从根本上决定佛性思想的发展方向,却对佛性思想的发展变化起过重要作用的一个因素。

对某一概念的定义和理解不同而导致观点上的长期纷争,这在学术界是屡见不鲜的。在佛性问题上,当人们深入地考察了佛性思想的变迁、衍化过程之后,也将会发现,对佛性如何下定义,如何理解,同样是各种佛性理论长期争论不休的重要原因之一。

首先,"佛性"在各部经典中称谓不一,叫法繁多。吉藏在《大乘玄论》中指出:"经中有明佛性、法性、真如、实际等,并是佛性之异名……佛性有种种名,于一佛性亦名法性、涅槃,亦名般若、一乘,亦名首楞严三昧、师子吼三昧,故知大圣随缘善巧,于诸经中说名不同。"[①]例如,在《涅槃经》中名为佛性,于《华严经》中名为法界,于《胜鬘经》中名为如来藏自性清净心,于《楞伽经》中名为八识,于《楞严经》中名为首楞严三

———————

① 《大乘玄论》卷三,载《中国佛教思想资料选编》第二卷,第一册,第369页。

昧,于《法华经》中名为一乘,于《大品》中名为般若法性,于《维摩诘经》中名为无住实际,等等。

其次,诸经对佛性不但称谓不同,而且含义亦各各殊别。例如,名为佛性者,主要指众生觉悟之性;名如来藏者,主要指如来藏众生,众生藏如来;融诸识性,究竟清净,名为自性清净心;为诸法体性,名为法性;妙实不二,名为真如;尽原之实,名为实际;理绝动静,名为三昧;理无所知,无所不知,名为般若;善恶平等,妙运不二,名为一乘;理用圆寂,名为涅槃;等等。

最后,由于诸经论常常从不同的角度谈论佛性,因此,在佛性问题上又有因佛性、果佛性等多种说法。例如,在《大般涅槃经》中就有因、因因、果、果果佛性说,于因上更有生因、了因、正因、缘因佛性说,在《佛性论》中又有三因佛性论,于应得因上更分三种佛性,等等。

《大般涅槃经》卷二七曰:"佛性者,有因有因因,有果有果果。有因者,即十二因缘;因因者,即是智慧;有果者,即是阿耨多罗三藐三菩提;果果者,即是无上大般涅槃。"①此中以十二因缘为佛性,乃是因中说果。经中举"胡瓜名为热病"为喻,即是以胡瓜"能为热病作因缘故"。以智慧为因因佛性者,按道生的解说,因为理是由解得,从理故成佛果,故理为佛。解既得理,解为理因,是谓因之因也。僧亮等义僧则以菩提为涅槃之因、智慧为菩提之因,来说智慧为涅槃因因。所谓阿耨多罗三藐三菩提为果佛性者,因为菩提是前观智所生果,故菩提是果。最后,依无上菩提的觉证及离障的涅槃寂灭,所以涅槃是果之果,即果果。此一因佛性、果佛性说,为后来的义僧,特别是南北朝时的佛性本有、始有说大开了方便之门。

与《大般涅槃经》分四种佛性并于因上更分正、缘、生、了不尽相同,

---

① 《大正藏》册一二,第 524 页。

《佛性论》谈三因佛性。《佛性论·显体分·三因品》指出："佛性体有三种,三性所摄义应知。三种者,所谓三因三种佛性。三因者,一应得因,二加行因,三圆满因。"①而所谓应得因,亦即二空所现之真知;加行因者,主要指菩提心,心故能得三十七品;圆满因者,实指加行,加行故得因圆满及果圆满。此三因佛性有点类似《涅槃经》之正因、缘因说,应得之真如为正因,发心、加行是缘因。此一正因、缘因说后来成为中土有唐一代关于理佛性、行佛性争论之重要理论依据之一。

《佛性论》在三因佛性之基础上,又于道前、道中、道后三位分住自性性、引出性、至得性三种佛性。所谓住自性性,即一切众生本来具有之如来藏;所谓引出性,即由修行之功德引出本性佛性;而至得性,即是指修因满足,显示如来之常乐我净。三种佛性实际上也是一个因位与果位、可能性与现实性的相互关系问题。从佛性释义上说,亦即以因性释佛性,抑以体性释佛性的问题。佛性释义至关重要,常常失之毫厘,差以千里。这一点,在中土佛性思想中表现得尤为充分。

中土佛性思想源于印度佛教,自然,中土僧人对于佛性之理解,不能不受印度佛教诸经论的影响。由于(一)印度佛教诸经论对佛性之释名定义不一;(二)在同一部经论中又常常从不同的角度去谈论佛性(或从因,或从果,或从可能,或从现实,等等);(三)中土各宗各派所依之经论不同;(四)即便所依经论相同,谈论的角度又多有不同;凡此种种原因,造成中土佛性思想不仅在释名定义而且在学说内容等方面,都出现了一种诸家异说、各宗殊唱的局面。

在释义方面,中土僧人之佛性说,大部分被收集在吉藏之《大乘玄论》、均正之《大乘四论玄义》及元晓之《涅槃宗要》等论著中。

吉藏《大乘玄论》卷三出正因佛性十一家,元晓《涅槃宗要》出佛性

---

① 《大正藏》册三一,第794页。

体六师,均正《大乘四论玄义》出正因佛性本三家、末十家。今糅合三家说,以窥诸家佛性义之大概:

一、以众生为正因佛性。《玄论》第一家、《玄义》末第七家、《涅槃宗要》第二师持此说。代表人物系庄严寺僧旻与招提白琰公等。

二、以六法为正因佛性。《玄论》第二家持此说。《玄义》末第八家"以假实皆是正因"。代表人物是僧柔、智藏。

三、以心为正因佛性。《玄论》第三家、《涅槃宗要》第三师持此说。

四、以冥传不朽为正因佛性。《玄论》第四家持此说。《玄义》末第五家说:中寺法安法师主心上有冥传不朽义为正因体。

五、以避苦求乐为正因佛性。《玄论》第五家、《玄义》末第六家持此说。代表人物是法云法师。

六、以真神为正因佛性。《玄论》第六家、《玄义》末第四家持此说。代表人物是梁武帝。《涅槃宗要》第四师以心神为佛性体。

七、以阿赖耶识自性清净心为正因佛性。《玄论》第七家、《玄义》末第九家、《涅槃宗要》第五师持此说。

八、以当果为正因佛性。《玄论》第八家、《玄义》末第一家、《涅槃宗要》第一师持此说。《玄义》之本第一家以"当有为佛性体",以道生为代表。此"当有义"与"当果义",史上似常混为一谈,且均以道生为代表;但又有人严分二者,认为"当果义"非为道生说。何者为是,因资料有限,未能确证。

九、以得佛之理为正因佛性。《玄论》第九家、《玄义》本第三家、末第二家持此说。代表人物为瑶法师及灵根寺慧令僧正。

十、以真如为正因佛性。《玄论》第十家、《玄义》末第三家持此说。代表人物为灵味宝亮。

十一、以第一义空为正因佛性。《玄论》第十一家、《涅槃宗要》第六师持此说。代表人物是真谛及北地摩诃衍师。

　　十二、以中道为佛性。《玄论》于十一家之外列河西道朗法师持此说，且认为"此义最长"，但又惜其无师承。实际上吉藏本人则持此种看法。《玄义》本第二家列昙无谶法师以中道真如为佛性体。

　　以上论列之诸家佛性义，主要出自六朝诸论师。实际上，中土佛性思想的成熟与系统化，当在隋唐之后的几个较有代表性的宗派之中。而这些宗派又大体上可分二大流派：天台、华严、禅宗等属一派，此派对佛性义具体解执虽不无差别，但基本上都以真常心释佛性；唯识宗为一派，以无漏种子说佛性。这一时期的佛性思想已不再停留于释义，而侧重于阐发思想内容了。此义后详。

　　概念的确定性、准确性本来是一种学说体系借以建立的一个重要条件。佛教学说作为一种宗教学说，虽然从某些局部思想看，它也不无其完整性，但是，从总体来看，它是以圣言量为最高准则的，因此根本不存在什么客观的是非标准，所谓常、无常、亦常亦无常、非常非无常的"四句执"，正是佛教学说是非无定、常断不执的典型方法。以此方法来验证以上所说的佛性义，确实很难弄清楚究竟哪种定义更符合佛性说本意——实际上，佛教理论的重要特点之一也正在于它不但没有一个既定的"本意"，而且连"没有本意"也没有，所谓"超四句，绝百非"是也。

　　但是，如果佛教仅仅靠"超四句，绝百非"，那么不但不会有今日浩如烟海的佛教经卷，而且也不会使佛教在相当长的一个历史时期内拥有如此众多的信徒，以至于使佛教成为一个世界性的宗教。佛教理论之圆融性，除了其什么也不执著一面外，还在它通过"方便"的说法而包罗万象。以上所论列之佛性诸义实际上正属"方便"一门。而此一"方便"说，在各名僧的论著里，叫作"随机摄化""因人说法"或"了不了义"等。

　　智俨在《华严五十要问答》中论及为何诸经说佛性不同时说："此等

不同,为有情机欲各别,随一义说"①,法藏在《华严一乘教义分齐章》中亦以"随机摄化,义不相违"②会通诸经论佛性说。也就是说,因为有情众生根机各各不同,因此,诸经论依机说佛性亦各各殊别。但这丝毫不影响佛说的无上正确性和绝对真理权。法门虽有了义不了义之分,但佛说没有正确错误之分。方便有多门,归元无二路,诸经论的佛性义均为佛说,而佛说的真理性是不容怀疑的。这就是诸高僧对佛性诸义的圆通解说。

诸经论乃至印度、中国诸僧的佛性说,虽然就其思想内容说,无疑均属彼岸的、佛国的,但并非没有其现实的根据,也就是说,各部具有生命力经论所以这样定义佛性而不那样定义佛性,那些识时务的高僧所以取这种佛性义而不取那种佛性义,最根本实是当时的社会历史条件使然。

三　中国佛学发展大势与中土佛性思想概观

黑格尔在《哲学史讲演录》的"导言"中指出:"在进入个别的事实之前,我们首先必须有一个一般的概观,不然,我们就会只见部分而不见全体,只见树木而不见森林。"③这种方法,对于试图把中土佛性思想作为一个整体来考察的《中国佛性论》无疑是适用的。

佛教自两汉传入中土后,先是与黄老方技相通,至魏晋转而依附玄学,与玉柄麈尾之玄风相激扬,般若学至两晋遂蔚为大宗。南北朝时,义僧辈出,论师称雄,佛学界出现一种诸师异说、百家殊唱的局面。而随着天台智者倡"会三归一",隋唐佛学出现一种交汇融合潮流。这时期出现的佛教各宗派,都企图使本宗成为一个系统广大、包罗他宗的宗

---

① 《中国佛教思想资料选编》第二卷,第二册,第67页。
② 同上书,第155页。
③ 黑格尔:《哲学史讲演录》第一卷,商务印书馆,1981年,第11页。

派。但自中唐以降,随着禅宗的勃兴与发展,佛学界又出现一种由博而约、由繁而简的趋势,一个真常唯心代替了三藏十二部经,由超佛之祖师禅而越祖之分灯禅,心的宗教取代佛陀的崇拜,而最后又流于"棒喝""机锋"的神秘主义。至此,中土佛教进入了一个江河日下的"末法时代"。

中国佛教在其漫长的发展过程中,有一个促使中国佛教整个地改变方向的关键人物应予以特别的注意,那就是晋宋之际的竺道生。如果说,两晋之前在中国流行的主要是性空般若学,那么,晋宋之后的中国佛学则是以"妙有"为主的涅槃佛性说;如果说,两晋之前的佛学主要是吸收、消化印度的佛教学说,那么,晋宋之后的佛教各宗派则更多在以"六经注我"的态度"说己心中所行法门",从而使得佛教带有更浓厚的中国色彩,成为真正的中国佛学。而此一佛教中国化的过程是通过一系列的佛性理论的创立与发挥来实现的。

中土的佛性思想,如果按照逻辑与历史相统一的原则,最早者当算慧远的"法性论"与梁武帝萧衍之"真神说"(虽然从时间上说,竺道生比梁武帝更早一些)。慧远与梁武帝的佛性思想有一个共同点,就是二者都是多种思想的混合体,带有浓厚的过渡性质。二者都既有外来的宗教学说,又有中国的传统思想。慧远与梁武帝又有区别,慧远既承认"人我"(神)的永恒存在,又主张"无性之性,谓之法性";既坚持报应有现、生、后三世之分,又宣扬"至极以不变为性,得性以体极为宗"——而体极是超乎报应的。梁武帝的"真神说"更是中国传统的"灵魂说"与印度佛教"佛性我"的杂拌。姑且不论中土的"灵魂"与印度的"佛性我"有什么本质区别,就拿梁武帝的"真神"与印度的"神我"相比,一个是个人轮回报应的主体,一个是宇宙精神,二者亦相去甚远。当然,不能因为慧远、梁武帝的佛性说与印度佛教的佛性思想多有不同,就否认二者的佛性说是佛教的佛性思想,而只能说他们的佛性说不尽是印度佛教的佛性思想,但它们不容怀疑地都是中国佛教的佛性思想。

当然,慧远、梁武帝之佛性说仅仅是中土佛性思想的前奏。在中国佛教史上,真正上承性空般若之学、下开涅槃佛性思想的关键人物,当推晋宋之际的竺道生。竺道生曾受学于般若学大师鸠摩罗什,对《维摩》《法华》等大乘经,道生也广有涉猎,因此深得般若绝言之精义及维摩四依之真谛。在讲《小本涅槃经》时,他不滞守经文,孤明先发,始唱"一切众生悉有佛性""一阐提亦可成佛"。虽然由于缺乏经证,且有悖于先前传译之佛学,故一时为僧众非难,受到排斥。然时隔不久,《大本涅槃经》传来,果说阐提可成佛,众生有佛性,与道生所说若合符契,一时群疑冰释,名僧高流竞相夸赞服膺。以此为契机,中国佛学进入一个以众生悉有佛性的佛性思想为主流的新阶段。

体现这一主流的主要有隋唐的天台、华严、禅宗三个大的宗派。这三大宗派有一个共同点,均主"一切众生悉有佛性"。当然,各宗的佛性思想又各具特点,要而言之:天台讲生佛互具,华严主如来性起,禅宗则主张即心即佛。

天台宗的佛性思想以实相说为基础,认为一切诸法悉具佛性,所谓"一色一香,无非中道";同时又从诸法互具立场出发,倡性具染净,凡圣一如。但天台并没有因此否认修行,认为,于性具见平等,于修造见差别;于性具,凡夫不断性善,诸佛也不断恶,随修造,佛尽善,凡夫则没于恶。天台是第一个最富有中国特色的统一的宗派,其佛性思想有不少是天台诸大师的创造与发挥,亦即"说己心中所行法门",因而,与印度佛教诸经论的思想不尽相符,但这正体现了天台佛性思想的中国特色。

与天台性具说不同,华严倡性起。所谓性起亦即称性而起,此是法界缘起(或称净心缘起)在佛性思想上的表现。而既然有情世间都是称性而起,合乎逻辑的结论自然是众生本来是佛。那么,何以有凡圣差别呢? 华严宗约位解说之,真如于无明位则凡,于明位则圣,仅此而已。

华严宗佛性说亦打上了明显的中国印记,这种印记集中表现在华严宗以"为我所用"的精神,对以前各派的佛性思想进行兼收并蓄,并以"六经注我"的态度到诸经论中去寻找根据。因此,既说五性又不妨碍众生悉有佛性,既谈修行又不影响众生本来是佛。

在中国佛教诸宗派中,最具中国特色者当推禅宗。禅宗有前后期之分,前期又可分为教外别传的祖师禅和借教悟宗的如来禅,后期则是超佛越祖的分灯禅。"三禅"的佛性思想虽各有特点,但前期基本上以即心即佛为主流,后期则直以真如为佛性;前期主"佛性平等众生有性",后期倡真如遍在,无情有性;前期主"道由心悟""迷凡悟圣",后期倡性自天然,超佛越祖;等等。

当然,说众生悉有佛性的佛性思想是中土佛学的主流,并不否认中土佛学还有其他方面的思想,也不排斥中土佛性思想中也有不主众生悉有佛性的思想。例如,唯识宗就不主众生悉有佛性,而倡五种性说。但是,如果人们看到并承认这样一种现象,即唯识宗在中土佛教中是一个最不具中国特色,同时又是一个短命的宗派,那么就应该承认,唯识学的存在,唯识宗五种性说的存在,丝毫不妨碍众生悉有佛性的佛性思想是中土佛学的主流。

研究中土佛性思想,当然不能不顾及发生在南北朝的所谓佛性本有与始有的争论。此一争论,究其原委,实由对佛性义之解执不同所致。以因说佛性,佛性当然是本有;以果说佛性,佛性必然为始有;于当果说佛性,则佛性亦本亦始;以非因非果之中道义说佛性,佛性则又成非本非始。有唐一代关于行佛性、理佛性的争论,与此一本始之争有近似之处。

中土佛性思想虽大多主众生悉有佛性,但并不因此而忽略修行。相反,几乎所有宗派都主张必须借助于修行之缘因才能成佛。当然,对这一修行缘因,各家的解说是五花八门的。但大而言之,又可分顿悟与渐修二门。主顿悟者,主要以理不可分为依据,倡悟不可有阶级之分;主渐修者,以登峰造极,必起自平地,倡悟不能无阶渐之别。但细察二者思想,似亦并非互不相容。主顿悟实亦并不全废渐修,只是认为豁然大悟之一刹那,不可有阶次之分;主渐修者亦不放弃其最终目标——大彻大悟。因而,顿悟与渐修之间实多有相通之处。

最后,佛教之最终目的是"成佛",但"成佛"是靠自悟自度,抑靠诸佛菩萨的慈悲普救,这也是佛性思想的一个重要方面,亦即"悟与救""自力与他力"的问题。中国晚唐之后的两大宗派禅宗与净土宗是这两种思想的典型代表。禅宗是以自悟自度为其佛性思想之标志,净土宗则以诸佛菩萨的大慈大悲为号召。禅宗发展到后期,甚至要把佛"一棒打杀给狗子吃,却图天下太平"。净土宗则自感处于"末法时代"而无力自救,唯仰仗于阿弥陀佛之慈航济度。当然,禅净亦有其契合处,永明禅师"有禅有净土,犹如戴角虎"之偈句,说明禅净后来亦日趋合流。

合流,这是中土佛性思想乃至中国佛学的总的发展趋势。隋唐诸宗派的佛性思想,无一不是融合诸经论,甚而内书外典并用、儒释道三教兼收,成为一种外来宗教与中国传统思想的混合物,从而使整个佛性思想带有浓厚的中国化的色彩。这种中国化了的佛性思想与中国传统的心性、人性学说进一步融合,遂衍为融三教于一炉的宋明心性义理之学。

第二章　法性与真神

佛教般若学在中土的兴盛，多少有赖于魏晋人的清谈。然清谈终不足解人生如寄之悲感，故晋宋之后，中土佛学乃转一新方向，由说空谈玄之般若学，一变而为注重解脱之涅槃佛性说。

中土般若学之登峰造极者当推僧肇，而首开涅槃佛性说先河的又得算晋宋之际的竺道生。但是，一种学说的兴衰，与其说体现于某个思想家，毋宁说更体现于该思想家所处的时代。因此，不管是僧肇之性空般若学，抑是竺道生的涅槃佛性说，无非都是晋宋二代玄学、般若学、涅槃佛性说三股思想潮流交融更替过程的一个侧面。如果把僧肇的思想视作中土玄学、中国佛教般若学的顶点，而把竺道生的佛性思想作为中土涅槃学的起点，那么，最能体现这三股思潮之相互交融过程、最富有由玄学而般若而涅槃佛性的过渡性质的思想，当推慧远（334—416）以"法性论"为主的佛性学说。

第一节　法性论与本无说

据《高僧传·释慧远传》记载："先是中土未有泥洹常住之说，但言寿命长远而已，远乃叹曰：'佛是至极，至极则无变，无变之理，岂有穷耶？'因著《法性论》曰：'至极以不变为性，得性以体极为宗。'"[1]这段记

---

[1]　《高僧传》卷六。

述虽寥寥数语,却简要明了地点破了《法性论》的基本思想及慧远撰论的目的所在。

那么,何谓"至极以不变为性,得性以体极为宗"呢？这里的"极"和"至极"均指佛教的最高境界——涅槃。意思是说,佛教的涅槃应以不寂不变、不空不有为其真性,要得此真性,又应以证悟体会涅槃境界为根本,而不应以"长生久视"为旨趣。此一思想颇合般若实相精义,故罗什见而叹曰:"边国人未有经,便暗与理合,岂不妙哉!"①

罗什这段话给我们透露了一个消息:慧远"不变为性""体极为宗"佛性思想的提出,是在罗什所传大乘般若学尚未广泛流传之前。由于慧远的《法性论》早已佚失,论中的思想已无从确考,即使人们对《僧传》那段记述的可靠性不持任何怀疑态度,似也不无理由提出这样一些问题:"体极为宗"的佛性说究竟是慧远的一贯思想呢,抑是在个别场合不意而言中？如果是前者,那么,慧远是根据什么而提出这种思想？这些问题促使我们有必要对慧远的有关思想作一简略的考察。

在《沙门不敬王者论》中,慧远指出:

> ……是故反本求宗者,不以生累其神;超落尘封者,不以情累其生。不以情累其生,则生可灭;不以生累其神,则神可冥。冥神绝境,故谓之泥洹。②

> 达患累缘于有身,不存身以息患;知生生由于禀化,不顺化以求宗,义存此。③

---

① 《高僧传·释慧远传》。
② 《弘明集》卷五。
③ 同上。

在这里,慧远以"冥神绝境"来解释涅槃,因此,明确地主张"反本求宗",而反对存身顺化。也就是说,涅槃是一种离却生灭、无境可待、无知无觉的超然境界,要达到这种境界,只有通过体认本体才能实现,而所谓存身顺化是根本达不到的。毋庸怀疑,这与《法性论》反对长生久视,而以"体极为宗"的思想是一致的。

在同篇的"形尽神不灭"中,慧远还进一步指出:

> 悟彻者反本,惑理者逐物耳。古之论道者,亦未有所同,请引而明之。庄子发玄音于《大宗》曰:"大块劳我以生,息我以死。"又,以生为人羁,死为反真。此所谓知生为大患,以无生为反本者也。①

这是慧远"引庄子义为连类"的一个例子,以庄子之"生为人羁,死为反真",来说明"生为大患,无生为反本"的道理。这与上面所言及的"不以情累其生,则生可灭;不以生累其神,则神可冥",从而达到冥神绝境之涅槃境界的基本思想也是相吻合的。

慧远在晚年为《大智论钞》所作的序文中,也特别强调"反鉴以求宗"。虽然慧远此时的一些基本观点已发生重要的变化(如主"无性之性,谓之法性"等),但在"体极""反本"这一点上,与以前的思想没有什么大的区别。这一切充分说明"体极为宗"的思想是慧远一贯的、基本的思想,而不是偶然的闪光。

现在的问题是,慧远为什么会有这种思想? 按照罗什的说法,慧远的思想是"暗与理合",如果罗什这些话与史实相符,那么,探讨慧远"体极为宗"的思想根源对于我们弄清楚当时社会上的思想状态是很有裨

---

① 《弘明集》卷五。

益的。

众所周知,魏晋南北朝是中国学术思想的一个重要转折时期。与汉代学术界的思想重心多拘于天道物理之探求不同,魏晋时期的思想家多致力于万物本体之体会。当时的玄学家多以谈有说无为旨趣,以体道通玄为终的。《晋书·王衍传》曰:"何晏、王弼立论,天地万物皆以无为本。"王弼注《老子》《周易》曰:"人能反乎天理之本以无为用,则无穷而不载矣。"①这种由形而上谈有无之理,进而在人生学上以反本为鹄,实是当时玄学家之共同风尚。至于魏晋时代之佛学,不论在行事风格,抑在研读书籍及名词术语等方面,均与玄学没有多少差别。正如汤用彤先生在其名著《汉魏两晋南北朝佛教史》中曾一再指出的,魏晋玄佛之间多有共通之处,即名人释子,共入一流,当代名僧,理趣符老庄,风神亦类谈客。支谶、支谦说佛曰涅槃,曰真如,曰空,与老庄玄学的道、虚无一样,均指本体。二支立神与道合,目的也在使其反本,探人生之本真。这说明当时之佛理玄学趋于合流,二者都以"明本""反本"为旨归。

慧远的一生,大体上与东晋一代相始终,他的思想历程,基本上是先世典,再老庄,后以佛理为归趣。在《与隐士刘逸民等书》中,慧远回顾自己思想的演变过程曰:"每寻畴昔,游心世典,以为当年之华苑也;及见老庄,便悟名教是应变之虚谈耳。以今而观,则知沉冥之趣,岂得不以佛理为先。"②《高僧传·释慧远传》也记载慧远"少为诸生,博综六经,尤善老庄"③,后拜道安为师,听道安讲《般若经》"豁然而悟,乃叹曰'儒道九流,皆秕糠耳'"④。慧远皈依佛教后,因"神明英越,机鉴遐深",

---

①　详见《老子·三十八章注》《周易·复卦注》。
②　《广弘明集》卷二七。
③　《高僧传》卷六。
④　同上。

故很受道安的赞赏,年二十四便让他讲经。因当时沙门多有深明世典者,士大夫中,亦不乏通达释教之人,故高僧名流常禅玄互证,以般若比附老庄,以外书注释内典,此亦即当时风行之"格义"方法。慧远由于内通佛理,外善群书,故亦常常"引庄子义为连类,于惑者晓然"。慧远的老师道安初期亦多用"格义",后来发现"先旧格义,于理多违",故力废用"格义"之法,但仍"特听慧远不废俗书",这说明道安对慧远的信任,认为慧远的比附更接近于佛理。

考察了慧远的思想历程及魏晋时代的思想特点后,对于慧远何以能在"未有经"的情况下提出"暗与理合"的"体极为宗"思想就比较好理解了。就是说,慧远"体极为宗"的"法性论"思想,与其说得自印度大乘般若经,毋宁说源出魏晋本体论。这一点,在慧远对"法性"的解释上表现得尤为突出。

"法性",在印度佛教中与实相、真如、法界、涅槃、佛性等是同义异名,亦即指不改不变,不生不灭,不在有无,不出有无之体性。小乘多不言,大乘始说之。"法性"的含义与魏晋的"本无"表面上类似,故魏晋僧人多以"本无"说真如、涅槃、法性。实际上,二者有原则的区别:后者以"无"为本,承认有一个形而上的本体;前者则以即空即有、非有非无为性,不承认有一个形而上的本体。这一区别使得慧远的法性论,与其说是印度大乘佛教的法性论,不如说是中土魏晋的"本无说"。

元康的《肇论疏》曾引了《法性论》这样几句话:"问云:性空是法性乎? 答曰:非。"这段话表明,慧远的"法性"与般若性空不是一回事,性空是由空得名,把"性"空掉了,而"法性"之"性"为实有,是法真性。实际上,慧远的法性论更接近于魏晋的本无说,即都承认有一个形而上的实体,因此,慧远屡屡言及"本无与法性同实而异名",一再强调"至极以不变为性"。

慧远在《阿毗昙心论序》中还说："己性定于自然，则达至当之有极。"①意思是说，一切法的自性得自天然，是不改不变的。只有体认此不变之性，然后才能通达至当之极。这与《法性论》的"至极以不变为性，得性以体极为宗"是同一个意思，都是以不变之真性来谈法性，这与大乘般若学所说的诸法无自性也是大相径庭的。实际上，慧远所说的不变并不是大乘所理解的不变，而是小乘所说的诸法性不变，无怪乎罗什不客气地斥之为"似同戏论"。②

从承认"法性"实有、不变这个基本思想出发，慧远的佛性说承认了一个主体"人我"，这个主体"人我"思想主要体现在他的因果报应说与形尽神不灭论中。

轮回业报的思想非始自佛教，早在释迦之前，它就是婆罗门教的基本教义之一。佛教在反对婆罗门教把大梵作为宇宙万物创世主等思想的同时，又采取了婆罗门教关于轮回业报的学说。但佛教的轮回思想又与婆罗门教不同，它否定轮回的主体，以轮回为方便说。但是，既讲轮回又否认轮回的主体，这是一个无法自圆其说的矛盾，后来的佛教沿着不同的方向发展，如经量部主"胜义补特伽罗"、犊子系立"不可说补特伽罗"等等，承认"补特伽罗"（轮回主体）实有。

中土也有祸福报应的思想，而且历史悠久。《周易》中就有"积善之家，必有余庆；积不善之家，必有余殃"③的说法，曾子也说过："人之好善，福虽未至，去祸远矣；人之为恶，祸虽未至，去福远矣。"④在民间，则有更多关于祸福报应的迷信传说。但中国的报应说与印度佛教的报应说不同，佛教的报应是业报、自报，中国的报应是通过上帝鬼神的赏善

①　《出三藏记集》卷一〇。
②　详见《大乘义章》卷中问答四大造色。
③　《周易·坤·文言》。
④　《广弘明集》卷一〇。

惩恶来实现的,这是其一;其二,报应的主体不同,佛教由原来的不承认报应主体发展到后来以"不可说补特伽罗""胜义补特伽罗"等为报应的承担者,在中土,报应主体一直是由灵魂和神来承担的;第三,印度佛教的报应说多取理论的形式,注重繁琐的分析论证,因此主要表现为理论的矛盾,即轮回报应与没有轮回主体的矛盾,中土传统的报应说多带有经验的、实践的性质,因此主要表现为实践的矛盾,即无法解释许多现实的社会人生现象,如项橐、颜回之短折,伯夷、原宪之冻馁,盗跖、庄蹻之福寿,齐景、桓魋之富强等,亦即积善得殃、凶邪致庆等问题。既深明佛理又精通世典的慧远清楚看到两种报应之利弊长短,因此对二者来个糅合,形成他的"三业""三报论"。

就承认报应是业报、自报而不是通过上帝的奖惩来实现这一点,慧远采取了印度佛教的说法,他根据佛教的业报说,提出"三业殊体,自同有定报"①,主张报由于业,业必得报。在运用报应理论去解释现实人生问题时,慧远的"三报论"很富有圆融性。慧远曰:"业有三报:一曰现报,二曰生报,三曰后报。现报者,善恶始于此身,即此身受。生报者,来生便受。后报者,或经二生三生,百生千生,然后乃受。"②此一"三报说"对于解释社会人生问题,特别对于解释业报反常的现象,是一种颇为圆滑的理论。例如,《三报论》曰:"或有积善而殃集,或有凶邪而致庆,此皆现业未就而前行始应。"也就是说今生之业不一定今生得报,因而今生之祸福殃庆,不一定就是今生之业所致,而可能是前生乃至百生千生前的行业的报应。基于这一理论,慧远进一步指出:世人所以"谓积善之无庆,积恶之无殃,感神明而悲所遇,慨天殃之于善人",全是由于"世典以一生为限,不明其外。其外未明,故寻理者自毕于视听之

---

① 《三报论》,《弘明集》卷五。
② 同上。

内"①。中土传统的报应说所以缺乏说服力,也正因为多囿于视听、经验,而缺少这种视听之外的玄想和论说,故此说实可补中土报应之"局限",而为佛教思想争取地盘和徒众。实际上,慧远的"三报论"在一定范围内比他的"法性论"更有影响,作用更大。因为"体极为宗"的思想固然可以使一些文人名士从"反本"中得到解脱,但对于更广大的平民群众来说,他们则更想通过今生今世的奉佛修行,以图来生来世能有个好的报应(能成佛当然更好)。

但是,慧远报应说中更值得注意的,还是对报应主体的看法。对此,慧远更多地采用中国的传统思想,把它付诸"不灭"之"神",而形成他的"形尽神不灭论"。

慧远从"不变之性"的法性论出发,宣扬人的精神是永恒长存的。而此一永恒不变之神,既是报应的承担者,又是成佛的根据。一般人处于生死流转之中,这是"顺化",佛家宗旨是"反本求宗",当人的精神反归与法性本体相冥合时就进入涅槃境界,精神就转化为法身。慧远在描述通过坐禅而达到与法性本体合一的状态时说:"运群动以至壹而不有,廓大象于未形而不无。无思无为而无不为。"②就是说,当人的精神通过修禅而达到"无思无为而无不为"时,就进入冥神绝境的涅槃境界。在《佛影铭》中,慧远则把法身视作"灵应"之所在,亦即把法身视作独存之精神。晋宋之际的宗炳是慧远的忠实信徒,对慧远神即法身说极为赞赏,并作了进一步发挥。他明确指出"无身而有神,法身之谓也"③,"无形而神存,法身常住之谓也"④。

既然法身即是独存之神,精神与本体合一即可入于涅槃境界,精神

① 《弘明集》卷五。
② 《庐山出〈修行方便禅经〉统序》,《出三藏记集》卷九。
③ 《明佛论》,《弘明集》卷二。
④ 《答何衡阳难释白黑论》,《弘明集》卷三。

是否能永恒不灭,抑将随着形体之坏死散灭而消失,就成为众生能否成佛的关键所在,由此导衍出南北朝的一场形神之争。

印度佛教原是反对神教的,但在中土,初期佛教却多以神明不灭为佛法之根本义。当然,不能由此得出结论,说神不灭义的佛教不算佛教,而只能说它不是印度佛教,但确确实实是中国佛教的一个部分,一个重要历史阶段。佛教作为一种外来宗教,在进入中土后,先是与黄老方技相通,至魏晋转而依附玄学,直到隋唐才在全国范围内成为一支与儒、道鼎足而立的意识形态和社会力量。佛教在中国的发展过程中与中国传统思想既融合又斗争,形神之争则是两晋南北朝时期佛教与反佛教两种思想相互斗争的一个侧面。

慧远作为东晋佛教界的领袖,在维护当时佛教学说的理论支柱之一的"神不灭论"方面是不遗余力的。

首先,慧远以本无说为根据,把"神"作为世界万物的本体,认为:

> 神也者,圆应无主,妙尽无名,感物而动,假数而行。感物而非物,故物化而不灭;假数而非数,故数尽而不穷。[1]

意思是说,"神"是"无生""无名"的,它感应万物而自身又不是物,所以万物化尽,它自身并不失灭。

其次,慧远也接触过中国古代的精气学说,但他反对这种学说中的"精粗一气,始终同宅"及"形神俱化"的唯物主义成分,把精气说推向神秘化,在《沙门不敬王者论·形尽神不灭五》中,他说:

> 夫神者何耶? 精极而为灵者也。精极则非卦象之所图,故圣

---

[1] 《弘明集》卷五。

人以妙物而为言,虽有上智,犹不能定其体状,穷其幽致。①

也就是说,神是一种极精而无以名状的"精灵",故圣人虽有上智,也不能察其形体,穷其幽微。他认为此种"精灵"与粗之形体是绝然不同的,其不但有"妙物之灵",而且可以不与粗同尽。

第三,慧远认为与"情有会物之道"不同,"神有冥移之功"。"情是化之母",而"神为情之根",神是一种可以离开情化的独立的实体。这与他的"反本求宗者,不以生累其神;超落尘封者,不以情累其生。不以情累其生,则生可灭;不以生累其神,则神可冥。冥神绝境,故谓之泥洹"②的思想是一致的。而对于神的"冥移之功",慧远以"火薪之喻"来说明:

> 火之传于薪,犹神之传于形;火之传异薪,犹神之传异形。前薪非后薪,则知指穷之术妙;前形非后形,则悟情数之感深。惑者见形朽于一生,便以为神情俱丧,犹睹火穷于一木,谓终期都尽耳。③

对于慧远"火薪之喻"的唯心主义性质及其逻辑上的错误,学术界已有所论述,此处不赘。这里想指出的,主要是这种思想与中土古代传统思想以及印度佛教中的佛性思想的关系。

先秦的庄子早有"薪火"之喻。在《庄子·养生主》中,庄周曰:"指穷于为薪,火传也,不知其尽也。"意思是说,薪有燃尽之时,火却一直传下去,不会穷尽。慧远"尤善老庄",这段话他当然看过,文中"指穷之术

---

① 《弘明集》卷五。
② 同上。
③ 同上。

妙"则是推赞庄子的这一思想,并把此不灭永传之火拿去比喻不灭之神。

佛教典籍中也屡屡言及"薪火"问题。印度佛教中的说一切有部的那先比丘就曾以火传薪为喻说轮回,以种有果说业力,《法句经》也曾以雀器、火薪喻形神分离。慧远在《形尽神不灭》中说:"火木之喻,原自圣典,失其流统,故幽兴莫寻,微言遂沦于常教,令谈者资之以成疑。"①这说明内典外书、释教儒道都曾以"薪火之喻"来论证形神关系,所不同的是,慧远取其所需,把中国古代传统思想及印度佛教中的有关思想糅合起来,为他的神不灭论作论证。

按照思想体系及逻辑结构说,慧远的"神不灭论"又是为他的"法性论"的佛性学说作论证的。因为,千方百计证明有一个永恒不变之神的存在,无非为了进一步说明,此一不灭之神可以反归并与本体合一,从而进入涅槃境界。可见,"神不灭论"乃是慧远佛性学说的一个组成部分、一个重要环节。当然,必须看到,慧远之"神不灭论"乃至整个"法性论"与晋宋之后流行的涅槃佛性说是有重要区别的,其中最主要的是"不灭之神"与"佛性我"的区别。不过,"不灭之神"与"佛性我"也不是完全格格不入的。南北朝时,就多有人把众生皆有佛性视为神不灭义之张本。② 可见二者是有共通之处的。

在中土,"不灭之神"通向"佛性我",或者说以神明不灭为根本义的初期佛教通向以众生皆有佛性为主流的涅槃佛性学,是以罗什、僧肇所传之大乘般若学为过渡的。大乘般若学在中土的流行传布,对中国佛教的发展有着双重的作用:一方面,学僧通过研讨般若学,渐知识神性空,法身无形,不来不往,因此开始怀疑汉魏以来所流传的有神之论;另

---

① 《弘明集》卷五。
② 详见汤用彤:《汉魏两晋南北朝佛教史》第十七章,中华书局,1983 年。

一方面,般若学大大淡化了有神论的实体性,从而为"不灭之神"通向"佛性我"创造了条件。这一点在慧远的"法性论"中有明显的表现。

对于慧远的"法性论",原先主要把"不灭之神"反归并与本体合一视为人生之终的。这时的"法性"具有浓厚的实体性质。鸠摩罗什到关中之后,慧远就"致书通好",罗什也复了信,并把他最初译的《大品般若经》和《大智度论》送给慧远看,还请慧远为《大智度论》作序。慧远对《般若经》及《大智度论》悉心研究,遇到问题就向罗什请教,罗什亦一一作了答复。这些问题,后人辑成《慧远问大乘中深义十八科并罗什答》,其中慧远所问,都与他把"法性"理解为实体有关,罗什不客气地指出了他的错误,并辨明"法无定相"。这一切对慧远的思想不能不产生一定的影响,这种影响集中表现在他后来对"法性"的看法上。

在《大智论钞序》中,慧远说:

> 生涂兆于无始之境,变化构于倚伏之场。咸生于未有而有,灭于既有而无,推而尽之,则知有无回谢于一法,相待而非原;生灭两行于一化,映空而无主。[1]
>
> 有而在有者,有于有者也;无而在无者,无于无者也。有有则非有,无无则非无。何以知其然? 无性之性,谓之法性。法性无性,因缘以之生。[2]

这两句话的意思,如果加以概括,也就是有无相待而非原,生灭映空而无主,法性因缘以之生,因缘而生无自性。这无疑是大乘般若学有无相即、因缘性空的思想。与元康《肇论疏》所引《法性论》中关于法性

---

[1] 《出三藏记集序》卷一〇。
[2] 同上。

是真性、非是性空的思想相比,这时期慧远的法性理论,应该说是发生了重大的变化。这种变化使慧远的"法性论"开始离开"神不灭论",而逐渐向建立在般若学基础上的涅槃佛性学接近。

综观慧远的思想变化过程,其"法性"理论显然带有双重的品格。当慧远把"法性"视为不变的法真性,执法性本体为实有,承认有一报应主体时,慧远的法性论更接近玄学的本无说和灵魂不灭论;当慧远以性空、无性释"法性",视"法性"为非有非无、空有相即时,其"法性论"又带有大乘般若学的色彩。而此一"本无说""神不灭论"与大乘般若学的结合,又为后来的"涅槃佛性说"创造了条件,因此,慧远的佛性思想实有由玄学而般若学而涅槃佛性学的过渡性质。

第二节　真神论与灵魂说

按照历史顺序,梁武帝萧衍(464—549)的"真神论"应该放在竺道生的佛性思想之后来论述。但如果按照思想内容,按照中国佛性思想的逻辑进程,梁武帝的"真神论"远不及竺道生佛性思想"成熟"、理论化和系统化。从某种意义上说,梁武帝的"真神论"与慧远的"法性论"一样,是处于中国佛性思想的酝酿、准备阶段,具有明显的过渡性质。因此,我们把梁武帝的佛性思想与慧远的放在一起考察。

梁武帝所处的南北朝时期,涅槃佛性学已经广泛流传,吉藏的《大乘玄论》、均正的《大乘四论玄义》及元晓的《涅槃宗要》罗列了各家佛性说,说明当时佛性问题已成为佛教学说中的一个重要问题,而涅槃佛性学的兴起与盛行,标志着中国佛教已进入一个由般若学而涅槃佛性说的新阶段。

般若学在中土一开始只是玄学的附庸。但是,由于玄学发展到向郭之义注时,已达到饱和程度,当时的名流贤哲已不能拔理于向郭之外,般若学才"乘虚而入"并"喧宾夺主",凌驾于玄学之上。史称支道林卓然标理于向郭及众贤之外,群儒旧学莫不叹服,说明此时之般若学已发展成为玄学的出路所在。但是时隔不久,般若学又被僧肇等推到极致,本无性空思想在自身范围内已难有更大的发展。加之时代的经济、政治条件等方面的原因,涅槃佛性说终于被推到显学的地位。

按思想内容说,般若谈空,涅槃说有,由空到有这样一个重大转折,佛学界自免不了出现百家殊唱、异说纷纭的局面。有些僧人把般若学与涅槃佛性说对立起来,或者说般若非究竟,甚而怀疑般若经的可靠性。梁武帝与众不同,他巧妙地把二者统一起来,在《注解大品序》中说:

> 涅槃是显其果德,般若是明其因行。显果则以常住佛性为本,明因则以无生中道为宗。以世谛言说,是涅槃,是般若,以第一义谛言说,岂可复得谈其优劣。[①]

意思是说,般若、涅槃同是佛法,不存在真伪优劣问题,区别仅在于般若明因行,涅槃显果德。明因即以非有非无、不生不灭之中道为宗旨,显果则以佛性常住为根本。用世俗的眼光看,有般若、涅槃之分,但二者都是佛说之真理,岂可谈其优劣。从这段话看,萧衍对般若、涅槃并无偏倚,而且从其他的论述中还可以看出萧衍对般若学一直很重视,他在同一篇序文中还说:

> 至如摩诃般若波罗蜜者,洞达无底,虚豁无边,心行处灭,言语

---

① 《出三藏记集序》卷八。

道断,不可以数术求,不可以意识知,非三明所能照,非四辩所能论,此乃菩萨之正行,道场之直路,还源之真法,出要之上首。①

梁武帝把般若学视为菩萨之正行、佛法之上首,可谓推崇之至。但是,如果从总体看,萧衍的思想重心,不在显空之般若学,而在谈有之佛性说,而佛性学说又集中地体现在他的"真神佛性论"中。

所谓真神佛性论,亦即以真神为佛性,以真神作为成佛的根据,用萧衍的话说,以真神不断故,"成佛之理皎然"②。

吉藏《大乘玄论》卷三曰:"第六师以真神为正因佛性。若无真神,那得成真佛？故知真神为正因佛性也。"此第六师即指梁武帝。元晓在《涅槃宗要》中也说:"第四师云,心有神灵不失之性,如果心神已在身内,即异木石等非情物,由此能成大觉之果,故说心神为正固体……此是梁武萧焉(衍之误)天子义也。"唐均正《四论玄义》也说:"第四梁武萧天子义,心有不失之性,真神为正因体已在身内,则异于木石等非心性物。此意因中已有真神性,故能得真佛果。"三家记述言之凿凿,梁武持真神佛性论自毋庸怀疑。但梁武帝究竟为什么会以真神为佛性,又是如何论证真神为佛性的,真神佛性论的实质是什么,真神如何成佛等一系列问题,却必须进一步深入探讨。

梁武帝在《敕答臣下神灭论》中说:"有佛之义既踬,神灭之论自行。"③意思是说,有佛性之义如果被驳倒,神灭的理论自然流行。这也许就是梁武帝提出"真神佛性论"之初衷,即用人人有真神佛性,人人可成佛,来反驳范缜之神灭论。

范缜是以"形神相即""形质神用"等几个方面论证形尽神灭的。萧

---

① 《出三藏记集序》卷八。
② 《立神明成佛义记》,《弘明集》卷九。
③ 《弘明集》卷一。

衍之论神不灭,方法上与范缜一样,采取体用关系来说明,但出发点与论证过程却相反。范缜从形出发,认为形是质,是体,神是用,是派生的;萧衍却从心神出发,然后分心神有体与用两个方面。萧衍在《立神明成佛义记》中说:

> 夫心为用本,本一而用殊,殊用自有兴废,一本之性不移。一本者,即无明神明也。寻无明之称,非太虚之目,土石无情,岂无明之谓?故知识虑应明,体不免惑,惑虑不知,故曰无明。而无明体上,有生有灭,生灭是其异用,无明心义不改。①

大意是说,心是本,生灭是用,本只有一个,而生灭各各殊异,生灭虽有差异,一本之性不移。心之本性是明,但诸烦恼污染故,不免有惑,此即是无明神明。无明神明为有情众生所独有,非太虚、土石等所具有,因太虚无情,土石无心,故没有明、无明之分,愚智解惑之别。梁武帝这里所说的无明神明,有点近似部派佛教所说的"心性本净,为客尘烦恼所染";而所谓心为本,生灭为因,与《大乘起信论》分心为真如、生灭二门,于真如又言不变、随缘二义思想相近。这个思想是梁武帝整个"真神论"的理论基石,故在《义记》中,他又进一步用"若与烦恼诸结俱者,名为无明;若与一切善法俱者,名之为明"等经说,论证心识性一而随缘各异,生灭异用而心本无殊。通过这一系列的反复论证,梁武帝最后得出的结论是,生灭随境迁谢,神明之性不灭,因神明之性不灭,故成佛之理皎然,因生灭随境迁谢,故生死之事可明。

梁武帝的真神论,就思想内容说,并不复杂,亦不难理解,且时人也有所论及,此处不赘。这里想着重探讨的,是真神论与我国传统的灵魂

_____

① 《弘明集》卷九。

说,特别是与印度佛教的佛性我的关系问题。

所谓"真神",如果用我国的传统语言说,亦即灵魂,所谓"神性不断",亦即"灵魂不灭"。古代中国的祸福报应说认为人死之后,灵魂不灭,随复受形,生时所做的善行功德及罪恶之业,来生都会得到报应,而报应的承担者是不死之灵魂。梁武的"真神论"虽把报应主体易名为心神,在论述中换上一些佛教语言,但基本思想与中土灵魂说如出一辙。在《立神明成佛义记》中,梁武帝说:"如前心作无间重恶,后识起非思妙善,善恶之理大悬,而前后相去甚迥,斯用果无一本,安得如此相续。"①"神明以不断为精,精神必归妙果。"②这些话清楚表明萧衍把不断之心神作为前后相续、善恶报应的主体,而所谓"必归妙果"者,也就是必定成佛。

本来,印度佛教的入涅槃与成佛同中国传统迷信的"升天堂"及道教的"仙化"是很不相同的。其中最大的区别,是前者否认本体及实体性,所谓"涅槃无体""众德之总名"是也,后者则带有实体性质。这有如北周道安所说的:"佛法以有生为空幻,故忘身以济物,道法以吾我为真实,故服饵以养生。"③与此相联系,印度佛教中的成佛根据即"佛性我"与中土"升天堂"的主体,即灵魂或神明,也相去甚远。要而言之,前者是出世之真我,后者是世间我、生死中我。

何谓出世之真我?用哲学语言说,就是我与无我的统一。竺道生在《注维摩诘经·弟子品》中说:"无我本无生死中我,非不有佛性我。"就是说,佛性我是以无我为前提的,是无我与我的统一。那么,何谓"无我"? 在释迦时代的印度宗教界,对于众生从生到死,从前生到后世,一般多认为有一生命之主体,这生命之主体,一般称为"我"。"我"在生死

①　《弘明集》卷九。
②　同上。
③　《二教论·仙异涅槃》,《广弘明集》卷八。

中来来去去，如之不变，所以也称"我"为"如来""如去"。例如，"十四置难"是印度宗教界所热衷谈论的问题。"何等十四难？……死后有神去后世，无神去后世，亦有神去，亦无神去，死后亦非有神去亦非无神去后世。"①释迦牟尼对这些问难，一概置而不答，而另立缘起说，主张一切诸法毫无自性，乃因缘和合而有，亦即"诸法无我"，此一无我说把佛教与印度神教严格地区分开来，成为早期佛教"三法印"之一。

在佛法中，不但五蕴无我，即使证入正法，也还是无我，所谓"不复见我，唯见正法"，就是以体悟"正法"为解脱，这与神教之证知自我为解脱是根本不同的。

但是，佛教也讲业报轮回，既有轮回，自然有一个什么在轮回，亦即轮回之主体问题，佛教的无我说把轮回的主体给否定了，这使佛教学说陷入一种不可克服的矛盾之中。发展到部派佛教，就产生了一系列的疑问："若我实无，谁能作业，谁能受果？……若实无我，业已灭坏，云何复能生未来果？"②"我若实无，谁于生死轮回诸趣，谁复厌苦求趣涅槃？"③为了圆通佛法，部派佛教时出现了补特伽罗说。《异部宗轮论》说："说一切有部……有情但依现有执受相续假立，说一切行皆刹那灭，定无少法能从前世转至后世，但有世俗补特伽罗说有转移。"④可见，说一切有部是依假名补特伽罗说生死相续；与有部不尽相同，犊子系立"不可说补特伽罗"，依补特伽罗说转移。如《异部宗轮论》说："犊子部本宗同义……谓补特伽罗非即蕴离蕴，依蕴、处、界假施设名。……诸法若离补特伽罗，无从前世转至后世，依补特伽罗可说有转移。"⑤犊子系虽依补特伽罗说转依，但仍主张无实体我可得。如当说一切有部责

---

① 《大智度论》卷二，《大正藏》册二五，第74页。
② 《阿毗达磨俱舍论》卷三〇，《大正藏》册二九，第158页。
③ 《成唯识论》卷一，《大正藏》册三一，第2页。
④ 《大正藏》册四九，第16页。
⑤ 同上书，第17页。

问犊子系所立补特伽罗是实有还是假有时,犊子系回答说:"非我所立补特伽罗,如仁所征实有假有,但可依内现在世摄有执受诸蕴,立补特伽罗……比如世间依薪立火……谓非离薪可立火,而薪与火非异非一。"①也就是说,补特伽罗既不离蕴,又不即蕴,二者是不即不离,不异不一。

部派佛教的补特伽罗虽有"佛性我"的雏形,但还不是涅槃学中的"佛性我"。"佛性我"是在如来藏、佛性学说中被正式提出来的:"我者,即是如来藏义,一切众生悉有佛性,即是我义","佛法有我,即是佛性"。② 也就是说,佛性我中之我,即是如来藏义,即是众生有佛性义。进而言之,亦即众生成佛之根据,从这一点上说,"佛性我"实与印度神教之"我"、小乘佛教的"补特伽罗"乃至中土的"灵魂"不无相通之处,但是它们之间的区别是不可忽视的。宗性《名僧传钞》卷一三中有一段关于"佛性我"与外道之我关系的问答,很有助于我们了解二者之区别,现抄录于下:

> 问曰:经云外道妄见我,名之为邪倒,今明佛性即我,名之为正见,外道何以为邪,佛性何以为正?
>
> 答曰:外道妄见神我,无常以为常,非邪而何! 佛法以第一义空为佛性,以佛为真我,常住而不变,非正而何!

意思是说,外道之神我,执有实体,以无常为常,故是邪;佛法之我,以非有非无、即有即无之第一义空为佛性,故是正。

《大般涅槃经》也反反复复地论述"佛性我"与"无我"的关系,现略

---

① 《阿毗达磨俱舍论》卷二九,《大正藏》册二九,第 152 页。
② 《大般涅槃经》卷七,《大正藏》册一二,第 407 页。

撮一二：

> 涅槃无我大自在故名为大我。①

> 八者如来遍满一切诸处犹如虚空，虚空之性不可得见，如来亦尔实不可见，以自在故令一切见，如是自在名为大我，如是大我名大涅槃。②

> 佛性者名第一义空，第一义空名为智慧，所言空者，不见空与不空，智者见空与不空，常与无常，苦之与乐，我与无我……乃至见一切无我不见我者不名中道。中道者，名为佛性。③

就是说，佛性之大我、真我，与无我无常并不相违，它乃是我与无我、常与无常之统一，是第一义空，亦即不上不下、非有非无、不离上下、即有即无之中道。可以说，这就是"佛性我"与以无常为常、以无我为我，执有一虚妄实体之外道"神我"之区别所在。

至此，我们可以回过头来看看梁武帝之"真神"，究竟属生死中我，抑属"佛性我"？"真神论"的中心思想是以不断之真神为轮回报应之主体及成佛之根据，这无疑执神性为常，是一种以无常为常之我见，即中土传统观念中的灵魂。当然，这样说丝毫不含有贬低"真神论"的意思，因为虽然体现在灵魂说与佛性我中的理论思辨有深浅高低之分，一个更精巧些，一个更粗俗些，但二者均是佛教的佛性理论。之所以要费此苦心探讨二者之联系异同，目的在于究明中国佛性学说的思想发展历程。

---

① 《大般涅槃经》卷二三，《大正藏》册一二，第502页。
② 同上书，第503页。
③ 《大般涅槃经》卷二七，《大正藏》册一二，第523页。

第三节 外来宗教与传统思想

"理论在一个国家的实现程度,决定于理论满足这个国家的需要程度。"①这是从最根本的意义上去谈论某种理论的能否流行及其流行程度。但是,在各个国家中,在各个社会历史时期内,为什么是这种理论占统治地位而不是那种理论占统治地位,其原因绝不是单一的,而是错综复杂的、多方面的。例如,普列汉诺夫就曾指出:"为着理解每一个特定的批判时代的'智慧状态',为着解释为什么在这一时代中正是这些学说,而不是另一些学说胜利着,那就应该预先了解前一时代的'智慧状态',应该知道,哪些学说和学派曾在当时统治过。"②这是着重从社会意识形态之间的相互关系的角度去看待某一种学说的胜利。我们这里所要说的,比较接近后者,属于探讨各种社会意识形态之间的相互关系,具体地说,就是企图通过慧远、梁武帝佛性说乃至六朝佛学思想的特点,进一步去探讨外来宗教与中土传统思想之间的相互关系。

读过《弘明集》《广弘明集》的人,大概都会叹服六朝义僧对中国传统文化的熟悉、精通乃至运用自如的程度,他们在诗文论著中,运用儒圣轶事、世书典故简直是信手拈来,在对儒家经典乃至老庄思想的理解方面,佛教徒们与道士及士大夫相比,也毫不逊色。史称支道林注《庄子·逍遥篇》,时贤旧学莫不叹服,说明支注深得庄义;王濛语道林"造微之功,不减辅嗣",隐士刘逸民叹僧肇"不意方袍,复有平叔",说明义僧精于玄理。

当然,单纯用义僧精于玄理去说明般若学成为玄学的出路,在某种

---

① 马克思、恩格斯:《马克思恩格斯选集》第一卷,人民出版社,1972年,第10页。
② 普列汉诺夫:《论一元论历史观之发展》,生活·读书·新知三联书店,1961年,第165页。

意义上是本末倒置。般若学所以能取玄学而代之,重要的原因之一是般若学比玄学更"玄",其思辨程度比玄学更高。如果说何王的本无论,还承认一个"无"的本体,那么,僧肇的不真空说把本体也给否定了。而向郭之独化说无论如何还承认现象世界的存在,而般若学的中道观则在有无之上更说不落有无了。这里不想对玄学与般若学作全面的比较评判,但就说空谈无这一点上说,般若学的思辨程度无疑比玄学更进一步。这也许是般若学成为玄学出路的关键所在。般若学取代玄学的辩证发展过程给人们这样一个启示,一种外来文化,如果其思辨水平高出于传统思想,遵照人类思维的辩证进程,最终会在一定的社会历史条件下取传统思想而代之。

但是,在慧远、萧衍的佛性学说中,人们又看到一种与此正好相反的现象,印度的涅槃佛性学就其思辨程度说,无疑远远高出于中土自古以来的一些传统迷信观念,但是,在慧远与萧衍这两位佛教信徒身上,佛性学说却更富有中土的传统思想的特点。慧远也是一位"外善群书","尤善老庄"的义僧,而萧衍更是"少时学周孔","中复归道书","晚年开释卷"[①]的三教兼通的人物,为什么他俩的佛性学说却更带传统色彩,而与玄学—般若学所走的道路大相径庭呢? 能不能说这与他俩的佛性学说所处的发展阶段有关? 大凡一种外来文化要在异国他乡扎根生长,首先必须为该社会所理解和接受。而人们接受异国文化,又往往先以传统思想去理解它,从而使异国文化带有浓厚的传统色彩,这也许就是恩格斯所说的,传统是一种巨大的保守力量,它不会轻易俯就于一种外来文化,相反,外来文化在传统面前一开始不能不有所迁就而使自己多少有点变形,然后才能站住脚并进一步谋求自身发展。

但是,黑格尔在《哲学史讲演录》中有一句话也颇发人深思:"传统

---

①　《述三教诗》,《广弘明集》卷三〇。

并不仅仅是一个管家婆,只有把她所接受过来的忠实地保存着,然后毫不改变地保持着并传给后代。它也不像自然的过渡那样,在它的形态和形式的无限变化与活动里,仍然永远保持其原始的规律,没有进步。这种传统并不是一尊不动的石像,而是生命洋溢的,犹如一道洪流,离开它的源头愈远,它就膨胀得愈大。"①这是黑格尔贯彻于整部《哲学史讲演录》的一个根本性的指导思想,亦即认为人类思维的发展规律是一个不断从抽象到具体、从简单到复杂的发展过程,从而主张对于哲学史的研究亦应坚持逻辑与历史统一的原则,采取从抽象到具体的方法。这种思想表现在外来文化与传统思想的相互关系上,就是两种文化不但有相互排斥、相互抗拒的一面,而且往往在一定历史条件下互相融合。黑格尔的这种思想究竟有多大的真理性,这里不想作全面的评价,但是从慧远与萧衍的佛性学说看,二者倒是都具有这一特点。例如,慧远的"法性论"从"不变之性"向"无性之性"的转变就明显地带有把中土传统思想与印度性空般若学糅合起来,并有逐渐向思辨程度更高的性空妙有思想过渡的性质;又如萧衍的"真神论"以精神不灭说人人有佛性,这明显地是把两种文化糅在一起。另外,萧衍在论证神不灭的过程中,还常常外书世典并用,儒学道家兼取,从而使萧衍的"真神论"成为一种多种思想的混合物。按照思维发展的一般逻辑进程,越是兼容了多种文化的思想,越是后来出现的思想,本应是越丰富、越深刻,从而是越具体的思想。但是,这仅从思维的一般逻辑进程说是这样。在思想的具体历史发展过程中,由于受到各种社会历史条件的影响,思想暂时回流与偶然倒退的现象是屡见不鲜的。例如,萧衍在竺道生之后,但是萧衍的佛性思想就其理论思辨水平说,显然又在竺道生之下。本来,思想发展的逻辑与历史进程的一致是辩证法的一条基本原则,但是这种

---

① 《哲学史讲演录》第一卷,第8页。

一致并不是每个细节、每个具体形式都无一例外地重合,而仅仅是一种在普遍性、必然性上的统一。因此,排除历史发展过程中某些偶然性东西的逻辑进程,实际上"不过是历史过程在抽象的、理论上前后一贯的形式上的反映"①。虽然这种反映是经过修正的,然而是按现实的历史过程本身的发展规律去修正的。因此,按照思想内容及中土佛性思想的逻辑进程把梁武帝的"真神论"放到竺道生佛性思想之前来考察,不但不会违背历史进程,而且正好体现了逻辑与历史一致的原则,并且更有利于揭示和把握各家佛性思想之间的内在联系及其历史发展过程。

---

① 《马克思恩格斯选集》第二卷,第 122 页。

第三章　众生有性与一分无性

众生有性,亦即一切众生悉有佛性,皆能成佛之谓;一分无性,是指有情众生中,有一类众生定无佛性,永不成佛。此是我国佛教宗派之间在佛性学说上的一大分野。主有一类众生定无佛性、永不成佛的,主要以唯识宗为代表;倡众生悉有佛性、都能成佛的,有天台、华严、禅宗等宗派。前者在中土流行的时间短,影响亦小;后者在中国佛学中占有极其重要的地位,是中国佛性学说的主流所在。如果说唯识宗的佛性学说主要源自印度的瑜伽行学派,那么,首开中土"一切众生悉有佛性"之佛性理论之先河者,当推晋宋之际的竺道生(?—434)。

第一节　阐提成佛说与中土涅槃圣

佛性,至妙至善,累尽自显,而一阐提人不具真信,善根断尽,因不具佛性故难成佛。自佛教东渐,由汉至晋,中国佛徒皆遵是说。及至法显六卷《泥洹经》译出,犹明阐提不能成佛,遂使阐提无佛性说成为社会上流行之见解。后来,《大本涅槃经》译出,始明"一切众生悉有佛性",一阐提人,亦可成佛。故阐提成佛事,至大本经传后,始为定论。而道生法师,在大本未传之前,于讲六卷《泥洹》时,孤明先发,首唱阐提成佛之说,顿起法海波澜,遭到佛教界的围攻,因无经证,故被讥为背经邪说,然道生依义不依语,仍据理固守,不为时论所动。直至大本经传来后,始证道生所言不谬,一时群疑冰释,佛界从风,名僧高流亦竞相夸赞服膺。以此为契机,中土佛学转入一个以众生悉有佛性的佛性思想为主流的新阶段。

一　《涅槃》诸译与阐提诸义

道生唱阐提成佛始被摈斥,后被推重,此中之转机,是《大本涅槃经》的译出与传布。这一现象说明,在佛教传入中土初期,佛教界没有脱离对佛教经典的依傍。后来,随着佛教的逐步中国化,中国佛教学者著作渐多,在理论上也逐渐增添了中国的传统文化的特色,佛教经典的至高无上的作用就逐渐被削弱,到了后期禅宗,竟把十二部经当"拭疣纸"。如果说佛教的中国化是一个漫长的历史过程,那么,佛教经典无疑在一个相当长的历史时期内,不同程度地影响着中国佛教的发展。基于这一理由,要研究中土的涅槃佛性学说,对涅槃经在中土的传译情况作一简要的考察,无疑是必要的。

涅槃经在中土的传译,大而言之,可分小乘、大乘二部。大乘涅槃经,是由《长阿含经》的《游行经》发展而来,对大乘言,《游行经》是小乘涅槃经。《游行经》是以释迦晚年的言行纪录为主,大乘涅槃经以发挥教理为目的。小乘涅槃经在中土有几种异译本:

一、《佛般泥洹经》,二卷,西晋白法祖译。

二、《大般涅槃经》,三卷,题为法显译,据汤用彤先生考证,此译本非出自法显之手,是失译。①

三、《般泥洹经》,二卷,此经译者史上异说纷纭。《开元释教录》主该经为东晋失译;道慧《宋齐录》及隋《众经录》《法经录》认为是求那跋陀罗译,汤用彤先生取此说;智升疑此经为求那跋陀罗译,而以之附东晋失译录中。

---

① 　参见汤用彤:《汉魏两晋南北朝佛教史》第十六章。

　　一如小乘佛教在中土佛教中地位微不足道一样,小乘涅槃经对中土之佛性思想亦几无影响。对中土佛性思想影响较大的,是几部大乘涅槃经译本。现存有如下几部:

　　一、《佛说方等泥洹经》,二卷,西晋竺法护译。

　　二、《四童子三昧经》,经中叙四童子礼佛事,故名。三卷,隋阇那崛多译。与《方等泥洹经》为同本异译。

　　三、《佛说大般泥洹经》,六卷,东晋法显译。亦称"六卷《泥洹》"。

　　四、《大般涅槃经后分》,二卷,唐若那跋陀罗译。

　　五、《大般涅槃经》,四十卷,北凉昙无谶译。亦称"大本"或《北本涅槃经》。

　　六、《大般涅槃经》,三十六卷。亦称《南本涅槃经》。据《高僧传·慧严传》载,是由"严乃共慧观、谢灵运等依《泥洹》本加之品目"而成。亦即以六卷《泥洹经》之品目,对《北本涅槃经》进行文字上之改治,在基本思想上,南北两本涅槃经相差甚微。

　　这几部涅槃经对中土佛性思想影响较大的,从现有资料看,当推法显译的六卷《泥洹》与昙无谶译的《北本涅槃经》。六卷《泥洹》实际上是《北本涅槃经》前十卷,即从《寿命品第一》至《一切大众所问品第五》的同本异译(传说智猛在凉州译出的二十卷本《泥洹经》与此也是同本异译)。虽然这样,两部涅槃经在阐提有没有佛性、能不能成佛问题上,基本思想却大相径庭。例如,六卷《泥洹》卷三有文曰:

　　　　如一阐提懈怠懒惰,尸卧终日,言当成佛。若成佛者,无有是处。①

────────────

① 《大正藏》册一二,第873页。

而《北本涅槃经》卷五与此文相应的一段话,不但文字已改,而且意义大殊:

> 如一阐提,究竟不移,犯重禁,不成佛道,无有是处。何以故?是人于佛正法中,心得净信。尔时便灭一阐提。若复得作优婆塞者,亦得断灭。于一阐提犯重禁者,灭此罪已,则得成佛。是故言毕定不移,不成佛道,无有是处。①

又,六卷《泥洹》卷四有文曰:

> 一切众生皆有佛性在于身中。无量烦恼悉除灭已,佛便明显,除一阐提。②

而《北本涅槃经》卷七与此文相应的一段话中已无"除一阐提"四字,文句也有异:

> 一切众生悉有佛性,烦恼覆故,是故应当勤修方便,断坏烦恼。③

又,六卷本之卷六有灰覆火偈,在此偈后有文曰:

> 彼一阐提于如来性,所以永绝。④

---

① 《大正藏》册一二,第 393 页。
② 同上书,第 881 页。
③ 同上书,第 405 页。
④ 同上书,第 893 页。

同在灰覆火偈后,《北本涅槃经》卷九文甚不同:

> 彼一阐提,虽有佛性,而为无量罪垢所缠,不能得出。①

从以上几段相对应的文字看,在阐提能否成佛问题上,两部经确大异其趣。但是,如果仅从《北本涅槃经》的前十卷看,还很难说二者思想有什么根本性的区别。因为,在《北本涅槃经》前十卷中,同样有"除一阐提外"的思想,亦即否认一阐提有佛性。例如,卷七之《如来性品之四》有文曰:

> 一切众生皆有佛性……除一阐提。②

卷九之《如来性品之六》也有文曰:

> 除一阐提,其余众生闻是经已,悉皆能作菩萨。③
> 一阐提辈亦复如是,虽闻如是大般涅槃微妙经典,终不能发菩提心芽。④

这说明,《北本》前十卷与六卷《泥洹》虽有殊异处,亦有一致的地方,相反,在同一部《北本涅槃经》中,前十卷与后三十卷在阐提成佛说上虽不无连贯相通处,但二者之间的矛盾是十分明显的。例如,卷二十四的《高贵德王菩萨品之四》明确地说:

---

① 《大正藏》册一二,第419页。
② 同上书,第404页。
③ 同上书,第417页。
④ 同上书,第418页。

知诸众生皆有佛性。以佛性故一阐提等舍离本心，悉当得成三菩提。如此皆是声闻缘觉所不能知，菩萨能知。①

卷二七的《师子吼品第十一之一》也说：

一阐提等悉有佛性。何以故？一阐提等定得成三菩提故。②

一阐提能得三菩提、可成佛的思想在《北本涅槃经》后分中俯拾皆是，言之凿凿，这说明昙无谶后来到西域去访求而新增加的后三十卷③，在阐提成佛说上与前十卷是有重大差别的。这种差别不仅表现在文字的表述上，尤其表现在后三十卷对阐提为何有佛性、为什么能成佛所进行的理论论证上。例如卷二二《光明品之二》有文曰：

善男子，一阐提亦不决定，若决定者，是一阐提终不能得阿耨多罗三藐三菩提，以不决定，是故能得，如汝所言，佛性不断。云何一阐提断善根者？善根有二种：一者内，二者外，佛性非内非外，以是义故，佛性不断；复有二种：一者有漏，二者无漏，佛性非有漏非无漏，是故不断；复有二种：一者常，二者无常，佛性非常非无常，是故不断。④

也就是说，阐提虽断善根，但不断佛性，因为善根有内外、常断之分，佛性非内非外，非常非无常，故不断。这个思想是《北本涅槃经》区

---

① 《大正藏》册一二，第504页。
② 同上书，第524页。
③ 详见《出三藏记集》卷一四，《大正藏》册五五，第103页。
④ 《大正藏》册一二，第493—494页。

别于六卷《泥洹》的最重要标志之一,也是《北本涅槃经》的根本思想所在。在《北本涅槃经》中,佛性是超世相、绝言表、非内非外、不落有无之"中道理体"和"第一义空":

> 佛性者名第一义空,第一义空名为智慧,所言空者不见空与不空……中道者名为佛性。①
>
> 佛性者,即是一切诸佛三菩提中道种子。②
>
> 众生佛性犹如虚空,虚空者,非过去,非未来,非现在,非内非外。③
>
> 众生佛性非有非无……佛性虽无,不同兔角,何以故?龟毛兔角虽以无量善巧方便不可得生,佛性可生,是故佛性非有非无,亦有亦无。④

《北本涅槃经》以中道理体、第一义空释佛性,使得整个佛性学说发生了根本的变化:一方面,它大大淡化了部派佛教的补特伽罗说以及如来藏说的"神我"色彩;另一方面,又与扫相绝言之般若学的理论相联系——实际上,以亦有亦无、非有非无之"第一义空"释佛性,完全是般若学有无相即之中道观在涅槃学上的体现。当然,以理性释佛性,这有如灌顶在《大般涅槃经玄义》中所说的是"决定说"。但新增加的后三十卷,亦并非一开始就是"决定说"的,自第十一卷至第三十卷,更多的是以"不定"说一阐提。例如在"梵行"等品中,一方面说菩萨誓愿救一阐提,另一方面又说杀蚁有罪,杀一阐提无罪;一方面说一阐提断善根,另

---

① 《大正藏》册一二,第 523 页。
② 同上。
③ 同上书,第 572 页。
④ 同上。

一方面又分阐提为两种,一是利根阐提,一是中根阐提,利根于现世得善根,中根于后世得善根:

> 一阐提辈分别有二:一者得现在善根,二者得后世善根。如来善知一阐提能于现在得善根者则为说法,后世得者亦为说法。今虽无益,作后世因,是故如来为一阐提演说法要。
> 一阐提者复有二种,一者利根,一者中根。利根之人于现在世能得善根,中根之人后世则得。①

这一利根、中根说实际上为前十卷之"除一阐提外"过渡到《师子吼》与《迦叶》等品的阐提决定有佛性、决定可成佛说架起了一座理论的桥梁。因为一阐提与善根本来是互不相容的,所谓一阐提,亦即善根断尽的人,这是许多佛教经典反复讲过的,就以《北本》前十卷的释名为例,阐提亦是"不治之死尸""烧焦之种子""已钻之果核"。如大经《北本》卷五曰:

> 无信之人,名一阐提。一阐提者,名不可治。②
> 一阐提者,断灭一切诸善根本,心不攀缘一切善法。③

卷一九、卷十又说:

> 诸佛世尊所不能治,何以故? 如世死尸,医不能治。④

---

① 《大正藏》册一二,第 482 页。
② 同上书,第 391 页。
③ 同上书,第 393 页。
④ 同上书,第 477—478 页。

假使天降无上甘雨,犹亦不生。①

一阐提既如死尸、焦种,即便遇良医、甘雨,也绝不能复生,但由于《北本涅槃经》的后三十卷以理性释佛性,即使一阐提断灭诸善,并不妨碍他本来已具有成佛之理性,只是这种理佛性尚未被认识到,因此与佛无缘,如果能具备一定的条件,如亲近善知识、读经、听闻佛法等,那么以佛性力因缘故还生善根。实际上,这是一个正因缘因的问题,亦即阐提不具缘因,但不无正因。因为正因具备,故速者今世可得善根,迟者后世可得善根。就这样,《北本》之"圣行""梵行"等几品的利根、中根二种阐提说担负起前十卷的阐提断善到后二十卷的阐提更生善根的理论过渡。到"迦叶"等几品中,就反复论述一阐提人为何能更生善根、何时善根生等事,如言阐提或初入地狱怖畏时生,或出地狱罪尽时生等等。经中还以善星比丘为例,认为"善星比丘永断善根,修习圣道仍可得三菩提"②。

总而言之,《北本涅槃经》在阐提能否成佛问题上,前后思想是不一致的。大而言之,以"如来性品"为中心的前六品主要倡"一阐提除外"说;以"迦叶品"为中心的后四品,基本均主一切众生皆有佛性、一阐提人亦可成佛说;中间之"圣行""梵行""婴儿行"三品具有过渡性质,即把阐提分为利根阐提和中根阐提两种,利根者现世可得善根,中根者则后世得善根,并认为一阐提从不可治到能于现世、后世得善根,是由于如来之大悲。《北本涅槃经》思想上的矛盾现象也许与该经之翻译过程和杂拼性质有关。当然,说《北本涅槃经》在阐提成佛说上存在矛盾,丝毫

---

① 《大正藏》册一二,第 425 页。
② 同上书,第 563 页。

不排除其主体思想是倡"一切众生悉有佛性"、一阐提人亦可成佛的,更不否认其以理释佛性的思想对中土佛性学说的重大影响。

二 众生有性说与中土涅槃圣

自晋末之后,"一切众生悉有佛性"思想成了中土佛性思想的主流,而出于经济、政治乃至社会意识形态等多方面原因,以"众生悉有佛性"为主流的佛性思想又进一步发展为中土佛学的主流,此中有一位使中国佛性思想乃至中国佛学整个地改变方向的关键人物是必须予以特别注意的,那就是晋宋之际的竺道生。

晋宋之际,涅槃佛性学刚传入中土,其时,"法显道人,远寻真本",于天竺得《大般涅槃经》,持至扬都,禅师佛陀跋陀罗"参而译之,详而出之",成为当时涅槃佛性学所依据的主要经典。由于《大般泥洹经》是主张一阐提不具佛性、不能成佛的,因此,当时讲涅槃学的多倡一阐提没有佛性,不能成佛。据说,当时竺道生也以《大般泥洹经》为课本,但道生在研习讲解六卷《泥洹》的过程中,觉得六卷《泥洹》不尽符涅槃精义,对一阐提不具佛性说尤表怀疑,日本元兴寺沙门宗法师的《一乘佛性慧日钞》引《名僧传》卷十所载道生的话说:

> 禀气二仪者,皆是涅槃正因。三界受生,盖唯惑果。阐提是含生之类,何得独无佛性,盖此经度未尽耳。

怀疑促使竺道生进一步对涅槃佛性学进行深思探索,道生潜思日久,彻悟言外,乃喟然叹曰:

> 夫象以尽意,得意则象忘。言以诠理,入理则言息。自经典东流,译人重阻,多守滞文,鲜见圆义。若忘筌取鱼,始可与言

道矣。①

于是道生剖析经理,洞入幽微,乃说一阐提人皆得成佛。当时《大本涅槃经》尚未南传,生孤明先发,独见忤众,旧学僧党以为邪说,讥愤滋甚,遂摈而遣之。但竺道生并没有因被摈遣而改变主张,而是据理固守。据说他被摈遣时当众发誓:"若我所说反于经义者,请于现身即表厉疾。若与实相不相违背者,愿舍寿之时,据师子座。"②言竟拂袖而去。初至虎丘,据传道生曾对石头说法,声言若己说符合经义,请顽石为之点头,顽石果真点头示意。此说一传开,旬日之中,学徒数百;过不久,生又投迹庐山,据传"山中僧众,咸共敬服";后来北凉昙无谶所译《北本涅槃经》传至南京,果称阐提有佛性,"于是京邑诸僧,内惭自疚,追而信服"③,"时人以生推阐提得佛,此语有据,顿悟不受报等,时亦为宪章"④。至此,竺道生才被追认为"涅槃圣",其学说也得到社会承认,并进而衍为佛教界之统治思想。

大量的传记史料,说明竺道生确是众生有性、阐提成佛说的首倡者,而竺道生众生有性思想自身,则更多地体现于他的一系列撰著论疏之中。在《妙法莲华经疏》《注维摩诘经》及《大涅槃经集解》等著作中,道生对众生有性思想进行了大量的论述。

在《法华经疏》中,竺道生说:

> 良由众生,本有佛之见分,但为垢障不现耳。佛为开除,则得成之。⑤

---

① 《高僧传·竺道生传》。
② 同上。
③ 同上。
④ 同上。
⑤ 《妙法莲华经注疏·方便品》。

闻一切众生，皆当作佛。①

一切众生，莫不是佛，亦皆泥洹。②

这些话，思想明白，表述清楚，直言众生有性，皆当作佛，自无须过多诠释。值得注意的是，道生在这里以《法华经》之"开佛知见"来说明众生有性，此一思想对后来的佛性学说颇有影响，《法华经》的"开""示""悟""入"四字大纲，后来成为中土僧人用来论证众生悉有佛性的重要根据，这与竺道生的提倡弘扬也许不无关系。

在《注维摩诘经》中，道生也谈众生有性、众生即佛，但思想内容、表述方式却是另一番景象。道生曰：

若谓己与佛接为得见者，则己与佛异，相去远矣，岂得见乎？若能如自观身实相，观佛亦然，不复相异，以无乖为得见者也。③

若以见佛为见者，此理本无。佛又不见也，不见有佛乃为见佛耳。④

既观理得性，便应缚尽泥洹，若心以泥洹为贵而欲取之，即复为泥洹所缚。若不断烦恼即是入泥洹者，是则不见泥洹异于烦恼，则无缚矣。⑤

这里谈的是涅槃佛性，用的是般若思想。众生与佛，本来是不一不异的，如果以见佛为见，实际上已把自己与佛析而为二。众生与佛的关

---

① 《妙法莲华经注疏·譬喻品》。
② 《妙法莲华经注疏·见宝塔品》。
③ 《注维摩诘经·菩萨行品》。
④ 同上。
⑤ 《注维摩诘经·弟子品》。

系,有如自身与实相的关系,自身是实相的体现,离自身无实相,离实相无自身,二者不复相异;而所谓泥洹者,本来累穷缚尽,观理得性即是,若以涅槃为一外物而欲取之,必复为涅槃所缚;烦恼与涅槃本来也是不一不异的,烦恼即涅槃,贪欲即是道,并不是断尽烦恼方可入于涅槃,若然,即是把烦恼与涅槃视为两物,如欲以断烦恼而入于涅槃,必复为涅槃所缚,只有不见于烦恼异于涅槃,才是无缚,才真入于涅槃。这一番论述,与般若学之论诸法实相不一不异的思想何其相似乃尔。实际上,竺道生的涅槃佛性学说就是以般若实相学为理论基础的。

三　般若实相义与涅槃佛性我

考竺道生其人,初于庐山受业于僧伽提婆,学一切有部义,对《毗昙》等颇有所得;但道生不以《毗昙》为终的,常钻研群经,斟酌杂论,后与慧睿、慧严同游长安,从鸠摩罗什习般若学,又深得般若扫相绝言之精义;道生虽通般若,但其学不以般若见长,而尤以《涅槃》为得意。而道生所以能得意于《涅槃》,又是以精通般若为基础的。道生之佛、佛性的含义,与般若之实相义实多有相通之处。

在道生的著作中,佛、佛性含义之广、说法之多,简直达到令人无所适从的地步。它颇有点类似老子的"道可道非常道,名可名非常名",说得愈多,离开本意愈远,故此笼而统之,大而言之:

一、体法为佛,法是佛性,法即佛。

在《妙法莲华经注疏》中,道生是这样给"如来"下定义的:

> 如来者,万法虽殊,一如是同,圣体之来,来化群生,故曰如来。①

————————————

① 《妙法莲华经注疏·序品》。

一如,亦即真如,真如在宇宙本体曰实相,在万事万物曰万法,万法虽各各殊异,一如之实相则同,所谓如来者,乃是体证此一如之实相而来化众生之圣者。

在《注维摩诘经》和《大般涅槃经集解》中,道生更直言"体法为佛":

> 以体法为佛,不可离法而有佛也。若不离法有佛是法也,然则佛亦法矣。[①]
>
> 体法为佛,法即佛矣。[②]
>
> 夫体法者,冥合自然,一切诸佛,莫不皆然,所以法为佛性也。[③]

意思是说,所谓佛者,即在诸法之中,不离诸法而有,所谓体法,亦即体证诸法,与诸法合一。这也不是别有一物去体证,而是法即佛,体证者,亦即返归自然,与自然冥合之谓。这与上面以体证实相释如来是同一个意思。因为实相即诸法,诸法即实相,二者都是真如的体现,名异而实同。换一个说法,所谓佛者,也就是"得本自然"[④],"得本称性"[⑤],"返迷归极,归极得本"[⑥]。

竺道生的"体法""归极"思想与慧远的"体极""求宗"有些相近之处,就方法而言,二者都讲体证,这是它们的共同点;但二者又有区别,这集中体现在体证什么,亦即体证对象上。慧远所体之"极",是以"不变为性",而其"不变之性",又带有实体性,这就使慧远的法性论更接近于本无说;而道生"归极"之"极",并不是一种实体,而是法、自然、实相。

---

① 《注维摩诘经·入不二法门品》。
② 《大般涅槃经集解·师子吼品》。
③ 同上。
④ 《大正藏》册三七,第 548 页。
⑤ 同上书,第 532 页。
⑥ 同上书,第 377 页。

所谓实相,用道生的话说,"至象无形,至音无声,希微绝朕思之境,岂有形言者哉"①,是超世相、绝言表的。虽然道生亦用"真而无变"②释法性,但此一无变之真性非指一不变之实体,而是指不生不灭之自然之性,非有非无之理体,超相绝言之实相。因此,道生之"体法"之"法","归极"之"极",更接近于般若之实相。

既然"体法为佛""得本自然"是佛,那么,法与自然之为佛性,当是题中应有之义。这是道生的佛与佛性的一种含义。

二、当理为佛,理为佛因,理即佛。这是道生著作中佛与佛性的另一种含义。

道生在《注维摩诘经》等著作中屡屡言及:

> 当理者是佛,乖则凡夫。③
> 从理故成佛果,理为佛因也。④
> 佛为悟理之体。⑤

这里所说的"理",既是一种非有非无、即有即无之中道理体,又指佛教之真理。在道生的思想中,众生与佛本来是不一不异的,区别仅在于当不当理,当理者为佛,不当理则是凡夫。人们之修行,目的都在悟解此佛教之真理,如果能悟解到万法虽纷纭杂陈,无非都是此中道理体的体现,世间虽凡圣参差,区别仅在于迷悟不同,这就是大彻大悟,亦即从理成佛了。既然佛从理成,自然,理是成佛之因,而理是解悟而得,解又成为因之因。在这里,道生主要从解悟的角度去说佛与佛性。因此,

---

① 《妙法莲华经注疏·序品》。
② 《大般涅槃经集解》卷九。
③ 《大般涅槃经集解·文字品》。
④ 《大般涅槃经集解·师子吼品》。
⑤ 《注维摩诘经·弟子品》。

反复强调"佛以穷理为主"①"穷理尽性"②为佛。如果说,"体法为佛"主要从法、法性、实相等角度去谈佛性,那么"当理为佛"则主要从觉性、悟性方面去解释佛性。这两种佛性说对后世都产生深刻的影响,前期禅宗主即心即佛,迷凡悟圣,后期禅宗大讲无情有性、诸法本来是佛,与道生之法佛性、理佛性说实在不无关系。

三、在法佛性、理佛性基础上,竺道生进一步把法、理、法性、实相、佛、佛性等融通起来。

如在《大般涅槃经集解》等著作中,道生主张法即是理:"法者,理实之名也。"③就是说,一切诸法,无非真理之别名,是理体之表现;法即法性:"法性者,法之本分也……然则法与法性理一而名异,故言同也。"④就是说,法性是法之本体,诸法是法性之外化,二者名异实同;法即佛,即实相,真如在宇宙本体曰实相,在如来法身曰佛,等等。一句话,法、法性、佛、佛性、理、实相等,名称不一,实则不异,都是真如的体现,即"万法虽殊,一如是同"。从这种思想出发,竺道生又进一步创立佛无净土、法身无色、善不受报等义。其实,只要体会到道生所说的佛、法身与实相是同一东西,那么,以上的思想就迎刃而解了。因为实相本来就是超四句、绝百非、无形无相、忘言绝虑的,那么,佛又何需有净土,生死自然即是涅槃,法身哪能有色相,得意忘象,入理言息可矣。

本来,般若谈真空,涅槃论妙有,般若明无我,涅槃示真我,般若述凡夫四大假和合,涅槃说一切众生悉有佛性,二说很不相同,但是,在竺道生那里,真空妙有二大思想体系却能契合无间,融为一体,道理何在?诚然,此中有竺道生悟发天真、思辨超群的因素,但是,如果般若、涅槃

---

① 《注维摩诘经·弟子品》。
② 同上。
③ 《大般涅槃经集解·师子吼品》。
④ 《注维摩诘经·弟子品》。

的思想内容自身截然对立,毫无共通之处,那么,竺道生即使有扁鹊、华佗之术,也难救必死之人。实际上,般若、涅槃虽含义多相矛盾,然般若学之扫一切相而显实相,与涅槃学之除八颠倒而示真际,实理一而无殊。《大般涅槃经》说"从般若波罗蜜出大涅槃"[①],根据亦在于此。

当然,说道生融空有于无间,不排除竺道生的思想重心在于说妙有,而不像般若学那样是显真空。这一点在论"我""无我"问题上表现得尤为突出。例如,《维摩诘经》曰"于我无我而不二,是无我义",净名是以我、无我之统一说无我义。道生正好相反,在《注维摩诘经》等著作中,道生曰:

> 为说无我,即是表有真我也。
> 无我本无生死中我,非不有佛性我也。[②]

在这里,道生以无我与我之统一说"佛性我"。所谓"佛性我",佛性即我,即佛,即法身。此我非世俗凡夫所说之我,世俗凡夫所说之我,以无常为常,以无我为我,此我不同,乃是真常之我。但是真我也不能废我而另有所建立,亦不可于生死之外,别有涅槃可得,于烦恼之外,别有菩提可证。生死即涅槃,烦恼即菩提,佛性之我,亦即我与无我的统一。质言之,此"佛性我"乃是实相之别名。实相不即诸法,不离诸法,乃是诸法之神秘本体;"佛性我"不即生死中我,也不即世间我,是众生之本性、本体。

但是,说实相是宇宙诸法之本体,说佛性是有情众生之本体,是不太符合佛教的本意的,佛教本来是否认、反对本体的。这是佛教区别于

---

① 《大正藏》册一二,第 449 页。
② 《注维摩诘经·弟子品》。

印度神教乃至其他宗教的一大标识。但是,佛教在其历史发展过程中,却在悄悄地、有意无意地偏离此一"本意",从部派佛教出现的补特伽罗到大乘佛教的实相说乃至涅槃佛性学之"佛性我",如果说它们不是本体,那又是什么呢? 虽然佛教徒们用了无数诸如非有非无、即有即无、超相绝言、忘言绝虑等字眼来形容它,表述它,但是这丝毫不能为他们实际上已经羞羞答答地承认了某一种神秘的本体作辩解,否则,他们就得像释迦牟尼对"十四问难"那样置而不答。当然,人们亦可以用类似现代哲学的"统一性"去比附它,但统一于什么呢? 没有统一对象的统一性等于什么也不是,杜林也曾经用统一于存在来含糊其辞,但正如恩格斯所指出的:"这种存在没有任何内在的差别、任何运动和变化,所以事实上只是思想虚无的对偶语,所以是真正的虚无。"①而如果把实相、佛性我说成是"真正的虚无",又将落入"恶趣空",这恐怕首先要为有见识的佛教徒们所反对。因此,尽管佛教按其本意不承认本体,但是,所谓"佛性我",实际上主要有两种含义:一是神秘的宇宙本体,二是有情众生之本性、本体。

四、众生"本出于佛",阐提也有佛性。

竺道生体法是佛、法是佛性的思想贯彻到众生与佛的相互关系上,合乎逻辑地要得出众生即佛的结论,而其所谓"佛性我"即实相的思想,又必然要导致众生是佛性之体现的结论,竺道生思想也正是如此合乎逻辑地发展着。在《大涅槃经集解》等著作中,竺道生说:

凡夫所谓我者,本出于佛。②

---

① 《马克思恩格斯选集》第三卷,第83页。
② 《大般涅槃经集解·文字品》。

也就是说，世俗所说之有情众生，实际上是源于佛性的，是由佛性派生出来的。这个思想如何理解呢？这要联系上面所说的竺道生对佛性的定义来看，因为在竺道生那里，佛性是众生之本性、本体，换句话说，众生只是佛性的体现，是末。末从本出，这是顺乎自然、合乎情理的。

从众生本于佛、源于佛性的思想出发，竺道生进一步创立阐提成佛义。他是这样论证的：一阐提虽然是不具信、断善根，但它亦是有情众生之一类，同样是源出于佛性的，一阐提既然有佛性，虽为烦恼业障所覆不能得见，但只要借助一定的条件如起信、学佛、亲近善知识等，自然亦可能除业缚，成圣作佛。基于这一点，道生又立"应有缘义"，主张成佛不仅要有正因，而且还需要有缘因。此属另外一个问题，此处不赘。

另外，在《注维摩诘经》中，竺道生还以"体法为众"[①]来论证众生有性说。所谓"体法为众"，就是以法为本体，而在道生的著作中，法、实相、佛、佛性，都是一而非二，名异实同的，因此，"体法为众"与众生"本出于佛"是一种思想的两种表述，目的都为了说明"一切众生悉有佛性"。

第二节　一分无性说与法相唯识宗

"一切众生悉有佛性"的思想，自道生首唱，特别在《北本涅槃经》流传之后，便产生了较大的社会影响。隋唐二代，由于天台、华严、禅宗等几大宗派的阐扬，众生有性的思想，遂成为中土佛学的主流。在中国佛性思想的发展史上，竺道生的开创性功绩及《北本涅槃经》的基本经典作用，是研究中土佛性学说时所应予特别注意的。但是，一种学说的流

---

① 《注维摩诘经·入不二法门品》。

行与否,不能单纯从某个思想家或某本现成的经典上去寻找原因,归根到底应该由时代的经济、政治情况及由此产生的社会需要来说明。

当然,如果把一切都归诸终极原因,那么人们将很难解释为什么在有些时代往往不是只有一种学说,而常常是诸说并存、众流奔竞。在中国古代思想史上就曾出现过几次诸子蜂起、百家争鸣的局面。由此看来,终极原因的决定作用主要指学说之普及程度及学说的生命力,而不排除某些与基础及社会需要不尽相适应,因而缺乏生命力的思想学说和理论的提出及流行。唐代出现的法相唯识宗的佛性思想就属于这一类。

一 阐提无性说与法相唯识宗

在隋唐几个较有影响的佛教宗派中,一反"众生有性"之思想潮流,主张一阐提人没有佛性、不能成佛的,只有法相唯识宗。

法相唯识宗就其明万法性相言,称法相宗;就其显万法唯识说,名唯识宗。这里,二者并取,叫作法相唯识宗。此宗开创于唐代名僧玄奘(600—664),大成于窥基(632—682)。两位创始人都把一分无性说作为本宗佛性思想之根本义。因此,要谈论唯识宗的佛性思想,得从玄奘、窥基谈起。

玄奘通晓大小二乘,他是译经史上一位巨匠,佛教史上一代宗师。他为寻求佛性问题的解答,决心西行求法。据《大慈恩寺三藏法师传》载,玄奘西行取法途经高昌,高昌王原不想放他走,他曾写了一篇《谢高昌王表》,说明他坚决要去印度的原因:

> 去圣时遥,义类差舛,遂使双林一味之旨,分成当现二常,大乘不二之宗,析为南北两道,纷纭争论凡数百年,率土怀疑,莫有匠决。

这里他所说的"当现二常"，即指本有、始有二说。意思是说，佛性是本有还是始有，出于翻译方面的原因，及离释迦时代已经久远的缘故，各家理解不同，说法不一，故有诸如佛性是本有还是始有等长期不休的争论，中土又没有一个统一的说法，因此想到印度去亲览众经论，以便抉择其是非。这段话既道出玄奘西行的动因，也说明玄奘之佛性思想，缺乏像智顗那样"说己心中法门"的特色。

玄奘在印期间，边旅行考察，巡礼圣迹，也拜师访学，闻法求经，并时常作为大乘佛教的代言人参加论战，因他精通大小乘经典，论战所向披靡，因而声振五印，誉满天竺，被大乘众称为"大乘天"，被小乘众誉为"解脱天"，印度佛教界对他推崇至极。但玄奘并没有沉醉于这种声誉而忘记当时西行之初衷，因此拒绝了印度佛教徒们的一再挽留，执意回国弘通佛法。但是，就在他临回国前，这位学贯大小二乘，义通空有二宗，在佛教发源地所向披靡的佛法巨匠，仍然为佛性问题所困扰。这里的两个记载很可说明当时玄奘对佛性问题既关心重视又莫知适从的心境。一是他在往游伊烂拿钵伐多国途经迦布德伽蓝时，曾发了三个誓愿，其中第三愿曰："圣教称众生界有一分无佛性者，玄奘今自疑不知有不？若有佛性，修行可成佛者，愿华贯挂尊颈项。"①二是临离印时，曾同印度诸高僧论及一阐提是否有性的问题。玄奘看到《楞伽经》分一阐提为二：一是断善阐提，此类阐提遇缘还续，究竟作佛；二是大悲阐提，菩萨大悲，为众生故，不取正觉，如《大集经》所说，菩萨发心，誓度众生，众生未尽，我不作佛。经中并没有明言阐提毕竟无性。同时，玄奘在西行之前，亲眼看到中土佛教界多主众生有性说，担心若把阐提无性的思想"传至本国，必不生信"，因此，"愿于所将经论之内略去无佛性之语"。②

①　《大慈恩寺三藏法师传》卷三。
②　详见《〈瑜伽师地论〉道伦记》第五四。

但是这个想法遭到戒贤的呵斥。戒贤曰:边方(指中国)之人懂得什么,岂可随便为之增减义理。玄奘出于忠实师说,最终还是把一阐提无性思想带回中土。

玄奘回国后,由于他的声望,加上唐王朝的大力支持,除了译经以外,还开门授徒,创立了宗派,其中最能继承玄奘事业,对唯识宗最有建树的,当推窥基。

窥基有"百部疏主"之称,唯识宗的主要著作,大多出自窥基之手。《高僧传》说:"奘师为瑜伽唯识开创之祖,基乃守文述作之宗"①,"奘苟无基则何祖张其学乎"②。这说明唯识宗之建立多得力于窥基。

但据史传记载,玄奘在世时,其门下人才济济,有几个新罗学人,论才识不在窥基之下,因此,窥基常"不胜怅惆"。玄奘为鼓励奖掖窥基,偷偷为他讲瑜伽唯识学,但常被圆测等人"盗听先讲",因此,奘又为基私授五种性说,并说:"五性宗法,唯汝流通,他人则否。"③从这段记载看,玄奘是把五种性说作为宗法秘传私授给窥基的,此亦可见五种性说在唯识宗中的地位非同一般。后来窥基果然没有辜负玄奘的期望,在坚持和弘扬五种性说上不遗余力。

与《楞伽经》分阐提有二不同,窥基分一阐提为三种——一断善阐提,二大悲阐提,三毕竟无性;并说断善阐提是因不成果成;大悲阐提是果不成因成;毕竟无性是因果俱不成。明确主张有一类众生不具佛性,永不成佛。窥基还以"少分一切"去会通《涅槃经》中所说的"一切众生悉有佛性"。认为,《涅槃经》中所说的"一切"是指"少分一切",是除一阐提之外的一切众生。这样,《涅槃经》一切悉有的思想在窥基那里就变成部分的一切。部分等于整体,在无穷数范围内是可以这么说的,但

---

① 《高僧传·窥基传》。
② 同上。
③ 同上。

在窥基那里,则主要是为了维护师说或坚持本宗宗法而不惜采用偷换概念的手法,看来唯识宗人亦并非唯经典是从,只是唯符合唯识宗义的经典是从,而对于与唯识宗义不一致或相背驰的经典,也不惜采用"六经注我"的态度。

窥基在《成唯识论掌中枢要》及《法华经玄赞》等著作中,对阐提无性的思想还从另一个角度,即从理佛性、行佛性角度去发挥。窥基认为,若依《涅槃经》,唯有一机,若依《法华》,唯一大乘性。然而性可分为二:一是理性,二是行性。就理佛性说,一切众生悉有佛性,就行佛性说,一阐提人不具佛性。在这里,阐提无性主要指没有行佛性,而非没有理佛性。这一理性、行性说,导致了后来理佛性与行佛性问题上的一场争论。灵润的"十四门义"以一性皆成的思想驳窥基的行性说;神泰主五性说救慈恩义,驳灵润;法宝又造《一乘佛性究竟论》批五性说,主一性说;慧沼则撰《能显中边慧日论》救慈恩五性说。往复辩难,中心问题是以理说佛性,或以行说佛性。以理说佛性,则一切众生悉有;以行说佛性,则一阐提人毕竟无性,不能成佛。而唯识宗人是一直把一阐提人毕竟无性作为唯识宗的根本义的,因而在隋唐各宗派佛性学说外独树一帜。由于一分无性说明确地把一部分人拒于佛门之外,因此,唯识宗虽借助于玄奘、窥基声望学问而风行一时,但时隔不久便衰落了,成了一个短命的佛教宗派。唯识宗之衰落虽不能完全归诸一分无性说,但不能否认一分无性说的不合潮流确是唯识宗衰落的一个重要原因。

二 五种性说与唯识诸经论

一分无性说源出五种性说,五种性说又与以种子释佛性有关,而以种子释佛种性发端于《瑜伽师地论》等唯识经论。《瑜伽师地论》的《菩萨地》说:

　　云何种性？谓略有二种：一、本性住种性，二、习所成种性。本性住种性者，谓诸菩萨六处殊胜，有如是相，从无始世展转传来，法尔所得，是名本性住种性。习所成种性者，谓先串习善根所得，是名习所成种性。①

　　又此种性，亦名种子，亦名为界，亦名为性。②

《大乘庄严经论》卷一也说：

　　性种及习种，所依及能依，应知有非有，功德度义故。③

　　两论中的"本性住种性"与"性种"，"习所成种性"与"习种"都是同名异说。（《善戒经》第一善行性品所言之"本性"与"客性"，《地持经》第一种性品所说之"性种性"与"习种性"亦然。）两论都把种性分而为二，一是无始世来法尔本有的种子，一是经过不断熏习而成就的种子。且依两论的解说看，种子与种性是通用的，如有差别，则在于这里所说的种子是有因体无果体——"有非有"，仅仅是一种能生起果法之潜能、可能性，而种性则专就能生无漏功德说。由于无漏功德有三乘差别，不同的无漏功德从不同的种子产生，所以唯识学立五种性说。

　　五种性，具体地说就是：

　　一、声闻乘种性。闻声悟道，谓之声闻。具此种性之人，可通过修四谛证得阿罗汉果。

　　二、缘觉乘种性。缘觉或称独觉。具此种性，不一定听闻佛法，可从观察十二因缘的道理中证得辟支佛果。

----

　　①　《大正藏》册三〇，第478页。
　　②　同上。
　　③　《大正藏》册三一，第594页。

三、如来乘种性。如来乘又称菩萨乘。具此种性，通过修行六种波罗蜜多，可证得佛果。

四、不定种性。此种种性得果不定，既可得阿罗汉、辟支佛果，也可以成佛。

五、无出世功德种性。又称无种性等，此类众生永不具三乘无漏功德种性，当然更不能成佛。

此五种性诸经论说法不尽相同，唯识宗对五种性说取极端态度，因此对说及五种性的诸经论并不是一视同仁，而是取其所需，即以那些明确主张一阐提无性的经典为根据，坚持一分无性说。例如，唯识宗所依据的经典，据窥基的《成唯识论述记》说，主要有六经十一论。在这些经论中，有明言阐提无性的，也有主张阐提可成佛的，如《瑜伽师地论》《大乘庄严经论》《佛地经论》等主张有无性者在，而《楞伽经》则明显地有阐提可成佛的思想。唯识宗在论述种性时多以前面那些论典为根据，而对《楞伽经》阐提成佛思想视而不见。

《瑜伽师地论》在种性说上有含糊其辞之处，一方面主张出世间法由真如种子所生，另一方面又由有毕竟障种子建立无性说。例如，在卷五二，《瑜伽论》依有障无障说三乘种性及无性，认为若有毕竟二障种者，即是永不般涅槃种性；若有所知障种而无烦恼障种者，一分立为声闻种性，一分立为缘觉种性，若无毕竟二障种者，即立彼为如来种性："若于通达真如所缘缘中，有毕竟障种子者，建立为不般涅槃法种性补特伽罗，若不尔者，建立为般涅槃法种性补特伽罗。若有毕竟所知障种子，布在所依，非烦恼障种子者，于彼一分建立声闻种性补特伽罗，一分建立独觉种性补特伽罗。若不尔者，建立如来种性补特伽罗。"①另外，《瑜伽师地论》把种分为"本性住"与"习所成"两种，这有点类似《涅槃

---

① 《大正藏》册三〇，第589页。

经》的正因、缘因。虽然《瑜伽》在论无种性内容时，多是指习所成种性，但是由于它主张"若无种性补特伽罗，虽有一切一切一切种，当知决定不证菩提"①，实际上等于没有本性住种性。

《佛地经论》则明确主张有无有出世功德种性。如卷二曰：

> 无始时来，一切有情有五种性：一声闻种性，二独觉种性，三如来种性，四不定种性，五无有出世功德种性。如余经论广说其相，分别建立前四种性，虽无时限，然有毕竟得灭度期，诸佛慈悲巧方便故。第五种性无有出世功德因故，毕竟无有得灭度期。②

《佛地经论》还以"方便说"会通其他经典的众生有性说，认为第五无有出世功德种性者，由于诸佛为彼方便，示现神通，令其离恶趣，生人趣乃至非想非非想处，但因其无种性终必还复坠诸恶趣，诸佛方便，复更拔济，如是辗转，穷未来际，不令其毕竟灭度。"虽余经中，宣说一切有情之类，皆有佛性，皆当作佛，然就真如法身佛性，或就少分一切有情，方便而说。"③就是说，众生有性是方便说，一分无性才是真实说、究竟义。

《显扬圣教论》以五种道理说种性差别，并说有种种有情界，其中有"声闻乘般涅槃种性有情界，有不般涅槃种性有情界"④等；《大乘庄严经论》则进一步把无性有情分为"时边般涅槃法"与"毕竟无般涅槃法"二种。《论》卷一于无性位有偈曰：

---

① 《瑜伽师地论》卷三五。
② 《大正藏》册二六，第298页。
③ 同上。
④ 《显扬圣教论》卷二〇。

一向行恶行,普断诸白法,无有解脱分,善少亦无因。释曰:无般涅槃法者是无性位,此略有二种:一者时边般涅槃法,二者毕竟无般涅槃法……毕竟无般涅槃法者,无因故。

明确主张一分无性的五种性说,主要是上面言及的那些经典。与此不同,《楞伽经》也说五性差别,但却主张阐提可成佛。

《楞伽经》今存三译本,简称四卷本、七卷本、十卷本。三本对五种性说法基本相同,但又略有差异。前四种种性,三本均作:一者声闻乘种性,二者缘觉乘种性,三者如来乘种性,四者不定种性;第五种种性,四卷本作各别种性,七卷本与十卷本作无种性。①《楞伽经》虽也主第五种种性为无种性,但又明确地说:

一阐提有二种……一者焚烧一切善根,二者怜悯一切众生,作尽一切众生界愿。②

彼舍一切善根阐提,若值诸佛善知识等,发菩提心,生诸善根,便证涅槃。何以故……诸佛如来不舍一切众生故。③

舍善根一阐提,以佛威力故,或当善根生。④

这是以佛威力及菩萨大悲谈阐提仍可生诸善根,证得涅槃。玄奘与窥基都深入地研究过《楞伽经》,玄奘曾因此想改变一分无性的主张,窥基则采取一种圆滑的做法,他把《楞伽经》的二种阐提说与《庄严经论》等毕竟无性的思想糅合起来,提出三种阐提说。其中前二种与《楞

---

① 详见四卷本卷一,七卷本、十卷本卷二。
② 十卷本卷二,《大正藏》册一六,第527页。
③ 同上。
④ 七卷本卷二,《大正藏》册一六,第597页。

伽经》的两种阐提同,第三种阐提则是《大乘庄严经论》《佛地经论》的毕竟无性。这亦可见窥基为坚持一分无性说是殚精竭虑、绞尽脑汁的。

其实,即便在印度,五种性说也不是一成不变的,难陀的新熏说就曾在根本上动摇过五种性说。难陀认为,修行所取得的清净法种子(即无漏种子),虽然不像其他种子那样是由过去熏习留下来的,而是有待于新熏的,但既然种子可由新熏而成,种性自然就不是决定不变的,声闻缘觉乘人亦可熏习成菩萨乘无漏种子,这样,五种性说,就不一定再坚持了。玄奘、窥基对于五种性说的态度,也许是囿于师说而走上了抱残守缺的道路。

三 染净所依与阿赖耶识

唯识宗除了以一分无性说为标志,从而把自己的佛性思想同其他宗派区别开来外,在对实践目标的称谓上,也与其他宗派大不一样。唯识宗不讲涅槃、解脱,而讲转依,或者准确点说,是以转依来讲涅槃、解脱。

所谓转依,就是舍杂染分而转化为清净分,离遍计所执性,舍杂染依他起性,体悟圆成实性,而得依他起清净分。通俗点说,亦即舍染为净,转凡入圣,转烦恼为菩提,转生死为涅槃。

唯识宗虽然也承认真如遍在,但把真如看成是离垢净、不生不灭的本体,而把现象世界生死变化的根源归之于阿赖耶识。

阿赖耶识,心识名,又作阿犁耶、无没识等。其有种种译名,如本识、宅识、藏识、异熟识、所知依、根本识、第八识等等。窥基的《成唯识论述记》卷二曰:"阿赖耶识者,此翻为藏。"《慧琳音义》卷一八曰:"阿赖耶者,第八识也。唐云藏识。"元晓的《大乘起信论疏》则说:"阿犁耶,阿赖耶,但梵语讹也,梁朝真谛三藏训名翻为无没识,今时奘法师就义翻为藏识。但藏是摄义,无没是不失义,义一名异也。"唐一行的《大毗卢遮那成佛经疏》卷二则曰:"阿赖耶,义云含藏,正翻为室。谓诸蕴于此中生,于此中灭,即是诸蕴巢窟,故以为名。"阿赖耶识称谓繁多,但基本意思都是指它含藏有一切种子,既是世间万法的本源,又是出世涅槃之根据;既有无漏种子,又有有漏种子,它一身而二任,既有不灭之真的一面,又有生灭之妄的一面,是二者的统一,既有杂染的一面,又有清净的一面,是染净之所依。

一方面,唯识宗认为,"真如"是阿赖耶识的"实性"与"体性"。如《成唯识论》说:"此诸法胜义,亦即是真如,常如其性故,即唯识实性。"①《密严经》则进一步用金环关系来说明:"如来清净藏,世间阿赖耶,如金与指环,展转无差别。"②把真如、如来藏与阿赖耶识的关系说得更清楚。另一方面,唯识宗又主张真如是离却生灭、常寂无为的。窥基在《成唯识论述记》中说:"旧人云,真如是诸法种子者,非也。"③十卷《楞伽经》则说:"如来藏识不在阿犁耶识中,是故七种识有生有灭,如来藏识不生不灭。"④而世间万法及产生万法之种子都是由阿赖耶识派生出来的:"依止赖耶识,一切诸种子,心如境界现,是说为世间。"⑤甚至连出世间的般涅槃,也只有靠阿赖耶识才能证得:"无始时来界,一切法等依,由此有诸趣,得涅槃证得。"⑥在唯识宗的学说中,真如既是万物的本体,又是难以言表、不可捉摸的,而真如与阿赖耶识所产生的一切诸法的关系,又是绝然割裂的。这种把本体与现象相割裂的思想导致了唯识宗学说的一系列的矛盾。

在把世间法、出世间法以及产生世间法的有漏种子和产生出世间

---

① 《成唯识论》卷九,《大正藏》册三一,第48页。
② 《大正藏》册一六,第747页。
③ 《成唯识论》卷三。
④ 《大正藏》册一六,第556页。
⑤ 同上书,第740页。
⑥ 《成唯识论》卷三,《大正藏》册三一,第140页。

法的无漏种子归诸阿赖耶识之后，唯识宗的思想重点就放在阿赖耶识上，在佛性思想方面，则主要体现在以阿赖耶识为"所依"的转依学说上。

首先，唯识宗把染净诸法都归依于阿赖耶识。阿赖耶识成为染净之所依。《成唯识论》卷三曰："或名所知依，能为染净。所知诸法，为依止故。"他们有时又把阿赖耶识看成清净如来藏与无明垢染之合成："如来之藏……为无始虚伪恶习所熏，名为识藏……此如来藏识藏，虽自性清净，客尘所覆故，犹见不净。"①这实际上就是如来藏受熏亦即真如受熏的思想，但唯识宗没有把这种思想往如来藏思想方面发展，亦即没有由此而发展为如来藏佛性说或真如佛性说，而是更强调杂染方面。就是说，唯识宗的阿赖耶识，并不是"心性本净"，后来才为客尘烦恼所染，也不是清净如来藏后来才为无明尘垢所熏染，而是清净杂染同时本具，同时依止于阿赖耶识。阿赖耶识一开始就具有染净两个方面、二重属性。从这个思想出发，唯识宗建立起自家的转依说。

既然阿赖耶识是一切染净之所依，那么，佛教实践的最终目标就是转染成净，问题是如何转染成净。唯识学把这个任务付之于熏习。

唯识学在印度，对于出世无漏法的生成，本来就有本有、新熏二流。依《瑜伽论》《庄严经论》，本性住种性为本有；依《摄大乘论》，种子是从熏习而有："云何一切种子异熟果识为杂染因，复为出世能对治彼净心种子？又出世心，昔未曾习，故彼熏习决定应无。既无熏习，从何种生？是故应答：从最清净法界等流，正闻熏习种子所生。"②中土唯识宗更注重《瑜伽论》和《庄严经论》，因而，就其基本思想而言，属主无漏种子本有一流。事实上，唯识宗一分无性说正是以无漏种子本有的思想为基

---

① 　四卷《楞伽经》卷四，《大正藏》册一六，第 510 页。
② 　《大正藏》册三一，第 136 页。

础。反之,新熏说按其逻辑发展,必然要整个地动摇五性说,从而要走上否认一分无性说的道路。道理很简单,既然一切种子都由熏习而有,即便本来不具无漏种子,经过熏习,也可以产生,同样可以成圣作佛,自然不存在一类永远不具佛性、永不入涅槃的众生。

唯识宗也讲熏习,所谓熏习,《成唯识论》说:"依何等义,立熏习名。所熏能熏,名具四义,能令生长,故名熏习。"①就是说,能产生并挈长种子或现行的活动就叫熏习。这里所说的"生长"含有三层意思:一是种子生现行。阿赖耶识又称种子识,藏种子而生一切法,种子即是一切法之因,一切法是种子之现行,称为"种子生现行"。二是现行生种子。现行法对种子并不是无所作为的,而是可以再影响阿赖耶识,而形成新的种子,这就是"现行生种子"。三是种子生种子。阿赖耶识既能生起现行,也能和其他种子刹那相续,彼此影响,而又生成新的种子,这是"自类相续",称为"种子生种子"。这三层意思实际上就是八识互转。《成唯识论》说:"阿赖耶识与诸转识,于一切时,展转相生,互为因果。"《摄大乘》说:"阿赖耶识与杂染法,互为因缘,如炷与焰,展转生烧;又如束芦,互相依住。"②

阿赖耶识与七识虽然经常互为因果,辗转相生,但作为根本识的阿赖耶识与作为转识的七识并非完全平等,而是有主从、能所之分的。质言之,在八识辗转熏习过程中,有所熏,又有能熏。所谓所熏,《成唯识论》说:

　　所熏四义:一坚住性……二无记性……三可熏性……四与能熏共和合性……惟异熟识,具此四义,可是所熏,非心所等。③

---

① 《成唯识论》卷二,金陵刻经处本,第17页。
② 同上书,第11页。
③ 同上书,第17—18页。

就是说,只有阿赖耶识才具此四义,所以只有阿赖耶识才是所熏,阿赖耶识之外的七转识及其他心所法都不具备这些条件,故都不是所熏,只是能熏:

> 能熏四义:一有生灭……二有胜用……三有增减……四与所熏和合而转……①

当然,由于所熏与能熏有"共和合性"与"和合而转"的意义,因此,在熏习过程中,所熏与能熏并非判若两物、互不依转,而是互相熏习、辗转而生。

那么,所熏与能熏又是如何相互熏习、辗转而生的呢?《成唯识论》说:

> 如是能熏与所熏识,俱生俱灭,熏习义成。令所熏中种子生长,故名熏习。②
>
> 熏者,发也,或由致也。习者,生也,近也,数也。即发致果于本识内令种子生,令生长故。③

这二段话,主要以令所熏中种子生长义来释熏习,意思是指,通过种种修行,达到使本识中的无漏种子逐渐生长的目的。这里有一个问题,如果说通过修行之熏习可以令无漏种子产生,那么,无漏种子不就是新熏的吗? 怎么说无漏种子是本有的呢? 如果无漏种子可以通过新熏获得,那么,怎么会有永无种性之一阐提呢? 中土唯识宗在这一点上

---

① 《成唯识论》卷二,金陵刻经处本,第18页。
② 《成唯识论》卷五。
③ 同上。

采取了这样一种说法：

> 一切种子，皆本性有，不从熏生。由熏习力，但可增长。①

就是说，作为种子，它是本来就具有的；熏习之力，但可使种子增长、显现，而不可使种子产生。人们通过种种修行，一方面逐渐使无漏种子增强、滋长、显现，另一方面，逐渐使有漏种子削弱、消失、断灭。而当杂染之有漏种子完全断灭、无漏种子充分显现之后，作为本是真与妄、染与净和合体的阿赖耶识也就不存在了。这个时候，作为唯识学的最终目标的转染成净也就达到了，也就是解脱、入涅槃或成佛了。附带说一句，中土真谛传唯识学立阿摩罗识为识的体性，此阿摩罗识实际就是断灭了杂染之有漏种子的阿赖耶识的异称，而此离染垢、纯清净之阿摩罗识，实际上与清净心、清净如来藏是同一东西，这是会通唯识学与如来藏学说的一个表现。

第三节 理性平等与行性差别

唯识宗的一分无性说，就结论而言，与竺道生以前的佛性思想是相通的，即都是主张有一类众生始终不具佛性，永远不能成佛。但是二者的经典根据及论证过程是不尽相同的。晋宋时代的阐提无性说主要以六卷《泥洹》为根据。由于当时涅槃佛性学刚传入中土，中土僧人还不可能对佛性思想作更多的理论考察，因此，当时的阐提无性说主要来自解释六卷《泥洹》经，相反，唯识宗的一分无性说是在众生有性的思想于中土广泛传布之后才提出来的，为了取得社会的承认和扩大自身的影

---

① 《成唯识论》卷二。

响,唯识宗人不得不对它进行繁琐缜密的理论论证。这就使得唯识宗的一分无性说更富有经院哲学的色彩。在经典依据上,唯识宗主要以具有综合性质的《瑜伽师地论》和《成唯识论》等瑜伽唯识学论典为根据,但他们也没有置《涅槃经》于不顾,而是从《涅槃经》,特别是《涅槃经》的前五品中,吸取有关阐提无性的思想加以发挥,而对于在《涅槃经》中占主导地位的"一切众生悉有佛性"的思想,则采用少分一切和理佛性、行佛性的说法去会通它。所谓少分一切,亦即把《涅槃经》中所说的"一切众生"解释为除一阐提外的一切,使"一切众生"的一切变成少了某一部分的一切,这种说法无疑是牵强附会的。与此不同,理行佛性说则是一种比较圆滑的说法,所谓理佛性,主要以真如理性为佛性,所谓行佛性,则是以大圆镜智等四智之种子为佛性。唯识宗认为,就理佛性说,一切众生悉有佛性;据行佛性言,则有具有不具,不具行佛性者,则永不成佛。由此立一分无性之法门。二者最主要殊异处,是以真如理性为佛性,抑以无漏种子为佛性。

一　真如理性与无漏种子

唯识宗虽有理佛性一说,但由于它主张若不具行佛性,则永远不能成佛,这样,此理佛性实形同虚设,没有任何实际意义,这有如唯识宗也以真如为阿赖耶识的"体性""实性",而又不能对阿赖耶识产生任何作用一样。

本来,唯识学并没有否认真如之恒常与遍在,而且,也时常论及出世间法、种子及真如之间的相互关系,例如《瑜伽师地论》的《摄抉择分》就有"诸出世间法,从真如所缘缘种子生"①的说法,《摄大乘论》也说"又

---

① 《瑜伽师地论》卷五二,《大正藏》册三二,第 589 页。

出世心……从最清净法界等流，正闻熏习种所生"①。此二说有相通之处。《摄大乘论》就大乘种性立说，认为大乘的正法教是"最清净法界等流"，为圆成实性所摄，能生"证菩提分法所缘境界"②，并以此释"从真如所缘缘"，也可以说是从听闻大乘佛法，成闻熏习种子，并渐渐引发出无漏出世间法，如果循着这条路走下去，势必得出种子来自新熏，从而动摇五种性说，否定一分无性说。中土唯识宗并没有采取《摄论》的说法，亦没有以《摄论》的思想去解释"真如所缘缘种子生"，而是相反，明确地反对真如作为"有为"的缘起法，因而坚决地反对真如缘起论。他们认为，如果把真如作为"有为"的缘起法，就犯了由无为生有为，由平等法生不平等的过失。虽然，唯识宗也承认真如的恒常、遍在，而且在特定意义上也说及"从真如所缘缘成无漏种子"，但其所说的"真如所缘缘"只具有要求无漏种子与真如相随顺、相契合的意义，而没有真如"受熏"生无漏种子或以真如为种子的意思。唯识宗把有性与无性完全归结到无漏种子上，而无漏种子是不能通过熏习获得的，只能是本来具有的，而在有情众生是否本具无漏种子问题上又主张不是众生平等，而是五性各别。至于为何会五性各别，唯识宗又从"一切界差别可得故""无根有情不应理故"③等立论。最后，在回答为什么一切界差别可得时，唯识宗打出佛说为根据："佛说诸有情界有种种，非一有情界，有下劣胜妙有情界，有声闻乘等般涅槃种性有情界，有不般涅槃种性有情界。"④既然佛说"有不般涅槃种性有情界"，唯识宗立一类众生永远不具有无漏种子，永远不入涅槃，也就是顺理成章的了。唯识宗就是这样论证一分无性的，此中之关键，是把出世入涅槃归结于本具之无漏种子。

---

① 《大正藏》册三一，第 136 页。
② 《摄大乘论释》卷五，《大正藏》册三一，第 344 页。
③ 《显扬圣教论》卷二〇。
④ 同上。

　　唯识宗所以反对真如受熏及真如为种子,主要理由之一是认为真如是无为法,而无为法不能成为有为法的缘起法,也不能成为能生起变化的种子,但是,唯识宗的出世间法由无漏种子生起的思想自身,又陷入由"有为法"产生"无为法"的矛盾,这无疑与无为法是非因果、离生灭的思想相背离。这也可以看出,唯识宗以"有为法"生"无为法"去反对"无为法"生"有为法",实在是五十步笑百步——当然,这丝毫没有否认唯识宗的繁琐论证过程在锻炼人们的耐心与毅力方面,在训练人们的理论思维方面有其独特的作用。

　　与唯识宗不同,在对待成佛的内在根据问题上,竺道生及由竺道生启其端的中土"众生悉有性"论者直以真如理性、中道实相为佛性,因此都明确主张一切众生悉有佛性,皆能成佛。

　　《佛性论》曰:"佛性者,即是人法二空所显之真如。"①《大乘起信论》说:"一切众生真如平等无别异故。"②就是说,因为真如即是佛性,而真如于一切众生都是平等无差异的,因此,"就真如性中立种性故,则遍一切众生皆悉有性"③。简言之,这就是一切有性说的思想脉络。

　　当然,由于《涅槃经》中有阐提无性的思想,加之中土佛性学说中又有唯识宗主一分无性说,因此,唐代之后的一切有性说面临着一个如何会通无性说的问题:"若并有性,如何建立五种性中无种性者耶?"对此,一切有性者是这样回答的:

　　　　论自有释。故《宝性论》云:"一向说阐提无涅槃性,不入涅槃者,此义云何? 为欲示显谤大乘因故。此明何义? 为欲回转诽谤大乘心,依无量时故作是说,以彼实有清净佛性故。"又《佛性论》

────────────

① 《大正藏》册三一,第787页。
② 金陵刻经处本,第20页。
③ 《华严一乘教义分齐章》卷二。

云："问曰:若尔,云何佛说众生不住于性,永无般涅槃耶?答曰:若曾背大乘者,此法是一阐提因,为令众生舍此法故;若堕阐提因,于长夜时轮转不息。以是义故,经作是说。若依道理,一切众生皆悉本有清净佛性,若不得般涅槃者,无有是处。是故佛性决定本有,离有离无故。"①

这是以《宝性论》和《佛性论》为依据,说明所以说阐提无性,是为了回转不具真信诽谤佛法的一阐提人信入大乘,若按道理说,一切众生皆悉本有清净佛性。至于经中为何时而说阐提无性,时而说阐提有性,一切有性者又以"二说一了一不了"会通之。就是说,无性是不了方便说,有性是究竟了义说。对于唯识宗人对有性说的诘难:"夫论种性,必是有为,如何此教约真如为种性耶?"一切有性者答曰:"以真如随缘与染和合成本识时,即彼真中,有本觉无漏内熏众生为返流因,得为有种性。"这是说真如有随缘、不变二义,当真如随缘与染和合成本识时,其真中之本觉无漏即可成为内熏众生之种性。这是一切有性说与一分无性说的理论分野之所在,一分无性者主张真如是不生不灭的,不承认真如有随缘一义,一切有性者以《大乘起信论》为根据,主张真如有不变、随缘二义,阿赖耶识又有觉、不觉二义,而此一阿赖耶识中之觉实即是佛种性,因此,"取彼毕竟",则以"真如理以为性种性也"②。可见,承认真如有随缘义,直以真如理性为佛性,是整个一切有性说的理论基石。

二　理佛性与行佛性

唐代佛性思想自慈恩法师之后,一切有性与一分无性之争集中体

---

① 《华严一乘教义分齐章》卷二。
② 同上。

现为理佛性与行佛性的争论。这场争论发端于灵润对玄奘新译经论的诘难与批评。灵润不满意玄奘的新译经论,指出它与旧译的十四点不同之处,并特别对玄奘的佛性说分三个方面批评它:一是指责其一分无性说是不了义。灵润以《华严经·如来性起品》之如来智慧无不具足、无处不在等经文为证,指出一分无性说是魔说,非佛教根本义。二是批评少分一切说是诽谤大乘之邪见。灵润引《涅槃》《胜鬘》《宝性论》的许多经文以证明全分一切是佛说,少分一切与以上诸经相违背,是邪说,并以十二因缘同是众生,若无性,则此类众生非十二因缘论证之。三是驳斥理性皆有,行性或有或无说。灵润指出此说有二过,一是自论相违,新译经论有不说决定无性的;二是与《涅槃经》《楞伽经》《胜鬘经》《宝性论》《佛性论》所说不同,指出理性有,行性必有。针对灵润对新译的批评,玄奘的弟子神泰出来维护师说,对灵润说法一一加以反驳,以行性为本识中大乘种子,反对以真如理性为佛性;其后又有法宝撰《一乘佛性究竟论》,主张以理、心为佛性。法宝虽然有时根据《涅槃》,以第一义空(理)为正因佛性,有时又以《楞伽》《密严》等经为根据,以如来藏及藏识(心)为正因。但他对行佛性是持明确的反对态度的;慧沼则是行佛性说的积极倡导者,其《中边慧日论》以理佛性和行佛性的区别来说明一切。慧沼以法尔本有种子为行性,为正佛性,由此决定五性差别,并且进一步分行性为有漏与无漏二种,若有漏种子,于一切有情悉有,若无漏种子,则或有或无,并认为,若无无漏种子,则决定不能成佛。这就是有唐一代理佛性、行佛性说及其相互斗争的大体情况。

综观一分无性说与一切有性说关于理、行佛性的基本观点及其立论根据,二者的主要区别在于,一分无性说主理佛性与行佛性之间没有必然的联系,具有理佛性不一定具有行佛性;反之,众生有性者倡行性与理佛性之间存在必然的内在联系,有理佛性,必然有行佛性。这两种思想的更深刻的根源在于真如观上的差别,前者把真如视作绝无生灭变化的,后者则主张真如有不变、随缘二义,而在经典依据上,前者以《成唯识论》为主,后者则主要以《涅槃经》和《大乘起信论》为根据。

三　众生有性说与一分无性说

以上我们主要从三个方面去谈众生有性说与一分无性说之间的殊异处:

一、前者以天台、华严、禅宗为代表,主一切众生悉有佛性,皆能成佛;后者以唯识宗为代表,主在有情众生中有一类众生永无佛性,永远不能成佛。

二、众生有性说从真如理性立论,一分无性说以本有无漏种子为佛性。

三、前者以真如理性为佛性,真如理性恒常遍在,"一切众生"的一切是全分一切;后者主有一类众生只具理佛性,不具行佛性中之本有无漏种子,故以少分一切会通众生有性说。

当然,这是就大的方面说,如果要细加分析,二者的差别还有许多。例如,前者基本上主一性说,后者则多主五性说;前者也谈五性,但是约位而言,后者之五性则是就种子说;前者求五性差别于新熏,后者则求五性差别于本有;前者主理佛性、行佛性有必然联系,后者有理性不一定有行性;前者主心与理是一回事,后者则严分心理;前者主理想与现实相即,烦恼即菩提,生死即涅槃,后者则把二者截然分开,主张以无漏种子断灭有漏种子,转识成智,转凡入圣;等等。

进一步探究二种佛性说之所以会不同,其原因盖出于真如观的差别,前者以真如有不变、随缘二义,阿赖耶识有觉、不觉二义,主张真如、阿赖耶识不一不异,后者主张真如绝不生灭变化,认阿赖耶识才是一切诸法(包括世间法、出世间法)之本源,否认真如与阿赖耶识有直接联系。但是,就承认真如的恒常、遍在这一点说,二者又有共通之处。

　　如果对二种的佛性思想再作深入一步的考察，人们又会发现，不管是众生有性说还是一分无性说，在理论上都存在不可克服的矛盾，都有难以自圆其说的困难。前者以真如为佛性，这有如后者所指出的，存在着"有为法"是由"无为法"生起的矛盾。后者以无漏种子为佛性，从无漏种子生出世法，同样存在"无为法"为"有为法"所生的矛盾。另外，众生有性说以真如为归趣，那么，无明杂染是如何产生的，说明上难得圆满。一分无性说以无漏种子为根本，无漏种子存在于阿赖耶识中，阿赖耶识与真如又不发生联系，那么，无漏种子是如何产生的，说明上也存在困难。就社会作用言，这两种佛性说又存在区别，由于一切有性说把佛国的大门开得更大，门票卖得更廉价，更能吸引在苦难中挣扎的劳苦大众，因此，一切有性说自晋宋之后，一直成为中土佛性思想的主流；相反，由于一分无性说把相当一部分人拒于佛门之外，使人觉得佛国门槛太高，从而对成佛丧失信心，这也许就是一分无性说在中土始终得不到广泛流传的重要原因之一。

第四章　本有与始有

南北朝佛性思想的重心已不再纠缠于有性无性问题了。随着《大本涅槃经》的流行传布，阐提无性的思想已日见式微乃至销声匿迹；反之，众生有性的思想渐渐入主佛学界，成为当时佛性思想的主流。这时期佛性学说中的有关论争，主要表现在一切有性思想内部，其中较有影响的，是关于佛性的本有与始有之争。

第一节　本有说与始有说

本有说主张佛体理极，性自天然，一切众生，本自觉悟，不假造作，终必成佛；始有说则认为清净佛果，从妙因生，众生觉性，待缘始起，破障开悟，当来作佛。本始之争，如玄奘所说："纷纭争论凡数百年。"其中所涉及的问题，有纯属宗教的关于佛性之释名定义问题，如是以因释佛性还是以果释佛性，是以行释佛性还是以理释佛性等；有佛性学说中的哲学问题，如原因与结果的相互关系问题，因果之间是否有必然联系，结果是否包含在原因之中，等等。说佛教既是宗教又是哲学，这是一个重要表现，即佛教徒们在讨论宗教问题时常常以宗教的语言透露出哲学的思辨，或者说往往用哲学的思辨去探讨宗教问题。这是我们研究佛性思想时所必须给予特别注意的。

一　本有说与悉有性

"本有"者,众生本具佛性,终必成佛之谓。持这种看法的,据灌顶《大般涅槃经玄义》和吉藏《涅槃经游意》记载,古来有三师:一是灵味小亮,二是瑶法师,三是开善(智藏)、庄严(僧旻)。小亮以生死之中本有真神之性来说本有。他用比喻的方法说明佛性本有。如以敝帛裹黄金像,坠在深泥,天眼者捉取,净洗开裹,黄金像宛然为例,说明真神佛体,万德咸具,而为烦恼所覆,若能断惑,佛体自现,并说:"此皆本有,有此功用也。"①《大涅槃经集解》还载宝亮之解曰:"佛性非是作法者,谓正因佛性,非善恶所感,去何可造? 故知神明之体,根本有此法性为源。若无如是天然之质、神虑之本,其用应改。而其用常尔,当知非始造也。若神明一向从业因缘之所构起,不以此为体者,今云何言毒身之中,有妙药王,所谓佛性,非是作法耶? 故知据正因而为语也。"②瑶法师的主张与小亮有相近之处,也以众生心神不断为正因佛性,一切众生因悉有正因佛性,虽未具万德,必当有成佛之理,"取必成之理为本有用也"③。开善、庄严则约时说本始,"正因佛性,一法无二理,但约本有、始有两时",种谢觉起,名为始有,"始有之理,本已有之"④。开善、庄严兼具本始二说,则主佛性既本有又始有,约体为一,约用为二,就觉起称始有,就理具言本有。实际上,前面二师也是以因性、理性立本有义,由于众生悉具正因佛性,必当有成佛之理,因此说众生佛性本具。其实,以理性本具说众生本有佛性者,不止以上三家。吉藏在《大乘玄论》中曾谈到《地论》师以"理非物造"说本有。道宣在《续高僧传·道宠传》中也曾

---

① 《大般涅槃经玄义》卷下。
② 《大涅槃经集解》卷二〇。
③ 《大般涅槃经玄义》卷下。
④ 同上。

论及《地论》师南北二系与佛性本始说的关系：由于南北二系传承不同，"故使洛下有南北两途，当现两说自此始也"。这里所说之当现二说，即是本有始有义。《地论》师本来也兼通《涅槃》，讨论过佛性问题。但南北两系对佛性的看法不尽相同。南道以法性、真如等为依持，故与佛性本有说相近；北道以阿赖耶识为依持，认为无漏种子有待新熏，与佛性始有说相通。因此，道宣所言《地论》两系与本始二说的关系，当是言之有故。

佛性本有，还是始有？诸大乘经本来就说法不一，甚至一部经典中就有多种说法。中土僧人各据一典，或同据一典，所取不同，故本有始有，异说纷纭。例如《如来藏经》就以九喻说众生有如来藏性①，《大本涅槃经》也有贫女宝藏、力士额珠、暗室瓶瓮、雪山甜药之喻，佛性如贫女人家中之秘藏，黄金发掘没发掘之差罢了②。意思是说，众生佛性，本来具有，只是为垢尘烦恼所覆盖，一时不得自见罢了。这有如贫女家中，本藏有黄金，只是尚未发掘，故暂为贫女，一旦发掘出来，辄可成巨富。主本有者以此为据，证众生佛性本有。

从以上所陈之本有说的基本观点及其所引经文看，主本有者主要以理性和因性释佛性。既然真理自然，佛性常住，因此说众生本有佛性。

在前一章中，我们曾讨论了众生有性说与一分无性说以及二者之间相互论争，这里我们可以进一步来看看本有说与这种佛性思想究竟有些什么关系。从众生有性说的基本观点看，其立论的基础也是以因性、理性释佛性。因为理性恒常遍在，故一切众生悉有佛性，众生既然

---

① 《如来藏经》以九喻说众生有如来藏性：化佛在萎花喻、淳蜜在岩树喻、粳粮未离皮穅喻、真金坠不净喻、贫女有珍宝藏喻、庵罗果内种不坏喻、金像裹秽物喻、贫贱女怀贵子喻、金像泥模喻。

② 《大正藏》册一二，第 407 页。

有此正因佛性,最终必定成佛得涅槃。从这个意义上说,一切有性论者应该都是佛性本有论者。当然,由于对佛性之释名定义众说纷纭,加之,对佛性本有说的含义各家解执不一,因此,在南北朝时期也有一些众生有性论者倡佛性始有,甚至还有一些僧人把众生有性说的开山祖师竺道生划归于始有论者,认为始有说源出道生当果义。实际上,这与道生佛性思想是不相吻合的。

二 始有说与当果义

但据有关史料记载,始有说确实来自当果义。吉藏在《大乘玄论》中列十一家佛性说,其中第八家以当果为正因佛性,吉藏破此说曰:

> 当果为正因佛性,此是古旧诸师多用此义。此是始有义。若是始有,即是作法。作法无常,非佛性也。①

吉藏这段话主要有两层意思:一认为当果说为始有义;二者主当果是作法非佛性。吉藏虽未明言此当果义为谁始倡,弘扬者谁,但同在《玄论》中,吉藏曾语及光宅法师云以避苦求乐为正因佛性,并说彼师"指当果为如来藏,以有当果如来藏故"②。《法华玄义》也有这样一段记载:

> 今光宅法师解言:"知见"只是一切众生当来佛果。众生从本有此当果,但从昔日以来,五浊既强,障碍又重,不堪大乘,不为其说有当果。③

---

① 《大乘玄论》卷三。
② 同上。
③ 《法华玄义》卷三。

据此看来,光宅确有当果一说。

但据唐均正《大乘四论玄义》记载,正因佛性说末十家的第一家是白马寺爱法师执生公义,当果为正因;元晓《涅槃宗要》出佛性体六师,其中第一师也以当果为佛性体,也说此是白马寺爱法师述生公义。这样,又有人说当果义出自道生,进而把道生归于始有说行列。

但是,道生时处晋宋之际,似尚无本始之争,此当果说是否由道生始倡,道生是否持始有说,似颇可怀疑。虽然道生曾撰《佛性当有论》,但此"当有"实多指一切众生悉有佛性,终必成佛之谓,并非约果而言始有。唐均正的《大乘四论玄义》似也看到这一点,故在"白马寺爱法师述生公义"文后说道:"此师终取《成论》意释,生师意未必尔。"其实,竺道生究竟是主本有,抑倡始有,只要深入考察一下道生的佛性思想就不难明白。竺道生佛性说的最大特点是以般若实相义为基础,以真理自然释佛体,故立众生有性说。《大般涅槃经集解》曾引了许多竺道生论佛性的话:

> 不从因有,又非更造也。[1]
> 得本自然,无起灭矣。[2]
> 即生死为中道者,明本有也。[3]
> 十二因缘为中道,明众生是本有也。[4]

在《法华注疏》中,道生也直言众生佛性本有:

---

[1] 《大正藏》册三七,第548页。
[2] 同上。
[3] 同上书,第546页。
[4] 同上。

良由众生本有佛知见分,但为垢障不现耳。佛为开除,则得成之。①

无论从道生佛性思想的总体说,还是从上面的具体论述看,竺道生均持本有义。指道生为始有者,似有失道生佛性思想之原旨。

当然,说道生佛性当属本有,并不排除南北朝的始有说是由当果义引发出来的。实际上,始有说的本意正是约果立言,望果说始有。就是说,佛是从妙因生,众生本杂染不净,自非妙因,因此,众生之于佛性,自为始有,这是始有义第一层意思;始有义第二层意思是指众生本有佛性,既有佛性,必得佛果,但在凡位时,原未得果,望得果,说有始有。这二层含义均约当果立说。吉藏在《涅槃经游意》中曰:

> 佛性非三世摄,但众生未聚庄严清净之身,故说佛性始于未来。此则证始有之文。②
>
> 若于佛则今只是因中,因中未有果,则始有义。③

此是约因中未有果说佛性始有。对因中未有果说,佛性始有论者常以卖草马不索驹值、乳本无酪、麻非有油等譬喻说明之。所谓卖草马不索驹值等喻,意思是说,马驹乃雌马日后所产,今日卖雌马不可索驹价;酪虽由乳所生,但须经过醍暖加工始成,不可言乳已有酪;油虽出自胡麻,但须经捣压,始可得油,不可说麻中已有油。倡始有者批评佛性本有说类似卖草马索驹值,是"因中言有之过"。这有如说"食中已有不净",把食物与粪便混为一谈了。始有论者既然以未有果说佛性始有,

---

① 《法华经疏·方便品》。
② 《大正藏》册三六,第237页。
③ 同上。

显然是以果性为佛性。慧远在《大般涅槃经义记》中引始有论者的话说:"下人现在惟有烦恼,是故现在无其相好果德佛性。"①并说此"直明佛性当有现无"②。从理论上看,这种说法也说得通,因为对于果德佛性说,众生实是当有现无,属始有。但是如果把这种思想与本有说对照起来看,人们又会发现,同为佛性,一说本有,一说始有。且又各各持之有据,言之成理。原因何在? 此中之关键,实是对佛性之释名定义不一所致。以因释佛性,众生悉具正因佛性,因此说佛性本有;约果说佛性,众生本在凡位,未至果位,约至果说,立佛性始有也顺理成章。吉藏在《大乘玄论》中也曾指出本始二说与佛性释义的关系。吉藏曰:

> 释名……有三家:第一解云,佛性两字,皆是果名。佛名觉者,此故宜非因,性以不改为义,果体既常,所以不改也。因中暗识,故非觉者,既其迁改,不得名性,但众生必有当得此佛性之理,故言悉有佛性也。第二师释佛性者,此是因中,难第一家云,云何言因中无有此名? 因中众生有觉义故,是佛有必当之理,不改名性也……③

所谓"失之毫厘,差以千里",本始二说虽不能说谁是谁非,但释名定义的不同造成思想上的重大差别则属无疑。

佛性始有义除了上述两层含义外,还有另一层意思,即认阐提人现无佛性,未来当有。隋净影寺慧远的《大般涅槃经义记》有这种思想。慧远曰:

---

① 《大般涅槃经义记》卷八,《大正藏》册三七,第828页。
② 同上。
③ 《大乘玄论》卷三。

　　现无当有，言阐提等无有善法，佛性亦善，明其理无。举一阐
提等余罪人，彼现无善，果性亦善，故彼现在无有佛性，以未来有，
故阐提等悉有性者，明其当有。①

　　若未来有现在便无，云何说言断善有性？佛答有二：一望果阴
明一阐提未来断惑得了了见，故说为有；二是故下望善五阴明一阐
提未来佛性还生善根，故说为有。前中初喻有过去业现在得果，喻
明阐提当得名有……第二以当生善说性为有，是故断善人以现烦
恼能断善根明现不生，未来性力还生善根彰生在当。②

　　慧远的这些话既不主一切众生佛性本具，又不属一分无性说，而是
倡一分始有，魏晋南北朝的始有说是否具此一义，眼下尚无充分资料佐
证之，故略寄数语，备为一说。

三　佛性与性佛

　　从以上的论述还可以看出，本有说主要以因言佛性，始有说则是望
果说佛性。约因言佛性主要指理性，望果说佛性实则指性佛。这有如
吉藏所说："因中名为佛性，至果便成性佛。"③元晓亦说："果佛者，佛
之体性故名性佛……因佛性者，作佛之性故名佛性。"④

　　"佛性"一名，古来有多义，而以成佛的可能性和佛的体性去释佛性
则是其中二义。本始二说则是各以其中一义为自己立论根据，进而去
非难指责对方，故此造成两论相违而又各持之有据，纷争不息而又都言
之成理的局面。始有论者出于实践的考虑，严分因果，并侧重于从果性

① 《大般涅槃经义记》卷八，《大正藏》册三七，第828页。
② 《大般涅槃经义记》卷九，《大正藏》册三七，第870页。
③ 《大乘玄论》卷三。
④ 《涅槃宗要》，《大正藏》册三八，第249页。

体性的角度去谈佛性,因此认为:"释言有者,以未来定得故名有,非今有也。"①与此不同,本有论者则多从理论的角度,从因方面立说,认为性义非是果,故称性,佛性据正因而言,非指果性。例如宝亮曰:

> ……故知神明之体,根本有此法性为源。若无如斯天然之质、神虑之本,其用应改。而其用常尔,当知非始造也,若神明一向从业因缘之所构起,不以此为体者,今云何言毒身之中,有妙药王,所谓佛性,非是作法耶? 故知据正因而为语也。若是果性,则毒身之中,理自无也。②

《大般涅槃经集解》还载着宝亮这样一段话:

> 明佛与佛性,虽无差别,要自悉未具足。至于得佛之时,乃可无差,而今未得,云何无别。故佛即寄譬,来明未来有义。现在时中,无有当果,故言有非已有之有也。③

意思是说,众生本有佛性之有,非指众生已具佛果之有。佛性与佛就果地言,虽无差别,然就因地说,不能无殊。因地之众生与果地之佛的差别就在于:众生有正因而未具果佛性,佛则因圆果满,悉皆具足。从这一思想出发,本有说也主张必须经过修道才能成佛。如他们认为,众生虽有佛性,但无明覆故不见理,故须修道④,众生虽有佛性,当果未有,故须修道⑤,众生与佛是无差别之差别。无差别故即是佛,差别故未具足,如父

---

① 《大正藏》册三七,第 549 页。
② 同上书,第 462 页。
③ 《大般涅槃经集解》卷五四,《大正藏》册三七,第 550 页。
④ 同上书,第 520 页。
⑤ 同上书,第 828 页。

生子,姓无差别,用未具足,故须庄严。①

实际上,从具体的思想内容看,特别从二者都强调修道这一点说,本始二说并非无其契合处,区别仅仅在于,一是以作佛之性,从成佛的可能性去说佛性,一是以佛之体性,从成佛的现实性去释佛性。二者所以纷争数百年,其源盖出于对佛性之释义不同。

第二节　有因必得果与因不即是果

本始二说讨论的是佛性问题,但在论述佛性思想时,也从不同的角度阐发自己的因果观,这一节准备着重从理论上对二者的因果观作一简要考察。

本始二说之因果观有同有异。其相同之处,我们在上一节中已经指出,二者都看到因与果的区别。不同的地方在于,本有说在谈论因与果的相互关系时,更注重二者间的必然联系;始有说则在严分二者的基础上,强调因果转化的条件性。

一　有性终作佛与有因必得果

本有说的基本立足点是众生有正因佛性在,他日必得佛果,以必有故,言佛性本有。宝亮曰:

> 明众生佛性亦然,非即身中已有一切种智,以有因故言有众生佛性。若无此天然之质,为神明之主,终不修因,除迷求解,正以神明之道,异于木石,可得莹饰,故习解虚衿,断生死累尽。②

---

① 详见《涅槃经说》卷二四,《大正藏》册三八,第 177 页。
② 《大般涅槃经集解》卷五六,《大正藏》册三七,第 555 页。

先有酪相在,因中说果,必有故言有也。①

就是说,所谓本有者,非即身中已有一切种智,只为此众生身中有异于木石之神明正因,所以能除迷求解,断惑尽累,出生死而入涅槃。这有如乳中有酪相在,必能生酪。僧宗还以乳能生酪,而不生兔角,说明乳中有酪性生,而无兔角之性。②　意思是说,乳与兔角风马牛不相及,故不可说乳中有兔角之性,反之,乳与酪有必然的内在联系,故可说乳中有酪性。灌顶在《大涅槃经玄义》中也曾引本有论者的主张曰:"木石之流,无有成佛之理,则非本有之用,众生必应作佛,今犹是因,因是本有,果是始有,本有有始有之理,即是功用义。"③这一主张与上面言及的宝亮、僧宗的思想有相通之处,即都认为众生异于木石等无情物,由于有成佛之理,有成佛之因,故必作佛,必得佛果。本有论者这种果自因中出、有因必得果的思想,从理论思维的角度看,是有其合理因素的。因为,如果说十八世纪的法国思想家霍尔巴赫的"任何原因都要产生结果,任何结果都不能没有原因""必然性就是原因与结果之间固定不移的,恒常不变的联系"④等思想都曾作为对人类认识史的重要贡献而大书特书,那么,早在五六世纪间的中国僧人的这种肯定因与果必然联系的思想不能说对人类的思维进步没有启发意义。当然,佛性学说中这种因中说果的思想也不完全是中国僧人的创造,在印度佛教经论中已屡屡言及因果关系。如《中论》曰:"法从因缘有,不应言无因。若无因

---

①　《大般涅槃经集解》卷五六,《大正藏》册三七,第555页。
②　《大般涅槃经集解》卷二〇,《大正藏》册三七,第461—462页。
③　《大般涅槃经玄义》卷下,《大正藏》册三八,第10页。
④　《自然的体系》第四章。

缘,则如我说。"①

《大般涅槃经》也说:

> 如来或时因中说果,果中说因,如世间人,说泥即是瓶,缕即是衣,是名因中说果。果中说因者,牛即水草,人即是食。②

《大智度论》也曾指出:

> 如人日食数匹布,布不可食,从布因缘得食,是名因中说果。如见好画,而言好手,是为果中说因。③

这种因中说果、果中说因的思想是佛教学说的一种重要的思维方法。佛教学说在论及因果关系时,常常省去其中的许多中间环节,忽略了其中许多必要的条件,而把因果直接等同起来。例如著名的"直心是净土,贪欲即是道"等说教,就是因中说果而因即是果。这里有一段竺道生与佛陀跋陀罗关于因果佛性的问答,很可说明佛教徒有时甚至以果说果为平庸,以因说果为高尚。据传当佛陀跋陀罗问竺道生何谓涅槃时,道生答以不生不灭。佛陀跋陀罗便说,"此方常人见解"。道生问:"以禅师之见解何为涅槃?"佛陀跋陀罗手举如意,又掷于地,道生不悟,跋陀乃拂袖而去,道生的学生忙追上去问他。跋陀说:"汝师所说,只是佛果上的。"若因中涅槃,则"一微空故众微空,众微空故一微空,一微空中无众微,众微空中无一微"。跋陀在这里是以一多相即的思想谈涅槃之因果关系,这显然比本有论者走得更远。本有论者只说个因中

----

① 《大正藏》册三〇,第6页。
② 《大般涅槃经》卷三七。
③ 《大智度论》卷四三。

有果,而跋陀及前面所引之《涅槃经》《大智度论》等却把因与果直接等同起来了。如果说,把原因与结果直接等同起来的因即果说纯属相对主义,那么,看到因果之间有必然联系的因中有果说无疑有一定合理因素。

二 佛性非性佛与因不即是果

始有论者并不否认众生有成佛之因性、可能性,但他们反对因中说果,反对因即是果,认为众生虽有成佛之正因性在,如果没有修道等条件,众生同样不能成佛。这有如乳虽能生酪,但如没有醙暖等条件,还是不能成酪;麻虽能生油,但如不加捣压,同样不能成油。

始有说首先以乳酪体味各异为例,说明因不即是果,因果非一。他们说:"若乳有酪体味应同,云何而得味各异,乳冷酪热是其体异,乳甜酪酢是其味异,其色亦异略而不辨。体味各异明非本有。"[1]进而由酪须醙暖方有说明果是始有,非因中本有。他们仍以乳酪为例说明之,指出如果让乳摆在那里,不加工,不醙暖,即使放至一个月之久,乳还是生不了酪。只有在一定的条件下,用他们的话说叫"其缘具足",乳才能生酪。"若乳中先有酪者,何须待缘耶?"[2]既然须要待缘,则不能说乳中已有酪,因中已有果。

始有论者对乳酪关系的这一番论述,表达了他们这样一种因果观:原因虽然可产生结果,但原因不等于结果。原因要变成结果,还必须借助于一定的条件——缘因,只有因缘具足,结果始出。始有论者在这里自觉不自觉地指出了因果转化之条件性,这种思想无疑比以单纯的因中有果说要前进一步。

如果进一步去考察始有说的因果观,人们又可以发现,这种思想多

---

[1] 《大般涅槃经义记》卷四,《大正藏》册三七,第 704 页。
[2] 《大般涅槃经集解》卷五三,《大正藏》册三七,第 539 页。

出自《涅槃经》的正因、缘因说,而与《佛性论》的三因佛性说很相近。

所谓正因、缘因,慧远在《大乘义章》中释其名曰:

> 亲而感果名为正因,疏而助发名为缘因……若就菩提总为一
> 果。佛性本体起果义强,故说正因,诸度等行方便助发,说为
> 缘因。①

就是说,直接产生果者为正因,起辅助作用的名为缘因。用现代哲学的语言说,正因是事物因果转化的内在根据,缘因是事物变化的外在条件。慧远认为佛性是感得佛果的根据所在,故名之为正因;六度及诸善行是助正因得佛果的外在条件,故号之缘因。此说与始有论者的正因、缘因说是一致的。在始有论者那里,正因是乳,缘因是醪暖。没有乳,醪暖不出酪。反之,只有乳,不加醪暖,也出不了酪。《佛性论》有三因佛性一说。始有论者所说之乳,有如《佛性论》所说之应得因,而所谓醪暖,实则是加行,由加行故,得因圆满成酪。由无加行(缘因),立因果各异。简单地说,这就是始有说之因果观,它的合理内核是指出了因果转化之条件性,即其缘具足,始可言有。

三 有因必得果与因不即是果

对照本始二说的因果观,一个注重因果之间的必然联系,主因必得果,一个严分因果并进而指出因果转化的条件性,这是从两个方面丰富了中国古代的因果思想,其历史价值应给予必要肯定。但是,如果从辩证唯物主义的观点看,不论是本有论者之因必得果说,还是始有论者之因非即是果观,都是一种宗教学说中的因果之网。原因与结果作为一

① 《大正藏》册四四,第 476 页。

对哲学范畴,原是为了揭示客观世界中先后相继的两个现象之间的必然联系。正如列宁所指出的:"原因和结果只是各种事件的世界性的相互依存的(普遍)联系和相互联结的环节,只是物质发展这一链条上的一环。"[1]本始论者所说之因果,完全抽去了因果联系的客观性,因此,尽管佛经中谈了许多因果关系,却始终不能得出一个科学的因果观。这是其一。其二,辩证唯物主义因果观的基本思想是把原因与结果作为一个既对立又统一的整体和过程来看待,因此,主张原因与结果界限明确,因就是因,果就是果,不可倒因为果或倒果为因。但是,佛经之谈论因果,常常混淆原因与结果的界限,把因果视为一物,如泥即是瓶,牛即水草等。此中之差别在于:"辩证法,正如黑格尔早已说明过的那样,包含着相对主义、否定、怀疑论的因素,可是它并不归结为相对主义。"[2]而佛教之因果观则以相对主义为归宿。我们在谈论始有说的因果观时曾指出他们一定程度地看到因果转化的条件,但这种说法只是在特定的范围内才有意义。因为如果从总体上看,不管是本有论者,还是始有论者,在他们那里,因果本身并不是"客观实在联系的一小部分",而是"主观联系的一小部分",因果律不是客观世界的反映,相反,世界是由因果之网织成的。这种思想和唯物辩证法的因果观相去之遥,实在不可以道里计。

第三节　亦本亦始与非本非始

思想上的争论就其过程说,像一条汇合了许多支流的大河,越往后越趋于合流。本始之争亦然。在主本有始有后面,出现了有本于当的

---

[1]　列宁:《哲学笔记》,人民出版社,1956年,第142页。

[2]　列宁:《列宁选集》第二卷,人民出版社,1976年,第136页。

亦本亦始思想，以及以无所得为旨归的非本非始思想，最后以即本即始的圆家意，总结了这场本始之争。

一　本有于当与亦本亦始

　　唐均正在《四论玄义》中述成实师以本有于当说本有，谓众生就当来能成佛之理言，可说本有，但成佛在当非现，故亦得谓始有。此实持佛性亦本有亦始有。灌顶在《大般涅槃经玄义》中则直言庄严、开善以时说本始，谓正因佛性，一法无二理，但约时说本始。就当果之理说，神明本已有之；就种谢觉起说，实为始有。并说，始有之理，本已有之。按灌顶说法，庄严、开善也主佛性亦本亦始说。吉藏的《大乘玄论》又谈到地论师有两种佛性说，一是理性，二是行性，理非物造，故言本有，行借修成，故言始有。据此看来，地论师也主佛性既本又始。均正的《玄义》还谈到地论师分佛性为三种，一是理性，二是体性，三是缘起性。隐时为理性，显时为体性，用时为缘起性。此说与吉藏所谈虽略有不同，但思想相近，同样是主佛性又本又始。从这些资料看，南北朝时期的成实师、地论师对本始之争多持调和态度。所不同的是，他们或约时说本始，或以理性、行性说本始，或以理性、体性说本始。成实师、地论师们的这些说法，实际上是从不同角度对南北朝本始之争进行归纳与调和，从思想发展的逻辑进程看，这是本始之争的一个新阶段。

二　中道佛性与非本非始

　　亦本亦始说调和本始之争，采用的是双取的方法。与此不同，三论宗的创始人吉藏对本始二说从理论上给予全面的否定，采取的是双遣的方法。吉藏认为：涅槃绝百非、超四句，佛性超世相、绝言表，不可言本，亦无其始。言本言始是方便说，非究意义，是世俗见，非真见。依真立言，佛性则非本非始。

　　在《涅槃游意》和《大乘玄论》等著作中,吉藏先罗列佛性本有、始有、有本于当三家说法,然后以三家义自相难破,进而陈述自己的看法。

　　吉藏认为,若主佛性本有,则如始有说论者所指出的,是卖乳索酪价,卖草马索驹值;又真神力大,何故住烦恼中而不能得出,而待修道断惑乃得出耶?若主佛性始有,始有是作法,作法无常,非佛性也。若主佛性本有于当,本有有始有,则本有是常,始有是无常,常法中有曾有今,则又成无常,非本有义;反之,若主始有于本有,则本有是常,常法中无始有义。① 最后,吉藏得出结论曰:

> 故知佛性非本非始,但为众生说言本始也。②
>
> 至论佛性,理实非本始。但如来方便,为破众生无常病故,说言一切众生佛性本来自有,以是因缘,得成佛道。但众生无方便故,执言佛性,性现相常乐,是故如来为破众生观相病故,隐本明始。至论佛性,不但非是本始,亦非是非本非始。③

　　意思是说,本有、始有均是佛之方便说,至论佛性,则非本非始,亦非非本非非始。总之,一切有所得义,均是非究竟义,执本执始,都不会通经意,都是作灭佛法戏论。

　　破三家竟,吉藏又把矛头指向地论师之二种佛性说。他认为所谓理性本有、行性始有的说法,乍一看,似颇得旨,然推寻经意,则未必然。首先,吉藏认为佛法中"何曾说言理性本有,行性始有耶"④;其次,"若言理性本有非始,行性始有非本,更执成病"⑤。何以更执成病,

---

① 详见《涅槃游意》,《大正藏》册三八,第238页。
② 《大乘玄论》卷三。
③ 同上。
④ 同上。
⑤ 同上。

吉藏没说出多少道理来,只是说,佛之说教,多是善巧方便,随宜说法,但世间浅识之人,定以为是,以成迷执。究竟而说,佛性非有非无,非本非始,亦非当现,但为众生说言本始。吉藏此驳最是无力,一是以佛典中"不曾论"为根据,二是以自家佛性说为前提——而这正是他应该论证的东西。如果说,吉藏在前面以常无常驳本有始有还多少有点理论思辨,那么,此驳则纯属强词夺理了,以"圣言量"压人,以自家说强加于人。

此外,吉藏又对诸师之因果佛性说进行驳斥。他认为,一切诸师释佛性义,或言佛性是因非果,或言佛性是果非因,这是因果二义,非佛性也。他引经云:"凡有二者,皆是邪见。"并说:"若知因果平等不二,方乃得称名为佛性。"[1]

那么,为什么说以因以果为佛性均是邪见呢?吉藏以《涅槃经》为根据。《涅槃经》为佛性为四:因、因因、果、果果。"佛性者,有因,有因因,有果,有果果也。"因即十二因缘,因因即十二因缘所生观智,果即大菩提,果果即是涅槃。吉藏认为,这些都不是正因佛性。为什么呢?以因与因因的关系说,所生观智,是因十二因缘而有,故名因因;反之,十二因缘又是因观智而显,故又可说观智是因,十二因缘是因因。既然二者互为因与因因,无始无终故均非正因佛性。菩提与涅槃亦与此相类似,也是无始无终。既然都是无始终,所以因是傍因非正因。故因、因因、果、果果,都未是正因。"若言非因非果,乃是正因耳。"[2]

此外,吉藏还从另一个角度反驳因果佛性说。他针对前面所说的释佛性为是因非果、是果非因、是果是因三种说法,分别给予驳斥。吉

---

[1] 《大乘玄论》卷三。
[2] 同上。

藏认为,所谓是因非果者,实即指十二因缘,它只为因不作果,如经言"是因非果如佛性";所谓是果非因,即是果佛性,如经言"是果非因名大涅槃";三者是因是果,即如观智与菩提,望前为果,望后为因。旁人问吉藏:此三句为正因不? 吉藏仍答"未有正因"。为什么呢? 因为十二因缘非菩提之正因,所以言其因者,是指其能生观智,作因之因。作因之因,实则因因。大涅槃亦非正因之正果,乃是菩提之果,实则果果;观智与菩提亦类是。故此三句也"并皆是傍,不得名正,非因非果,乃名正因"①。

通观吉藏之论佛性,他所采用的是一种双遣的方法。所谓双遣,用吉藏的话说,即是"一往对他,则须并反"②。彼以因,则非因,彼以果,则非果,彼以因以果,则非因非果,本始亦然,彼以本以始,则非本非始。这种方法在吉藏那里又叫竖的方法。所谓竖,实则竖破一切诸法、言语、自性,以无所得、绝言表为旨归。这有如吉藏自己所说:"故当有以超然悟言解之旨,点此悟心,以为正因,付此观心,非言可述,故迦叶每叹不可思议也。"③

实际上,吉藏写了那些著作,作了那么多论说,这本身与绝言表思想就相背驰。而他对一切所采用的否定态度本身就是一种肯定,如反对因果为佛性,自家正是以非因非果为佛性。这一自论相违的现象,吉藏倒是注意到了,因此他又来了一个"横论",所谓"横论"亦即方便说。也就是说,究竟而论,一切诸法均不可得,亦不可言说,佛性亦然。至论佛性,不可说佛性是此是彼,是真是俗,是因是果,是本是始。但是以药治病,为众生方便说,则可"云非真非俗中道,为正因佛性"④。吉藏这种

---

① 《大乘玄论》卷三。
② 同上。
③ 同上。
④ 同上。

竖破横论的思想,实际上是他及三论宗乃至中观学派以无所得为旨归的本体论及离两边的中道思想在佛性思想上的反映。

首先,所谓竖破,亦即是否定,离二边。这种思想表面上近似辩证法,其中也确含有辩证因素,但总的来说是与辩证思想背道而驰的。诚然,辩证法亦讲否定,但不是单纯的否定,不是无所有的否定,而是有保留的否定、辩证的扬弃。这是其一。其二,辩证法也讲两点论,其否定观正是以两点论为基础的。但辩证法中的两点论是既对立又统一的,或者说是即此又即彼的。但是,吉藏的双遣方法,首先是以非此即彼的思想为前提,即把两个论题先置于相互对立、相互排斥的二极,然后由假定的二边到离二边的双遣。如果说,前者所体现的是对立统一的思想,后者则纯属非此即彼的形而上学思维方法。辩证法主要是揭示现实世界的矛盾现象及其运动发展的规律,而三论宗的离二边的中道思想则以纯属虚构的二律背反为对象,此一分野,一望可知。

其次,所谓"横论",按吉藏的说法,是方便说,是以药治病。实际上,从一定意义上说,这正是三论宗乃至中观学派的目的所在。三论宗破除了世间的一切,却在方便说的幌子下保留了佛国,破除世间的一切正是为了给佛国让出地盘。如果不是这样,一向以无所得为旨归,以有所言便悖理的吉藏,何以又是《游意》又是《玄论》,苦苦撰著,力排诸说呢?

三　因果圆融与即本即始

中国佛学越往后,越趋合流,这也是一个表现,即从起先的倡本倡始,谈因说果,最后因果圆融,本始相即。这个思想主要体现在隋唐几个佛教宗派中。

天台宗的智者大师即主佛性通因果,贪欲即是道,一色一香,无非中道。在《法华玄义》中,智颛指出:"泛论观智俱通因果,别则观因智果。例如佛性通于因果,别则因名佛性,果名涅槃。"①在《观音玄义》中,智颉以不纵不横说佛性:"是因非果名为佛性者,此据性德缘了皆名为因。""是果非因名为佛性,此据修德缘了皆满。""了转名般若,缘转名解脱,亦名菩提果,亦名大涅槃果,皆称为果也。佛性通于因果,不纵不横,修德时三因不纵不横,果满时名三德。"②天台宗的章安大师灌顶在罗列并考察本始有诸家说法后指出:"若定执本有当有,非三藏通教之宗,乃是别圆四门意。本有是有门,当有是无门。"③并说这些都是"别家"偏据不融,门理两失,为圆家所不齿。他以树木梁箭为喻,指出,若执本有,犹如工匠以曲者为梁,直者桁用,长者为矛,短者为箭,这是以树木之天然之性为用。实则不然,草木之生长,本无梁箭之用,工匠裁之,因缘获用,但工匠如果裁曲者为直,曲则无梁用,展直为曲,则直者无桁用,割长为筹,则长者无矛用,折短为薪,短者亦无箭用,为什么要死执本有之用呢? 并引经云:"三世有法,无有是处,何得苦执有当者?"④灌顶直抒自家看法,曰:"今依经,一切诸法中悉有安乐性,那得无性之惑,复于无惑之性,不会旨故不用。私谓非但惑性相即,一切何法不收,涅槃何法不立,一切众生即涅槃相,一切国土即涅槃相。"⑤从这些话看,灌顶也是用本即始、始即本、众生即佛性、生死即涅槃的圆家意释本始的。

华严宗更是因果圆融、即本即始思想的积极倡导及发扬者。在华严宗那里,不仅因即是果、本即是始,而且一切即一、一即一切,一念该九世,十方入微尘,一切世间法、出世间法相融互即,圆融无碍。智严在《华严一乘十玄门》中说:

---

① 《法华玄义》卷三下,《大正藏》册三三,第714页。
② 《观音玄义》卷上,《大正藏》册三四,第880页。
③ 《大般涅槃经玄义》卷下,《大正藏》册三八,第10页。
④ 同上。
⑤ 《大般涅槃经疏》卷十一,《大正藏》册三八,第102页。

若小乘说因果者，即转因以成果，因灭始果成，若据大乘因果，亦得同时，而不彰其无尽。如似舍缘以成舍，因果同时成，而不成余物，以因有亲疏故，所以成有尽。若通宗明因果者，举疏缘以入亲，是故如舍成时，一切法皆一时成。

这里的通宗即指华严自家。对于华严宗说，因果原无先后本始之分，一切法皆一时成。

此外，智严还以见空辨本即始。他说本有如室中空，开门见时，此空即是本有；但此空不见时不言有，见时始言有，故亦名始有。[①] 总之，别而言之，本始是一理之两面；通而言之，则即本即始。

禅宗之前期，虽有直心是道场的思想，但更侧重于迷凡悟圣，至后期的"青青翠竹，尽是法身；郁郁黄花，无非般若""运水搬柴，无非佛事""举手下足，皆是道场"等思想出现后，就完全不分因果，更无本始了，或者说因果融通，即本即始了。

中国佛学中的佛性本始说、因果佛性观，细说也许还有许多，但就其衍变过程及发展大势言，大体如是。通过对这一衍变过程及发展大势的考察，可以使我们对中国佛性思想的其中一个侧面有更深入、更具体的了解。而侧面是整体的一个部分，如果我们能对各个侧面逐个地进行较深入的认识，那么，作为整体的中国佛性思想的总画面就会逐渐清晰、生动与具体。这就是我们所以采用以范畴为线索，一个侧面一个侧面地去研究中国佛性思想的根据所在。这种根据如果上升到方法论的高度说，也就是所谓从抽象到具体的方法——"抽象的规定（如范畴——笔者）在思维的行程中导致具体（整体——笔者）的再现"[②]。

---

① 《华严一乘十玄门》。
② 《马克思恩格斯选集》第二卷，第103页。

第五章　性具与性起

中土佛性学说在经过有性无性、本有始有之争后,就其主流说又进入了一个新阶段。这个新阶段佛性思想的主要特点,是既主张一切众生悉有佛性,又认此悉有之佛性对于一切众生既本有又始有,进而在会通本始基础上更倡唯心。这种思想主要表现在隋唐二代之天台、华严及禅宗等几个较大的佛教宗派中。

虽然天台、华严、禅宗三大宗派都主张一切众生佛性本具,但分而言之,各个宗派的佛性思想又各具特点。例如,就天台与华严二宗说,天台主性具,华严倡性起。性具与性起思想有许多共同点,但又有不少殊异处。在这一章中,我们将以性具与性起为基本线索,对天台与华严二宗的佛性思想作一番考察,并就二者之间的相互关系作一些分析比较,至于性具与性起思想在整个中土佛性思想中的地位问题,也将在具体论述中给予必要的说明。

第一节　性具说与天台宗

性具,亦称体具、理具。意谓本觉之性悉具一切善恶诸法。就众生与佛关系说,指一切众生既本具佛性,又本具恶法。这是中土第一个统一的佛教宗派——天台宗佛性学说的基本思想。

众生是否本具佛性,在印度佛教中始终是个问题,但中土自晋宋以降几乎成了定论。因此,佛性本具思想,与其说是天台宗的佛性学说,不如说是中土佛教界的一个重要思潮。

天台宗佛性思想的特点并不在众生本具佛性上，而在于众生所本具之佛性的性质上。按照佛教之传统看法，佛性本是至纯至净、尽善尽美的，印度、中国各佛教宗派都如是说，但天台宗一反中印佛教之传统看法，主张佛性不但本具善性，而且本具恶法。这一惊世骇俗之奇特思想，把天台宗的佛性思想与其他宗派的佛性思想严格区分开来。

一 性具善恶与一念三千

元代虎溪沙门怀则在《天台传佛心印记》中有一段论述天台佛性思想的话，对于我们理解天台宗的佛性思想的特质很有帮助，现先摘录于下：

> 诸宗既不知性具恶法，若论九界唯云性起，纵有说云圆家以性具为宗者，只知性具善，不知性具恶；虽云烦恼即菩提，生死即涅槃，鼠唧鸟空有言无旨，必须翻九界修恶，证佛界性善，以至直指人心，见性成佛，即心是佛等，乃指真心成佛，非指妄心。①

这是说，其他佛教宗派虽也有性具思想，但他们所说的性具，仅指性具善，不知性也具恶；其他佛教宗派虽也语及烦恼即菩提，生死即涅槃，但究其旨归，意在论证佛界性善，真心作佛。天台宗与诸宗不同，佛性不但具善，而且具恶，成佛非唯是真心，妄心也作佛。

宋四明知礼在《观音玄义记》中也有这样一段对话：

> 问：九界望佛皆名为恶，此等诸界，性本具否？

————————

① 《大正藏》册四六，第935页。

答：只具一字，弥显今宗，以性具善，他师亦知，具恶缘了，他皆莫测。①

知礼这段话明确地把性具恶作为天台与其他宗派的思想分野所在，也把具恶思想作为天台高出其他宗派的重要标识。怀则的《天台传佛心印记》在引述这段话后说：

是知今家性具之功，功在性恶。若无性恶，必须破九界修恶，显佛界性善，是为缘理断九。②

这段话与知礼思想是一致的，明天台宗佛性思想最主要特点在其性恶说。

性恶说，或者准确点说，性具善恶思想，既然是天台宗佛性学说的特色所在，那么，这种思想的具体内容如何？是谁始唱？弘扬者谁？其基本衍变过程及发展线索究竟怎样？其理论根据又是什么？诸如此类的问题，都是我们在研究天台宗佛性思想时所必须首先弄清楚的。

据有关资料记载，性具善恶的思想是天台智者始发之，荆溪湛然、四明知礼盛述之。那么我们就从智颢谈起吧。

鉴于佛性思想的争论多发端于对佛性义之解执不一，在讨论智颢佛性思想之前，有必要先弄清楚智颢佛性义的基本内涵。

在《法华玄义》中，智颢是这样解说佛性的：

其一法者，所谓"实相"。实相之相，无相不相。又此实相，诸

---

① 《观音玄义记》卷二。
② 《大正藏》册四六，第934页。

佛得法,故称"妙有";实相非二边之有,故名毕竟空;空理湛然,非
一非异,故名"如如";实相寂灭,故名涅槃;觉了不改,故名虚空;佛
性多所含受,故名如来藏;不依于有,亦不附无,故名中道。最上无
过,故名"第一义谛"①。

就是说,在智颛那里,佛性与实相、如来藏、中道、妙有等等指的是
一回事,亦即无相不相之妙有,即有即无之中道。智颛的这种"妙有"佛
性说,对中国佛学,特别是隋唐之后几大佛教宗派的佛性思想曾经产生
深远的影响。

印度佛教也谈假有、幻有,但很少用妙有的字眼。"假有""幻有"与
"妙有"虽都有空有相即的意思,但二者的侧重点不同,前者多偏重真
空,后者则偏重妙有。由于印度佛教中谈空的,主要是中观学派,而中
观般若学是以无所得为旨归,因此,佛教翻译家在介绍印度中观学派的
空有相即思想时多用幻有、假有。而中土传扬般若学的主要是罗什、僧
肇一系,此系思想至僧肇而极盛,之后便日趋式微,南北朝时期的吉藏
及其所创立之三论宗曾一度中兴般若学,但为时很短。三论宗比较忠
实于般若学,其佛性思想我们在第四章中有简略的介绍,主要以中道为
佛性,但三论宗所说的中道与天台宗的中道不尽相同,这有如三论宗所
说的假有与天台宗所说的妙有不尽相同一样,前者是一种非有、非无、
非本、非始之"第一义空",即真空,后者则是一种即有即无、本始相即的
妙有,或曰纯有。黑格尔在《小逻辑》中曾指出:"这种纯有是纯粹的抽
象,因此是绝对的否定。这种否定,直接地说来,也就是无……那些佛
教徒认作万事万物的普遍原则、究竟目的和最后归宿的'无',也是同样

---

① 《大正藏》册三三,第 783 页。

的抽象体。"①"有只是空虚的无……无只是空虚的有",因此,"两者之间的区别,只是一指谓上的区别,或完全抽象的区别","因为没有基础就是两者共同的规定"。② 所以,二者在幻想的太空中是可以随意相通的;当然,佛教的真空妙有与黑格尔的纯无纯有又不尽相同。如果说佛教的真空说以无自性说空,不但与哲学界所说的空、无不同,而且正是这一点使佛教区别于以承认有一个救世主为基本前提的一般宗教;那么,"妙有"的理论就又把从前门驱逐出去的创世主从后门请了回来,因为,所谓"妙有"实际上是一个换了服装的本体,是世界万有之本原。在隋唐两代以及隋唐之后的中国佛学中,"妙有"思想占有极其重要的地位,尽管他们有的目之曰净心,有的称之为真心,但都把一切世出世法,把一切有情众生的本原归诸即有即无的"妙有",而在隋唐各宗派中,对"妙有"思想第一次从理论上给予系统阐述的则是天台宗的智者大师。

智𫖮的"妙有"思想主要以性具善恶为特点,而性具善恶的思想又是通过三因佛性说表现出来的,因此有必要先看看智𫖮的三因佛性说。

所谓三因佛性,亦即正因佛性、了因佛性、缘因佛性。智𫖮的许多著作都谈到了三因佛性,名称也较统一,均曰正、了、缘,但三因的内容却各各不同。

在《法华玄义》卷十上,智𫖮以法性实相为正因、般若观照是了因、五度功德为缘因:

> 故知法性实相即是正因佛性,般若观照即是了因佛性,五度功德资发般若即是缘因佛性。③

---

① 黑格尔:《小逻辑》,商务印书馆,1981 年,第 192 页。
② 同上书,第 194 页。
③ 《法华玄义》卷二下,《大正藏》册三三,第 802 页。

在《法华玄义》卷五下，智颉是这样谈三因佛性的：

> 三、类通三佛性者，真性轨即是正因性，观照轨即是了因性，资成轨即是缘因性。故下文云：汝实我子，我实汝父。即正因性。又云：我昔教汝无上道，故一切智愿犹在不失。智即了因性，愿即缘因性。①

此三因说以当作佛之真性为正因，观智为了因，以誓愿功德为缘因，与前面所说语言有殊，思想无异。

在《法华文句》与《摩诃止观》中，智颉对三因的说法又有所不同。在《法华文句》卷十上，智颉说：

> 读诵经典即了因佛性，皆行菩萨道即缘因佛性，不敢轻慢而复深敬者，即正因佛性。②

在《摩诃止观》卷九下，智颉则以十二因缘谈三因佛性：

> 若转无明为佛智明，从初发心知十二因缘是三佛性。若通观十二因缘智慧，是了因佛性；观十二因缘心具足诸行，是缘因佛性。
> 若别观者，无明、爱、取即了因佛性，行、有即缘因佛性，识等七支即正因佛性。③

---

① 《大正藏》册三三，第 744 页。
② 《大正藏》册三四，第 141 页。
③ 《大正藏》册四六，第 126 页。

此外，还有人空是了因、法空是缘因说①，般若观智为了因、解脱为缘因说②，而以中道为正因，以假、空为缘、了说更散见于智颛诸论著之中。

智颛的三因佛性的基本思想是，以非有非无，不染不净之实相为正因佛性，以能观照显发实相之般若智慧为了因佛性，以能资助觉智开显正性之功德善行为缘因佛性。

正因佛性不染不净，智颛以莲子体为喻，他说，譬如莲子体在泥中而不被染污，常乐我净不动不坏，一切众生正因佛性亦复如是。③

在《法华文句》卷四下又说，实相常无自性，而无性者，即正因佛性。④

与正因佛性之无染净、非善恶不同，缘、了二因则有染净、具善恶。《观音玄义》卷二有段对话：

> 问：缘了既有性德善，亦有性德恶不？
> 答：具。

真是"只一具字，弥显今宗"。因为正是此一缘因、了因具恶之说，使天台宗的佛性思想在各宗之外独树一帜。

在《法华玄义》与《摩诃止观》等著作中，智颛对缘了具恶的思想也有所论述。例如《摩诃止观》中，智颛明言："无明、爱、取则了因佛性，行、有则缘因佛性。"⑤而"无明、爱、取既是烦恼道，烦恼道即是菩提……了因

---

① 《观音玄义》卷上，《大正藏》册三四，第 878 页。
② 同上书，第 880 页。
③ 《法华玄义》卷七下，《大正藏》册三三，第 733 页。
④ 《大正藏》册三四，第 58 页。
⑤ 《摩诃止观》卷九下。

佛性也"①,"业行是缚法"②,"行、有是业道,即是解脱,解脱自在,缘因佛性"③。这是从转无明为明、变缚成解脱去谈缘、了二因之具染净善恶。

怀则在《天台传佛心印记》中概述天台的三因佛性时说:

> 若尔九界三因,性染了因,性恶缘因,染恶不二是恶正因;岂惟局修;佛界三因,性善缘因,性净了因,善净不二即善正因。④

这里是把九界与佛界分开来谈,性染性净是了因,性恶性善是缘因,染净善恶不二是正因。如果"十法界离合读之",则"三因具足"。因为,"诸法实相"不出权实,诸法是同体权中善恶缘了,实相是同体善恶正因。⑤ 就是说,缘、了与正因的关系有如诸法与实相的关系一样,是权与实的关系,是一体之两面。因此,合读则三因具足。"言缘必具了、正,言了必具缘、正,言正必具缘、了。一必具三,三即是一,毋得守语害圆、诬罔圣意。"⑥此一三因互具说是深得天台佛性思想精义的。因为如果三因不互具,即便缘、了具恶,也很难得出性本具恶的结论,反之,在指出缘、了具染恶之后,再加上三因互具的论证,就可以在理论上达到性具染净、善恶的结论——天台智者正是循着这样一条思路走的。

首先,智颛指出一切众生无不具正因、了因、缘因三德。在《法华玄义》中,智颛曰:

> 今《法华》定天性,审父子,非复客作,故常不轻深得此意,如一

---

① 《大正藏》册四六,第 126 页。
② 《法华玄义》卷二下,《大正藏》册三三,第 700 页。
③ 同上。
④ 《大正藏》册四六,第 934 页。
⑤ 同上。
⑥ 同上。

切众生正因不灭,不敢轻慢,于诸过去佛现在若灭后,若有闻一句,皆得成佛道,即了因不灭;低头举手,皆成佛道,即缘因不灭也。一切众生,无不具此三德。①

在《法华文句》《观音玄义》等著作中,智𫖮则着重从本具的角度,论证缘、了二因本自有之,非适今也。在《法华文句》卷十上智𫖮说:"正因佛性,通亘本当,缘、了佛性种子本有,非适今也。"②在《观音玄义》卷上,智𫖮又指出:"今正明圆教三种庄严之因,佛具二种庄严之果,原此因果根本即是性得缘、了也。此之性德,本自有之,非适今也。"③

其次,在主三因本具的基础上,智𫖮进一步倡三因互具。这方面思想主要体现在智𫖮以非空非有之中为正因,以假为缘因,以空为了因,而空、假、中三谛圆融无碍,相即互具。说空,假、中亦即空,一空一切空;说假,空、中亦即假,一假一切假;说中,空、假亦即中,一中一切中。即空即假即中者,虽三而一,虽一而三,不相妨碍。这是智𫖮空、假、中一而三,三而一的思想。

对于智𫖮以空、假、中说正、缘、了因的思想,宋代遵式评述曰:

> 天台所谈佛性,与诸家不同。诸家多说一理真如名为佛性,天台圆谈十界,生、佛互融,若实若权,同居一念。一念无念(空),即"了因佛性";具一切法(假),即"缘因佛性";非空非有(中),即"正因佛性"。是即一念生法,即空、假、中……圆妙深绝,不可思议。④

---

① 《法华玄义》卷六下,《大正藏》册三三,第757页。
② 《大正藏》册三四,第140页。
③ 同上书,第880页。
④ 《为王丞相(钦若)讲〈法华经〉题》,《天竺别传》卷下。

怀则在《天台传佛心印记》则曰:

只一事理三千即空性了因,即假性缘因,即中性正因。三谛若不性具,义何由可成?不但三千即三谛,亦乃三谛即三千,故云,中谛者统一切法,真谛者泯一切法,俗谛者立一切法,三千即中,以中为主,即一而三,名为本有所观妙境。①

三谛如三点伊(∴),一不相混,三不相离,名大涅槃。②

遵式与怀则的这两段评述,简要地概述了天台的正、缘、了三因如空、假、中三谛一样,是圆融无碍、相即互具的,而此一三因互具思想的创立,表示天台已从理论上完成了性具善恶思想的论证。这里,我们可以简单回溯一下智𫖮的思想进程及论证程序:首先,智𫖮把佛性分而为三,曰正、了、缘;其次,指出正因非染净无善恶,而缘、了二因则具染净,有善恶;复次,又反复说明三因佛性,本自有之,非适今;最后,指出三因互具、圆融无碍。通过这一系列的推衍论证,天台性具染净、善恶的思想就成为言之有据、顺理成章的了。

性具善恶的思想在说明具体问题上又要碰到这样一个难题:既然性具善恶,阐提还生善根自不成问题,但佛性既具恶,佛还生恶不?对于这个问题,天台作了明确的答复。

在《观音玄义》等著作中,当有人问智𫖮:若阐提不断善还生善根,诸佛不断性恶还起诸恶吗?智𫖮答曰:阐提不断性德之善,遇缘善发,故还生善根。诸佛虽不断性恶,但佛永不复恶。何以故?智𫖮进一步论证曰:

---

① 《大正藏》册四六,第935页。
② 同上。

阐提既不达性善，以不达故，还为善所染，修善得起，广治诸恶。佛虽不断性恶，而能达于恶，以达恶故，于恶自在，故不为恶所染，修恶不得起。故佛永无复恶。[①]

意思是说，阐提不断善性又不达性善，故可修善起善以治恶。诸佛不同，既具性恶又达恶性，恶法于佛本已自在，因而不存在修恶问题，故佛永不复恶。

在《观音玄义》中，智颛还从另一个角度去论证佛不还生恶：

若依他人，明阐提断善尽，为阿梨耶识所熏，更能起善。梨耶即是无记无明，善恶依持，为一切种子，阐提不断无明无记，故还生善。佛断无记无明尽，无所可熏，故恶不复还生。[②]

这是以熏习力说阐提还生善，佛不还生恶。按瑜伽唯识学的理论，成佛即转识成智，阿梨耶识既不存在，就不能熏佛为还生恶。按唯识理论说，似也言之成理。智颛之倡阐提不断性善、诸佛不断性恶，究竟"意何所显"？有人这样问遵式。遵式答道：

对修研性，意显性常。善恶二途，不出十界；修恶之极，莫若阐提；修善之穷，岂过诸佛。二人论性善恶俱存，性善且对阐提，性恶且论诸佛，二人不二，三千理均，故得阐提有成佛之期。[③]

意思是说，天台所以倡阐提不断性善，诸佛不断性恶，旨在通过至

---

① 《观音玄义》卷上，《大正藏》册三四，第882页。
② 同上。
③ 《答王知县书》，《天竺别集》卷下，引自《续藏经》第一辑第二编第六套第二册。

善之佛尚且具恶,极恶之阐提尚且具善,说明十界互具,三千理均。故阐提可得成佛之期。这一说法,从特定意义上说,是符合天台性具善恶说之本旨的。究天台倡性具善恶之初意,无非为了说明生佛圆融,凡圣平等,一色一香,无非中道。但是如果把性具善恶的思想放到智颛的整个佛学思想体系中去考察,与其说智颛以性具善恶说去说明十界互具,三千理均,毋宁说智颛正是以十界互具、一念三千的理论为基础,建立其性具善恶说的。

所谓十界互具,指十法界中的一界都同时具有其余九界。而十法界者,即是佛、菩萨、缘觉、声闻、天、人、阿修罗、鬼、畜生、地狱十界。前四界又称四圣,后六界又称六凡。以前有的佛教学说把十界视作彼此隔绝、互不融通,智颛认为不应该这样,而应该十界互具,即佛界具菩萨以下九界,而地狱界亦具畜生以上九界。智颛在《法华玄义》说:

> 一法界具九法界名体广,九法界即佛法界名位高,十法界即空即假即中名用长,即一而论三,即三而论一,非各异,亦非横,亦非一,故称妙也。[1]

此十界互具说,未见经论,为天台智者随义立名,颇富创造性,因此,经常受到非难。有人认为天台之十界互具等思想,经论无明文,岂可承用。天台答曰:

> 但使义符经论,无文何足致疑……今一家解释佛法,处处约名作义,随义立名,或有文证,或无文证。若有文证,故不应疑,无文

---

[1] 《法华玄义》卷二,《大正藏》册三三,第692页。

证者,亦须得意。①

　　这段话颇能反映天台宗佛性思想的特点与性格,即不囿于经论,而敢直陈"己心中所行之法门"。天台在其止观学说及判教思想中,都贯彻了这种精神。由于天台对佛教学说多取"六经注我"的态度,因而使天台的佛教学说更具有中国特色,成为第一个中国化的佛教宗派。

　　智颛还把其十界互具说与慧文之一心三观思想及慧思之十如是实相说相配合,构成"一念三千"的学说。

　　所谓"一心三观",其源出自《大智度论》和《中论》,倡之者为北齐禅师慧文。

　　《摩诃般若经》一开头把佛教智慧分为三种——道种智、一切智、一切种智,并认为三者有高低层次之差别,必须修习般若才能得到。《大智度论》在解释此段经文时,认为三种智慧虽有层次的差别,但最后达到圆满,可以一时得到,"一心中得"。慧文把这一思想与《中论》的"三是偈"("因缘所生法,我说即是空,亦为是假名,亦是中道义")联系起来,认为一心亦可同时对空、假、中三个方面进行观察,因而成立了空、假、中三种观门。这样,原来的"三智一心"就发展为"三谛一心",这就是慧文的"一心三观"。

　　慧思在"一心三观"的基础上又有所发展。他根据《法华经》所说的"十如是",经过推衍,使之归结于"实相",就是说,实相的具体内容即"十如是","十如是"即诸法实相。

　　智颛将慧文的"一心三观"、慧思之"十如是"实相说与自己之十界互具说进行大糅合,并把诸法实相最后归结于一念心,这就是其"一念三千"说。

---

　　① 《四教义》卷一,《大正藏》册四六,第 723 页。

在《法华玄义》卷二上和《摩诃止观》中,智颢说:

> 此一法界具十如是,十法界具百如是,又一法界具九法界,则有百法界千如是。①

> 夫一心具十法界,一法界又具十法界,百法界,一界具三十种世间,百法界即三千种世间。此三千在一念心,若无心而已,介尔有心,即具三千。②

意思是说,由于十法界互具,故成为百法界,而一法界又各具十如是,故有百法界千如是。又,世间有三,即五蕴世间、有情世间、器世间,把此千如是同三种世间相乘,故得三千种世间(另一种构成法是十法界互具得百法界,十如是与三种世间相乘得三十种世间,其后由百法界各具三十种世间得三千种世间)。而此三千种世间既不是自生也不是他生的,而是系于一念心。人们当下之每一念心,都圆满地具足一切诸法。非心生一切法,而是心即一切法。这就是"介尔有心,即具三千"。

既然人们当下之每一念心都同时具足三千种世间,那么,说性具善恶又有什么值得大惊小怪呢? 如果说一念三千的思想多来自经论,那么,又为什么不能"映望"经论而随义立名呢——这就是天台性具善恶说的理论根据及其思想脉络。

当然,说性具善恶说为智颢首倡,并不排除某些先行者有性恶说的思想成分,在这方面,被称为天台宗三祖的慧思可以说是智颢性具善恶思想的先驱。

慧思在《大乘止观法门》中,对性具染净有许多论述。首先,慧思以

---

① 《大正藏》册三三,第 693 页。
② 《大正藏》册四六,第 54 页。

真如在障,有出障之能释佛性。当有人问:真如出障,既名性净涅槃,真如在障,应名性染生死,何等称为佛性耶? 慧思答道:

> 在缠之实,虽体具染性故,能建生死之用,而即体具净故,毕竟有出障之能,故称佛性。①

就是说,真如在缠,有染净二性,以其染性,建生死之用,以其净性,有出障之能,有出障之能,故称佛性。单从这段话看,慧思是主张佛性为净的。

的确,同在《大乘止观法门》中,慧思是明言佛性即是净性的,如有人问及"如来之藏具染净二性者,为是习以成性,为是不改之性耶",慧思答道:

> 此是理体,用不改之性,非习成之性也。故云佛性大王,非造作法,焉可习成也! 佛性即是净性,既不可造作故,染性与彼同体,是法界法尔,亦不可习成。②

从这段话看,慧思是主张染净二性同具一理体之中,都是不可习成、不可造作的"法界法尔",亦不含佛性具染的思想。

在另一段论述里,慧思则以觉心释佛性,曰:"佛名为觉,性名为心,以此净心之体,非是不觉,故名为觉心。"③这净心之体当然也不能说具有染性。

但是,同在《大乘止观法门》中,慧思又屡屡论及一切众生、一切诸

① 《大乘止观法门》卷二。
② 同上。
③ 同上。

佛唯其一如来藏，而此一如来之藏，从本以来具染净二性，以具染性故，能现一切众生等染事，故以此藏为在障本住法身，亦名为佛性，以具净性故，能现诸佛净德，故以此藏为出障法身。在这里，慧思以具染性之在障本住法身释佛性，表明此二法身说已含有佛性具染的思想萌芽。但是，细究慧思的二法身说，他所说之佛性具染与智𫖮的性具染净说实相去甚远。例如，当有人问及法身唯一，平等无二，何得说言二种法身，慧思答曰：

> 此有二义，一者以事约体，说此二名。二者约事辨性，以性约体，说此二名。所言以事约体，说二法身名者，然法身虽一，但所现之相，凡圣不同，故以事约体，说言诸佛法身，众生法身之异。然其心体平等，实无殊二也……所言约事辨性，以性约体，说有凡圣法身之异名者，所谓以此真心能现净德故，即知真心本具净性也。……以本具染性故，说名众生法身；以本具净性故，说名诸佛法身，以此义故，有凡圣法身之异名。若废二性之能以论心体者，即非染非净，非圣非凡，非一非异，非静非乱，圆融平等，不可名目。①

就是说，约所显之事相言，有凡圣之别，就心体之性能说，有染净之异，由真心能现净德，知真心本具净性，以真心能现染事，知真心本具染性。但是就心体说，即非染非净，圆融一味，凡圣平等。在这里，慧思是以真心体之染净二用说本具，亦即以如来藏、真心体有涅槃之用，说净性本具，能现生死之相，说染性本具，这与智𫖮以十界圆融互具说性具染净是很不相同的。

_____

① 《大乘止观法门》卷二。

灌顶在《大般涅槃经疏》中也有与慧思相近的思想,即认为佛性体非善非恶,善恶乃体之双用。他指出,"用善则罗云被摄,用恶则善星堪收,二子既然,余皆可例"①。灌顶对于整理智颛的讲稿,继承天台的事业有大贡献,但他在理论上没多大建树,对于智颛性具染净的思想也没更多发挥,倒是九祖荆溪湛然对天台之性恶思想有所阐发。《观经疏妙宗钞》卷下载有荆溪这样一段话:"他宗不明修性。若以真如一理名性,随缘差别为修,则荆溪出时甚有人说也。故知他宗极圆,只云性起不云性具,深可思量。"湛然这段话是有所指的,他甚不以华严宗的性起说为然,认为那不外也是以真如一理名性,随缘差别为修,没什么深奥之处,只有天台性具思想独树一帜,高出各宗。在《摩诃止观辅行传弘诀》卷五,湛然又说:"如来不断性恶,阐提不断性善,点此一意,众滞自消。"把性具善恶的思想看成是一把打消佛教诸疑难之钥匙,可见湛然对天台性恶说之推崇。

但是,真正对天台之性恶说不仅述之,而且论之,对它进行理论上再发挥的,当推宋代天台山家一派之领袖人物的四明知礼。

知礼性恶说的主要观点是无明无始无终。在《四明尊者教行录》中,载有知礼与禅僧清泰的几段问答,对于了解知礼的佛性思想很有帮助,现略撮一二,以窥大概。

当清泰问及无明与法性有无前后始终时,知礼答之以无始无终。因为"若论本具,平等一性,则非真非妄,而不说有无明、法性,亦不论于有始有终","无明、法性体一,故起无前后",并引《大乘起信论》之"如来藏无前际故,无明之相,亦无有始"为证。但是如果说无明无始终,为什么在佛果位,断尽无明,方成佛果呢?——清泰这样诘问,而知礼的回答是:"若觉悟时,达妄即真,了无明即是法性。约修门说,义当断妄,虽

---

① 《大正藏》册三八,第42页。

曰断妄,妄体本真,妄所何断,故曰无明亦无有终。"意思是说,觉悟并非断尽无明方为觉悟,而是达妄即真便是觉悟,即便对于修门说,佛果位本当是断妄,但由于妄体本真,因此所谓断妄,就有如智𫖮所说的佛只断修恶,不断性善,故无明无终。

知礼的无明无始终的思想是以《佛性论》的"单真不生,独妄难成,真妄和合,方有所为"及《起信论》的真如有不变、随缘二义为根据的。既然真如佛性本来就是一个真妄和合体,故就其体言,既非真,又非妄,虽成佛不断无明,故无明无终;以染业引妄成迷入凡位,凡位众生乃本迷所致,故无明无始。知礼与清泰虽九问十答,往复论难,其主要观点大体如是。

二　贪欲即道与三谛圆融

如果说,上面所述的天台性具思想多少有点真妄二元色彩,那么,在贪欲即道的思想中,真与妄又被统一起来了,妄者真之妄,真者妄之真,即妄而真,即真即妄,二者圆融相即,从而使天台的思想又趋于一元论。

在天台宗的创始人智𫖮的著作中,有这样几句口头禅:"低头举手,皆成佛道","一色一香,无非中道"。意思是说,一切诸法,皆是佛法,佛如,众生如,一如无二如,都是中道实相之体现。因为这是天台宗佛性学说中的一个重要思想,故智𫖮颠来倒去,反复强调。例如,在《法华玄义》中,智𫖮说:

　　　低头举手,积土弄砂,皆成佛道。虽说种种法,其实为一乘。诸行皆妙,无粗可待,待即绝矣。①

---

① 《大正藏》册三三,第 716 页。

> 一切阴、入即是菩提，离是无菩提；一色一香，无非中道，离是
> 无别中道；眼耳鼻舌皆是寂静门，离此无别寂静门。①
>
> 一切诸法中悉有安乐性，即绝待明实是经体。②

在《摩诃止观》中，智颉把法性比作大地，大地得雨能生苗芽、毒药，法性亦然，遇行道雨，善恶业芽一并生起：

> 《华严》云：佛子，心性是一，云何能生种种诸业？答云：譬如大
> 地一，能生种种芽，地若得雨，毒药众芽一时沸发，今法性地得行道
> 雨，善恶业芽一念竞起。业名法界诸法之都，故称不思议境。③

这几段话主要从一切诸法都是中道实相之体现，都有安乐性，都有佛法的角度谈。当然，如果仅仅是这些，天台佛性思想就没有多少自家的特色。天台佛性思想的主要特色之一乃在于"三毒即是道""地狱界有佛性""百界千如是佛境界"等极端主张中。在《摩诃止观》中，智颉曰：

> 若蔽碍法性，法性应破坏。若法性碍蔽，蔽应不得起，当知蔽
> 即法性，蔽起即法性起，蔽息即法性息。《无行经》云，贪欲即是道，
> 恚，痴亦如是。如是三法中，具一切佛法。若人离贪欲，而更求菩
> 提，譬如天与地，贪欲即菩提，《净名》云，行于非道，通达佛道。④

所谓蔽，亦即恶行染法，意谓蔽与法性并非两件物事，而是一而二，

---

① 《大正藏》册三三，第 688 页。
② 同上书，第 781 页。
③ 《大正藏》册四六，第 114 页。
④ 同上书，第 18 页。

二而一的东西。此一而二,二而一,亦非离而为二,合而为一,而是相即互融,一物之两面。不可离法性以说蔽,亦不可离蔽说法性,法性即蔽,蔽即法性。贪欲菩提亦复如是,不可离贪欲而求菩提,也不可离菩提说贪欲。

在佛教学说中,恶行恶法之极甚者,莫过于"三毒""五逆",但在智颛的思想中,五逆即菩提,三毒即是道。例如,在《摩诃止观》等著作中,智颛说:

> 观业重者,无出五逆。五逆即是菩提,菩提五逆无二相……一切业缘皆住实际,不来不去非因非果,是为观业即是法界印。法界印四魔所不能坏,魔不得便,何以故?魔即法界印。①
> 贪爱、魔怨是佛母。②
> 魔界如即是佛界如,魔界如,佛界如,一如无二如。③

何谓贪爱即是道,魔怨是佛母?智颛自有一种解释,曰:譬如对敌寇言,寇即是功勋之本,破寇故能得大功名,大富贵,若无敌寇,也就无从建立功勋。"无量贪欲是如来种亦复如是,能令菩萨出生无量百千法门,多薪火猛,粪堆生华,贪欲是道,此之谓也。若断贪欲住贪欲空,何由生出一切法门。"④实际上,这种解说是约修门的,并非贪欲即是道、魔界如佛界如一如无二如之本意。因为贪欲即是道,五逆即菩提,是指二者相融互即,更无二相。而所谓破寇立功中的敌寇与功勋,粪堆生草中的粪堆与青草,明显是两件物事,二者之间只是一种原因与结果的关

---

① 《大正藏》册四六,第 11—12 页。
② 《观心论》,《大正藏》册四六,第 587 页。
③ 《释摩诃般若波罗蜜多经觉意三昧》,《大正藏》册四六,第 626 页。
④ 《摩诃止观》卷四下,《大正藏》册四六,第 47 页。

系,而不是相融互即的关系,这显然非天台圆教之本意。

天台之谈贪欲即道,究其初衷,大体有二:一是方便说,随机摄化;二是三谛圆融,即妄而真。

在《摩诃止观》中,智颛曾这样说及他为什么要倡贪欲即道:

> 佛教贪欲即是道者,佛见机宜知一切众生底下薄福,决不能于善中修道,若任其罪流转无已,令于贪欲修习止观,极不得止,故作此说……若有众生不宜于恶修止观者,佛说诸善名之为道,佛具二说。

就是说,说贪欲即道也罢、善法即道也罢,都是一回事,都是佛说,都是无可非议的。只因众生根机不同,对钝根者,对底下薄福者,佛说贪欲即道,令此类众生于恶中修道;对利根者,对那些不宜于恶中修道者,佛即不作贪欲即道说,而说诸善为道。在智颛的学说中,不仅贪欲与道,而且生死与涅槃、烦恼与菩提等等,都是相融互即的,上至王公贵族,下至平民百姓,不管是安分守己的善人,还是为非作歹的恶徒,佛国的大门都为他们敞开着。对作恶者,语之“贪欲即道”,“虽行众蔽而得成圣”,“以恶中有道故”。[1] 对于王公贵族、贪官污吏,则曰:“带妻挟子,官方俗务皆能得道。”[2]总之,一切善法恶行,均可通达佛道,甚至即是佛道。

自然,天台之“贪欲即道”亦不纯粹是方便说,而是智颛圆教理论的一个组成部分,是实相说与圆融三谛思想的必然产物。

在智颛的佛教学说中,所谓实相即中道、如来、虚空、佛性。它非枯

---

[1]　《摩诃止观》卷二下,《大正藏》册四六,第 17 页。
[2]　同上。

非荣，非净非不净，即空即假即中。① 智颉认为，善顺实相者即是道，背实相者即是非道。当然，这是二边说。若按圆教，即行于非道，通达佛道。何以故？"诸恶、非恶皆是实相"②故，空、假亦即是中故。

在《摩诃止观》等著作中，智颉指出，菩萨与二乘不同，二乘虽高出凡夫能见空，但只见空不见不空，菩萨不仅见空，而且见不空：

> 菩萨从假入空，自破缚茧，不同凡夫；从空入假，他破缚茧，不同二乘。③

> 昔者慧眼但见于空，不见不空，今开慧眼即见不空，不空即见佛性。④

实际上，是只见空还是能于见空之上更见不空，这不仅是菩萨区别于二乘的地方，也是涅槃佛性学区别于般若学的地方。智颉是佛性妙有的积极提倡者，当然视妙有说比真空说高出一筹。他认为，仅仅见空，则无常乐我净，因此，必须于空上更见不空："智者见空及与不空。"⑤所谓能见空与不空，也就是既能从假入空，又能从空入假。当然，智颉的思想并没有就此止步。在肯定了菩萨从空入假高出二乘之只见空，不见不空之后，智颉进一步指出："空假调直未得为王，所以二乘入空、菩萨出假，不名法王。"⑥智颉佛教思想的特点也正在这里，即在倡从假入空、从空入假的基础上，更以非空非假、即空即假之中道为至上，这就是智颉即空即假即中的三谛圆融思想。

---

① 详见《法华玄义》卷四上，《大正藏》册三三，第 17 页。
② 详见《摩诃止观》卷二下，《大正藏》册四六，第 17 页。
③ 《大正藏》册四六，第 75 页。
④ 《法华玄义》卷二下，《大正藏》册三三，第 700 页。
⑤ 《摩诃止观》卷六上，《大正藏》册四六，第 75 页。
⑥ 《法华玄义》卷四上，《大正藏》册三三，第 724 页。

在《法华玄义》卷八上，智颛指出：

> 何等是实相？谓菩萨入于一相，知无量相；知无量相，又入一相；二乘但入一相，不知无量相；别教虽入一相，又入无量相，不能更入一相；利根菩萨即空故入一相，即假故知无量相，即中故更入一相，如此菩萨深求智度大海，一心即三，是真实相体也。①

所谓一相，即是空；无量相，即是假；更入之一相，即是中。意思是说，二乘但知空，不知假；别教既知空，又知假，但不能由空假更入中；圆教则既知空假，更由空假而入中。即空即假即中，一心即三，此才是真实相体也。

所谓别教、圆教，这是智颛判教学说中所列之化法四教中的第三、第四两教。智颛在《四教义》中，把佛教按内容分为四类，即"藏、通、别、圆"。一是"藏"，即三藏教，此教主要是"明因缘生灭四谛理"②，属小乘；二是"通"，"三乘同禀，故名通，此教明因缘即空、无生四真谛理"③，主要指般若；三是"别"，"别前二教，别后圆教，故名为别"④，此教"正明正缘假名无量四谛理"⑤，指《法华》圆理外之大乘教义；四是"圆"，"此教明不思议因缘，二谛中道，事理具足不别，但化最上利根之人，故名圆教也"⑥。这就是天台所明之圆融理论。

智颛认为，这四教之佛性思想是各不相同的。以烦恼与菩提，空与假与中的相互关系言，三藏教所明生灭四谛理，主张烦恼中无菩提，菩

---

① 《法华玄义》卷四上，《大正藏》册三三，第 731 页。
② 《四教义》卷二。
③ 同上。
④ 《天台八教大意》，《大正藏》册四六，第 769 页。
⑤ 《四教义》卷二。
⑥ 同上。

提中无烦恼、烦恼与菩提是互不相容的。通教所说之无生四谛理,即倡法性不异苦集,只是迷苦集失法性罢了,这有如冰之与水,水结而为冰,冰非别水也。理会了苦集无苦集,即会法性;烦恼与菩提亦复如是,认识到诸法因缘性空,即烦恼是菩提也。别教所明之无量四谛理者,虽亦谈空说假,但它所说之空假与前二教及圆教所说之空假不同。如它虽说空,非只是空,亦说假,故与通教所说之空不同;它虽然也说中道一切种智,但非如圆教所说初发心即具一切种智,故非圆也。最后,所谓圆教所明之无作四谛理者,即是主张法性与一切法无二无别,离凡法更求实相,这有如避此空彼处求空,认为一切凡法即是实法,不须舍凡向圣,所谓烦恼即是菩提,生死即涅槃,一色一香,皆是中道,即空即假即中是也。①

在智颛看来,《法华》所以高居众经之上,天台所以远出各宗之表,关键就在于一"圆"字。所言圆者,智颛认为,"义乃多途,略说有八:一教圆,二理圆,三智圆,四断圆,五行圆,六位圆,七因圆,八果圆"②。此八圆之核心是"理圆"。所谓理圆者,也就是"中道即一切法,理不偏也"③,"当知一念,即空即假即中"④。智颛认为,若空、假、中三者异者则名为颠倒,不异者则名不颠倒;不颠倒故无烦恼,无烦恼故名为净;无烦恼则无业,无业故名为我;无业故无报,无报故名为乐;无报则无生死,无生死则名常。常乐我净四德圆满,名一实谛,一实谛者,即是实相,如是实相者,即空、假、中。⑤ 能明了空、假、中即一而三,即三而一,一空一切空,一假一切假,一中一切中,这就是如来行。⑥

---

① 详见《四教义》卷二、《摩诃止观》卷一。
② 《四教义》卷一,《大正藏》册四六,第 722 页。
③ 同上。
④ 《摩诃止观》卷一。
⑤ 详见《法华玄义》卷八下,《大正藏》册三三,第 781 页。
⑥ 详见《法华玄义》卷四下,《大正藏》册三三,第 725 页。

　　至此,我们可以看到智𫖮"贪欲即是道"的思想根源所在了,因为既然一切诸法皆是实相,一念即空、假、中,那么,烦恼也罢,菩提也罢,生死也罢,涅槃也罢,本来就是相即相融的,"一切恶法世间产业",皆可以"与实相不相违背"①,"一色一香,无非中道"②。

　　"贪欲即道"的思想,自智𫖮之后,成为天台宗佛性思想的重要组成部分。章安灌顶与荆溪湛然都继承并发挥了智𫖮的这一思想。灌顶在其《观心论疏》中大力阐扬智者之圆教一念心即是中道如来宝藏的思想,灌顶说:

　　　　此方等后说般若教也。次般若后说法华圆教。经云"正直舍方便但说无上道",即是说今圆教观。观一念心,即是中道如来宝藏,常乐我净佛之知见……故知前之三教并是为今圆教妙观之方便。故经叹云"初发心时即坐道场",又云"初发心时已过于牟尼"。③

　　灌顶还引"菩萨未成佛时,烦恼即菩提"之经文,说明"迷心为烦恼生死,悟心即菩提涅槃,是则菩提烦恼更无二法"。④ 他还以冰水为喻,"寒结水为冰,暖即融冰为水",说明"烦恼恶法即是佛种……斯则一切无非佛法,一色一香,无非中道"。⑤

　　湛然在《十不二门》中,也以波、湿无殊为喻,说明染体即净,无明即法性。⑥

① 《摩诃止观》卷二下,《大正藏》册四六,第18页。
② 《法华玄义》卷一上,《大正藏》册三三,第683页。
③ 《观心论疏》卷上。
④ 同上。
⑤ 同上。
⑥ 详见《十不二门·染净不二门》,《大正藏》册四六,第703页。

当然,说"贪欲即是道"是天台宗佛性思想的重要组成部分,并不排除其他佛教宗派及印度佛教经论中有这一思想。实际上,在中土,智颛之前就有许多高僧曾论述过这一思想,在印度佛教经论中也经常出现"贪欲即道"及与此相类的提法,所不同的是,天台宗赋"贪欲即道"以自家"圆"意。

例如,《诸法无行经》就有这样几段文字:

> 贪欲之实性,即是佛法性,佛法之实性,亦是贪欲性,是二法一相,所谓是无相。①

> 贪欲是涅槃,瞋痴亦如是,于此三事中,有无量佛法。若有人分别,贪欲瞋恚痴,是人去佛远,譬如天与地。贪欲与菩提,是一而非二,皆入一法门,平等无有异。②

按照智颛的说法,此之说贪欲即法性,贪欲即涅槃,是从二者是一相即无相,皆入缘起空之平等法门去谈二者之相即,离台家之圆意尚远。《维摩诘经》所说的"三毒四颠倒,六十二见及一切烦恼皆是佛种"③"菩萨行于非道,是为通达佛道"④,思想也与此相近,都是从诸法平等、扫相绝言的角度去谈贪欲与佛性相即,亦无台宗由平等相更入一相的思想。

中土僧人如僧肇、吉藏、慧远等,在他们的注疏论著中,也都从不同角度阐发过"贪欲即道"的思想,例如,在《注维摩诘经》中,僧肇曰:

> 七使九结,恼乱群生,故名为烦恼,烦恼真性即是涅槃,慧力强

---

① 《诸法无行经》卷下,《大正藏》册一五,第759页。
② 同上。
③ 《大正藏》册一四,第54页。
④ 同上。

者观烦恼即是入涅槃，不待断而后入也。①

僧肇之烦恼真性即是涅槃，也是从诸法性空、平等一味的意义上论相即。三论宗创立者吉藏则多从一切诸法是不生不灭、非有非无之中道实相立说，谓贪欲即道，烦恼即涅槃。在《大乘玄论》中，吉藏曰：

> 他家前有烦恼，后起智慧，断彼烦恼，内外大小乘，皆言有烦恼生，而今断灭，即烦恼不灭，今求烦恼，本自不生，今亦无灭。若能如是知，前念为无碍，后念为解脱，故能断惑。外人见烦恼不烦恼二，即同明无明，愚者谓二，今明烦恼不烦恼，本无二相，故能断惑。②
>
> "贪欲则是道"者，然贪欲本来寂灭，自性清净，即是实相，如斯了悟，便名般若……岂非一贪观中具诸佛道。③

隋净影寺慧远对生死烦恼业等为何能为如来种有三解：

> 一、佛性缘起集成众生凡夫不善五阴，此不善阴体，是真心，能为如来藏因种子名如来种，故《涅槃》云，无明等结悉是佛性。性犹种也。
>
> 二、不善众生能厌生死，上求佛道，故名一切恶不善法为如来种。故《地持》云，以有烦恼乐求净法名以有因。因犹种也。
>
> 三、有烦恼者能行非道摄取众生，以此能起通佛道行，名如来种。

---

①　《注维摩诘经》卷二，《大正藏》册三八，第345页。
②　《大乘玄论》卷三。
③　《大乘玄论》卷四。

慧远这是以真妄和合集成众生不善五阴,此不善五阴体有如来藏性,以及众生以有烦恼乐求佛道等意义上谈烦恼为如来种,这与天台所说之"贪欲即是道"相去更远。至于佛教经论中关于清净如来藏为无明烦恼覆盖,自性清净心为垢尘烦恼所染,乃至中土华严宗在净心缘起基础上所说之烦恼即菩提,天台宗人认为这些都是指真即真,非天台之即妄而真。怀则评述这些思想与天台圆意之差别曰:

> 故知诸师言即(如烦恼即菩提)指真即真,非指妄即真,是则合云菩提即菩提,涅槃即涅槃也。既非即阴而示,又无修发之相……又复不了性恶即佛性异名。烦恼心,生死色皆无佛性。烦恼心无佛性,故相宗谓定性二乘,极恶阐提不成佛。生死色无佛性故,彼性宗谓墙壁瓦砾不成佛,须破九界烦恼生死修恶,显佛界性善佛性故。但知果地通融,不了因心本具。若尔非但无情无性,有情亦无。何者? 约真如心说唯心则成遮那有佛性真常色。①

怀则这段话倒是较简单明了地点破了天台圆教在烦恼即菩提问题上与其他三教(特别是别教)之根本区别所在,一者主张性善,一者倡性恶。主性善之谈烦恼即菩提,归根到底是指真即真,菩提即菩提,涅槃即涅槃;倡性恶之谈烦恼即菩提,是即妄而真,即假即中。一个即妄而真,即假即中,既把天台佛性思想与他家佛性思想区分开来,又道出了天台佛性思想之理论根据所在,因为天台宗所说的贪欲即是道,其源盖出于即空即假即中的三谛圆融思想。

三　转迷开悟与定慧双修

天台主性具善恶,倡贪欲即道,据智颛说,这并不等于反对修善,劝

---

① 《天台传佛心印纪》卷一,《大正藏》册四六,第 935 页。

人作恶。在《摩诃止观》中,智颛说了这样一段话:

> 有人"笑持戒修善者谓言非道,纯教诸人遍造众恶,盲无眼者,
> 不别是非,神根又钝,烦恼复重,闻其所说,顺其欲情,皆信伏随从,
> 放十禁戒无非不造,罪积山岳,百姓忍之如草,国王大臣因灭佛
> 法",此犹"公卿子孙效阮籍蓬头散带,邻女之效西施之颦呻"。①

从这段话看,智颛似既主性恶,又倡修善。

实际上,如果仅就理论上说,性恶说甚至较性善说更能得出必须修
道的结论。这有如荀子的倡人性本恶说是为了强调以"礼义法度"来
"化性起伪"一样。智颛虽然并非为倡修道而提出性恶说,但从智颛的
大量论疏撰著看,智颛是注重修道的,并且其修道方法颇具特点,在天
台宗的整个思想中占有极其重要的地位。

智颛认为,凡夫与佛,就性具上说,平等无二,凡夫不断性善,诸佛
也不断恶;但约修造言,则差别很大。佛尽善,凡夫浸于恶。凡夫浸于
恶,是修恶满足故;诸佛尽善,是断尽修恶,修善满足故。在《摩诃止观》
中,智颛曰:

> 如来身者金刚之体,众恶已断,众善普会,三德究竟过荼无字
> 可说,是名乘是宝乘直至道场,到萨婆若中住。②

在《法华玄义》中,智颛又以悟说佛。曰:

---

① 《摩诃止观》卷二下,《大正藏》册四六,第 19 页。
② 《摩诃止观》卷九下,《大正藏》册四六,第 129 页。

朗然大悟,觉知世间出世间一切诸法,名之为佛。①

既然众善普会与悟一切法均名为佛,那么,如何修善,如何悟法？智顗以为必须"治无明糠,显法性米"②,使"无明转变为明"③。

无明与明,在智顗的学说中,本来也是不一不异、相即互融的东西。智顗认为,无明与明,这有如恶与善相互关系一样,"恶性相即是善性相,由恶有善,离恶无善"④,二者是一而二、二而一的。但这只是就性上说,就理上说,如果诉诸修,诉诸事,那么具性善非即具修善,理具非即是事具。这有如竹中有火性,未即是火事,故有竹而不烧,如果遇缘,则事成而能烧物。因此,智顗说:"恶即善性未即善事,遇缘成事即能翻恶","翻于诸恶,即善资成"。⑤

善事是翻恶而成,明性也是解无明而得,因此,智顗主张不可离无明修明性:"若断无明,一切善法则无生处……佛道何得成……岂可断无明性更修明性。"⑥这有如"蔽若无起不得修观,……蔽即恶鱼,观即钓饵,若无鱼者钓饵无用,但使有鱼多大惟佳,皆以钓饵随之不舍,此蔽不久堪任乘御"⑦。也就是说无恶鱼则钓饵派不上用场,无诸蔽则观慧无从起修。

当然,上面所说的修行即是转无明为明,不可离无明修明性,是约修行之结果及修行的根据说,并非指修行本身,更没有回答如何修行的问题。因此,这些思想只可视作智顗在进入修行理论前所作的铺垫,至

---

① 《法华玄义》卷七,《大正藏》册三三,第766页。
② 《摩诃止观》卷七下,《大正藏》册四六,第100页。
③ 《摩诃止观》卷六下,《大正藏》册四六,第82页。
④ 《法华玄义》卷五下,《大正藏》册三三,第743页。
⑤ 同上书,第744页。
⑥ 《摩诃止观》卷四下,《大正藏》册四六,第47页。
⑦ 《摩诃止观》卷二下,《大正藏》册四六,第17页。

于天台宗修行理论之核心，则主要体现在智颛所提倡的止观并重、定慧双修的修行方法上。

　　智颛认为，众生法太广，佛法太高，因此，初学佛者往往感到佛法太难。但是正如《华严经》所说，"心佛及众生，是三无差别"，"学佛者但自观心则为易，能观心者，则为上定，上定者，即是佛性"①。智颛在这里以观心为学佛之要领，又以观释定、以定释佛性，真是别具一格，另开生面。

　　本来，定是禅定之谓，又称止，意谓止息散心，专注一境；所谓慧，亦称观，即是观想智慧之义。这是佛教的两种修行方法。佛教传入中土后，在修行方法上曾出现过南义北禅的局面，即南方重观重智慧，北方重止重禅定。据《弘明集》及《高僧传》记载，南北朝时，南方佛教宏重义门。时僧多以"申述经诰，畅说义理"②为高尚，"自晋宋相承，凡议论者，多高谈大语，竞相夸罩"③，"至于禅法，盖蔑如也"④。与此相反，北朝佛教多注重坐禅，反对讲经，注重实修，反对空谈。⑤ 据说，这一局面自慧思南渡，倡定慧双开后才逐渐有所改变。

　　盖慧思之学，以禅为主，但在主"一切皆从禅生"基础上，又倡以定发慧，定慧双举。在《诸法无净三昧法门》等著作中，慧思曰："禅智方便般若母，巧慧方便以为父，禅智般若无著慧，和合共生如来子。"⑥以禅定智慧为共生如来之父母。这一定慧双举的思想初步融通了南北之学，使南义北禅日趋融会合流。但是，真正完成统一南义北禅大业的是天台的智者大师。

---

① 详见《法华玄义》卷二上。
② 《弘明集》卷十二。
③ 《大正藏》册五〇，第462页。
④ 《唐高僧传》卷二一。
⑤ 详见《洛阳伽蓝记》卷二。
⑥ 《诸地无净三昧法门》卷上。

慧思是智𫖮的老师,智𫖮的佛学思想自然不会没有其老师的影子在,但是,就智𫖮的止观学言,却多"本于观心",是"天台智者说己心中所行之法门"。这一点,只要深入地剖析一下智𫖮的止观学说本身便可了然。

首先,智𫖮继承了慧思定慧双开的思想,把止观作为转迷开悟、治无明糠显法性米的最重要方法。在《修习止观坐禅法要》中,智𫖮曰:

> 若夫泥洹之法,入乃多途。论其急要,不出止观二法。所以然者,止乃伏结之初门,观是断惑之正要;止则爱养心识之善资,观则策发神解之妙术;止是禅定之胜因,观是智慧之由借。若人成就定慧二法,斯乃自利利人法皆具足。①

就是说,佛教的涅槃之法,虽然路有多条,但最急要的是止观二法,如果能成就止观二法则可自利利他作菩萨成佛了。

其次,智𫖮认为止观二法犹如车之两轮、鸟之双翼,不可有所偏废,而应该止观并重,定慧双开。在《小止观》中,智𫖮曰:

> 若偏修禅定福德,不学智慧,名之曰愚;偏学智慧,不修禅定福德,名之曰狂。

智𫖮说,声闻之人就是定力多而无智慧,故不见佛性。因为,定力即是福田功德,福田功德只是有为,只是有为则不可见佛性。② 反之,别教菩萨则是慧多定少,慧多定少亦不可见佛性。③ 何以故? 智𫖮以风中

---

① 《大正藏》册四六,第 462 页。
② 详见《法华玄义》卷五下,《大正藏》册三三,第 741—742 页。
③ 详见《摩诃止观》卷三上,《大正藏》册四六,第 24 页。

之灯喻之,曰智慧分明,而定心微少,心则散动,故如风中之灯照不了物。在《观音玄义》等著作中,智顗又说,若有定而无慧,此定名痴定。这有如盲儿骑瞎马,必坠坑落堑无疑。并说,正确的方法,应该是"福慧相资,二轮平等"[1],"闻慧兼修,义观双举"[2]。如果念念不住,如汗马奔驰,即应用止以治驰荡;反之,如果昏昏欲睡,静默无记,则应修观以破昏塞。修止既久,不能开发,易之以观;修观既久,暗障不除,换之以止。止观定慧,犹如饮食丸散,相资为用,两端并举,则可见佛性成佛道。

　　智顗止观并重、定慧双修的思想,无疑是统合南义北禅的结果。就修行方法言,智顗止观双修思想是中国佛教史上的一个重要转折,而促成这一重要转折的根本原因,与其归结于天台智者,毋宁归结于智顗所处的时代。而就主观因素说,智顗的深达义理、"辨类悬河"固然是其中的一个重要原因,但更重要的还在于智顗是一个"识时务者"。正是由于他顺应南北统一的时代潮流,才有可能把北方禅学与南朝般若学结合起来,冶止观定慧于一炉,创立一种统一的修行方法。如果说,南北朝时期的修行学说所以会南北迥异其趣,主要是由当时南北社会之经济、政治形势不同造成的,那么,天台的止观并重的学说则是南北统一的经济、政治形势的产物。实际上,不仅修行方法是这样,智顗所以能创立第一个统一的佛教宗派,最根本的原因也是当时出现了一个统一的隋王朝。这有如恩格斯所说的:"没有统一的君主就决不会出现统一的神,至于神的统一性不过是统一的东方专制君主的反映。"[3]

　　最后,智顗的止观学说所以能在宗派林立的中国佛教中独树一帜,还由于智顗赋止观以特定的含义与内容。

　　智顗对止观学说的建设用力至勤,他不囿于以定慧释止观的传统

---

①　《大正藏》册三四,第 881 页。
②　《法华玄义》卷一上,《大正藏》册三三,第 686 页。
③　马克思、恩格斯:《马克思恩格斯全集》第二十七卷,人民出版社,1972 年,第 65 页。

看法,把止观学说与天台三谛圆融等理论结合起来,建立了独具特点的天台止观学说。

在智顗著作中,止观一词含义很广,有云"法性寂然名止,寂而常照名观"①,有云"发菩提即是观,邪僻心息即是止"②,还有以"还源反本法界俱寂"释"止",以"观察无明之心,上等于法性,本来皆空"释"观"③,等等。这些解释基本上还是以性寂心息释止,般若观照解"观",与传统观点似还未有多大差别。真正把智顗的止观学说与传统止观理论区别开来的,是他的三止三观说。

所谓三止,智顗说:"止有三种:一、体真止,二、方便随缘止,三、息二边分别止。"④他进一步释释这三止曰:

> 一、体真止者,诸法从缘生,因缘空无主,息心达本源,故号为沙门。知因缘假合幻化性虚故名为体,攀缘妄想得空即息,空即是真,故言体真止。
>
> 二、方便随缘止……知空非空故言方便,分别药病故言随缘,心安俗谛故名为止。
>
> 三、息二边分别止,生死流动涅槃保证,皆是偏行偏用不会中道,今知俗非俗俗也寂然,亦不得非俗空也寂然,名息二边分别止。

明眼者一望可知,此三止谈的是空、假、中三谛。体真止者,体空达本之谓;随缘止者,随假安俗之意;息二边分别止者,也就是息二边见,显非真非俗之中道的意思。此三止之名,智顗自己说,"未见经论",是

---

① 《摩诃止观》卷一。
② 同上。
③ 《摩诃止观》卷五。
④ 《摩诃止观》卷三。

他"映望三观随义立名"①。因此，这三止说纯属智颛的创造。智颛佛教学说的独创性及"六经注我"的精神，是一个重要表现。

所谓三观，亦即空观、假观、中道第一义谛观。空观者，由假入空，观诸法性空；假观者，由空入假，观诸法之假有；中道观者，空假双非，真俗双取，入非假非空，亦真亦俗之中道观。中、假、空三观说，是智颛的一个创造，智颛说：

> 如此解释，本于观心，实非读经安置次此。为避人嫌疑，为增长信，幸与修多罗合，故引为证耳。②

意思是说，如此解释三观，本于观心，并非来自读经，虽然在论述过程中，引用不少经文，但那只是为了避嫌及增信，又正好这些经文与他所说的相契合，故引以为证。这些说法与实际是相符合的，智颛的三止三观说，虽不无其先行者的思想影响及经典根据在，但更多的是天台智者在"说己心中所行之法门"。

止观学说在天台宗的思想中占有极其重要的地位。元照在《〈修习止观坐禅法要〉序》中曾这样谈到止观与天台学说的关系：

> 若夫穷万法之源底，考诸佛之修证，莫若止观。天台大师灵山亲承，承止观也；大苏妙悟，悟止观也；三昧所修，修止观也；纵辩二说，说止观也；故曰说己心中所行法门，则知台教宗部虽繁，要归不出止观，舍止观不足以明天台道，不足以议天台教。③

---

① 《摩诃止观》卷三。
② 同上。
③ 《大正藏》册四六，第462页。

按元照的说法,止观简直成了天台教的代名词了。这种说法虽然多少有点夸大其词,但也有一定的根据,因为天台大师的止观学说已不仅仅是一种修行方法,而是通过三止三观与天台的整个圆融理论贯通起来了。例如智顗所说之中观,亦即是"即空、即假、即中"[①],而且三止三观最后又归诸一念心:"三止三观在一念心……为破次第三止三观名三观一心。"[②]这样,止观学说又与一心三观、一念三千、圆融三谛等理论统一起来了。以此看,说天台教"要归不出止观",自然也不无道理。

当然,作为一种佛教学说,天台宗的圆融理论最终还是以成佛为目标的。至此,止观学说的落点,仍在反照心源、体证中道。如果说,天台的性具善恶说是中道本体自己跟自己对立起来,于是有真妄、善恶、染净之分;那么,作为整个学说的归宿,中道本体又通过止观自己跟自己结合起来,而此一通过修习止观又重返自身的中道本体,已经不是本来那个真妄无别、善恶互具的中道佛性,而是断尽修恶(但仍不断性恶)、众善(指善事非仅指善性)普会、暗障皆除、大彻大悟之如来性佛了——简言之,这就是天台宗佛性思想之梗概。

第二节　性起说与华严宗

与天台倡性具不同,华严宗主性起。

"性起"一词语出晋译《华严经》"宝王如来性起品",唐译《华严经》易名为"如来出现品"。

华严宗创始人法藏在《华严经探玄记》中对"如来性起"有二说:一曰由自性住来至得果,故名如来;以不改为性,显用称起,即如来性起。

---

① 《摩诃止观》卷九。
② 同上。

二以真理名如名性,显用名起名来,即以如来为性起。前者以如来出现为性起,后者直以如来为性起。唐译《华严经》以如来出现释性起,故易"如来性起品"为"如来出现品"。

性起思想,是华严宗佛性学说的核心所在,从性起出发,华严宗佛性思想层层展开。诸如:众生本性是什么? 众生与佛关系如何? 是否一切众生悉有佛性? 如果悉有,为何有些经论及佛教宗派于五种性中说有无性? 究竟是有性说为佛说,抑无性说为佛说? 或者说,何者是方便说,何者是究竟义? 有性说与无性说之间的相互关系怎样? 佛性是因,是果? 本有,始有? 举凡中国佛性学说中出现过的问题,华严宗几乎都在性起说的基础上一一给予回答。当然,在回答这些问题之前,华严宗首先得解决性起说与华严宗的世界观的关系,亦即如来性起与法界缘起的相互关系问题。

一　如来性起与法界缘起

如来性起,简单地说,就是称性而起。就生佛关系言,指一切众生无不具足如来智慧,只要称性而起,便可作佛;就佛性与万法的关系说,指一切诸法都是佛性的体现,离佛性之外,更无一法。智俨在《华严五十要问答》中说:

> 佛性者,是一切凡圣因,一切凡圣皆从佛性而得生长。①
> 如来藏"是一切诸佛、菩萨、声闻、缘觉,乃至六道众生等体"。②

就是说,如来藏、佛性,是四圣六凡、一切众生之因之体。智俨以池

---

① 《华严五十要问答》卷下。
② 同上。

河瓦泥作比喻说,佛性有如一无上大池,各条河流都是从池中流出的,河虽各有差别,水体全然无异;佛性又有如泥土,一切瓦片均为泥作,瓦片形状可有千差万别,然泥土之体无殊。不仅有情众生是佛性之体现,而且十方理事、世间尘土,也是佛性之显现。在《华严经义海百门》中,法藏说:

> 辨依正者,谓尘毛刹海,是依,佛身智慧光明,是正。今此尘是佛智所观,举体全是佛智,是故光明中见微尘佛刹。
>
> 鉴微细者,谓此尘及十方一切理事等,莫不皆是佛智所现。

法藏此说比智俨更进一步,意谓非但一切有情众生,甚至连微尘等无情物,也是佛智之显现。

但是,倡一切众生、诸事万法是佛性的体现,这种观点非华严一宗之独唱,许多大乘经论都有这种思想,中土佛教自竺道生之后,许多佛教思想家都如是说。华严宗佛性思想的特点在于,认此一生起众生万物之佛性是本明纯净、毫无染污的。例如,法藏在《华严一乘教义分齐章》中曰:

> 《涅槃经》云:"佛性者,名第一义空,名为智慧。"此等并就本觉性智,说为性种。[1]

在《修华严奥旨妄尽还源观》中,法藏也说佛性是一自性清净圆明体:

---

[1]　《华严一乘教义分齐章》卷二。

　　显一体者,谓自性清净圆明体。然此即是如来藏中法性之体,从本已来,性自满足,处染不垢,修治不净,故云自性清净。性体遍照,无幽不烛,故曰圆明。

智俨在《华严经旨归》中也说:

　　如来藏佛性体,惟是普法,惟是真法,于中无有邪魔得入其中,是故不问邪人正人,俱得真正。①

　　在华严宗人的著述中,佛性的含义与天台宗所说迥然有异。天台宗以性恶之极唱,使自宗佛性思想于各宗之外独树一帜;华严宗则主佛性为纯善,惟是净法,是清净至善之圆明体、本觉智。

　　纯净至善之本觉智,何以会产生迷妄杂染之众生乃至地狱、畜生等四恶法? 这是性善说所不能回避的问题。对此,华严宗是这样回答的:

　　谓六道凡夫,三乘贤圣,根本悉是灵明清净一法界心。性觉宝光,各各圆满,本不名诸佛,亦不名众生。但以此心灵妙自在,不守自性,故随迷悟之缘,造业受报,遂名众生;修道证真,遂名诸佛。又虽随缘而不失自性,故常非虚妄,常无变异,不可破坏,惟是一心,遂名真如。故此一心,常具真如生灭二门,未曾暂阙。②

　　一望可知,这是以《大乘起信论》之心具真如、生灭二门义,释不变之灵妙真心随缘而起生灭变化。在同一著作中,宗密还以阿赖耶识具

---

　　① 《华严经旨归》卷下。
　　② 详见《禅源诸诠集都序》卷四。

觉、不觉二义,解释本觉真心如何生起四圣六凡。

宗密说,本觉真心虽为一切有情众生之根本,但由于未遇善知识开示教诲,故不觉而起念。念起之后,遂见有相,以有见相故,根身世界则妄现。不知此等根身世界如梦境,反而执为定有,则成法执。既有法执,便见自他之殊,遂有我执。有法我之执,故有贪欲瞋痴种种计较,由此造善恶等业。业成难逃,故有六道轮回之苦、种种恶法之相。① 这可说是华严宗对本觉真心生起杂染众生及四种恶法之最系统的解释,其根据仍是《大乘起信论》之真妄和合之阿赖耶识有觉、不觉二义。

宗密虽被尊为华严宗人,但至少可被视为华严、禅宗并兼人物。其思想多具糅合性质,尤其夹杂了大量禅学南宗荷泽一系的思想。他也是站在佛教立场上首先提倡三教合一的重要思想家之一。宗密的思想特点决定了他更推重具糅合性质的《大乘起信论》。但是,在宗密之前的几位华严祖师的著作,虽然对《大乘起信论》也甚表推崇,但在经典根据方面,却明言以《华严经》为宗本,屡屡说及《华严》是主,众经是伴。尽管从学说的内容看,华严宗的思想与《华严经》不是完全一致的,但其佛性学说多受《华严经》的净心缘起观的影响,是毋庸置疑的。因此,在谈过宗密的性起说后,有必要回过头来看看另外几位华严大师是如何谈如来性起的。

《华严经》的净心缘起观,是把一切诸法视为法身佛的呈现,清净法身充满全世界。众生当然也不例外,一切众生只是清净佛智的体现,无一众生不具如来智慧。《华严经·如来出现品》曰:

如来智慧,无处不至。无一众生,而不具如来智慧。但以妄想

---

① 详见《禅源诸诠集都序》卷四。

颠倒执著,而不证得。若离妄想,一切智、自然智、无碍智则得现前。①

　　也就是说,众生所以既具足如来智慧,又现杂染之身,受轮回之苦,主要是由于迷妄执著,如果能离迷妄颠倒想,悟见自身中之如来智慧,则与佛无异。华严宗人从这种思想出发,把依妄与离妄作为生佛凡圣的分野所在。法藏曰:

　　　　若依妄念而有差别,若离妄念,惟一真如,故言海印三昧也。②

　　就是说,真如本觉,犹如大海,妄念差别,犹如风浪,因风而有波浪翻滚,若风止息,海水则澄清平净。众生亦然,因妄而有种种差别,若妄尽心澄,则惟一真如本觉也。此一依妄与离妄思想,四祖澄观则多以迷悟说之,在《大华严经略策》中,澄观曰:

　　　　夫真源莫二,妙旨常均,特由迷悟不同,遂有众生及佛。迷真起妄,假号众生;体妄即真,故称为佛。迷则全迷真理,离真无迷;悟则妄本是真,非是新有。迷因无明横起,似执东为西;悟称真理而生,如东本不易。就相假称生佛,约体故得相收。不见此源,迷由未醒;了斯玄妙,成佛须臾。

　　这段话大意是说,众生与佛,原本无二,只是由于迷悟不同,故有众生与佛之区别。迷真而起妄,故假号众生;若能体妄即真,众生即是佛。

---

　　① 《大正藏》册一〇,第271页。
　　② 《修华严奥旨妄尽还源观》。

这一说法与禅宗的"迷凡悟圣""迷即众生,悟即是佛"思想,简直毫无二致。也可以说,这是澄观糅合禅宗思想的一个表现。澄观其人学问广博,早年曾向禅宗各派问过学,如牛头一系的慧忠、道钦,荷泽一系的无名禅师,北宗神秀一系的慧云等,澄观都参访请教过。加之他所处的时代正是南岳怀让、青原行思、荷泽神会等禅法隆盛时期,故澄观思想受禅宗影响颇大。这种影响除了上面语及的迷凡悟圣说外,还表现在他把法藏学说中已出现的"三界唯心"的倾向又向前推进了一步。法藏的佛性思想虽然主要以一真法界缘起为根据,但当他以十玄等理论去阐发性起思想时,除了以"法性融通故"①去讲圆融无碍外,还以"各唯心现故"②去解释万事万物之相入相即;其在《一乘教义分齐章》中所讲的十玄门之第九门也以"唯心回转善成门"为名,明言"悉是此心自在作用,更无余物"③,"明一切法皆唯心观,无别自体,是故大小随心回转,即入无碍"④。澄观对《大乘起信论》一心二门说甚表推崇,加之受禅宗即心即佛思想的影响,因而在法藏唯心说基础上,更倡一心法界无尽缘起说,以发扬华严性起思想,把世界万有归诸一心,曰"总统万有,即是一心"⑤,并且用"灵知之心"来解释《起信论》的"本觉",等等。

　　澄观佛性思想中尤其值得一提的,是他站在性起立场上,糅合天台的性恶说,从而改动了华严宗性起说的本来含义。本来,法藏性起说是称性而起,所称之性尽管名目繁多——或曰佛智,或曰佛性,或曰如来藏自性清净心——但都是纯净至善、毫无染污的。澄观在其《华严经疏》中说心是一个总相,由清净缘起讲"悟之成佛",反之由杂染缘起讲"迷作众生"。缘起虽有染净,而所缘之体无殊。这就说明性起非但是

----

① 《结严经探玄记》卷一。
② 同上。
③ 《华严一乘教义分齐章》卷四。
④ 《华严经旨归》。
⑤ 《注华严法界观门》。

净,而且有染了。在卷二十一中,澄观还以生佛之体皆无尽说如来不断性恶,阐提不断性善。曰:

> 无尽即是无别之相。应云"心佛与众生,体性皆无尽"。以妄体本真,故亦无尽。是以如来不断性恶,亦犹阐提不断性善。

在《随疏演义钞》卷一,澄观还说:

> 若论交彻,亦合言即圣心而见凡心,如湿中见波。故如来不断性恶,又佛心中有众生等。

这两段论述,不但思想与天台相近,而且语言亦类似。这无疑是吸收融会了天台性恶思想的结果。

澄观思想的糅合性质,他自己在《随疏演义钞》卷二中自认不讳,曰:

> 造解成观,即事即行。口谈其言,心诣其理。用以心传心之旨,开示诸佛所证之门。会南北二宗之禅门,摄台衡三观之玄趣。使教合亡言之旨,心同诸佛之心。

从这段话看,澄观不仅有意吸收糅合天台、禅宗的思想,而且在明确地提倡融合禅教。这思想对五祖宗密很有影响。宗密的禅教一致论在一定意义上说是澄观融会禅教思想的继续与发展。当然,宗密在提倡思想合流方面比澄观走得更远。澄观露个融会禅教的苗头,宗密则公开提倡儒释道三教合一了。

如同华严宗教义是一个融合诸经论、诸宗派思想而成的佛教学说一样,华严宗的性起思想也多具融合性质。就经典根据言,从首倡清净妙有说的《华严经》,到如来藏学的《如来藏经》,直至糅合瑜伽唯识学与如来藏佛性说的《大乘起信说》,都被华严宗人用来作为创宗立说的根据。就思想内容说,华严宗一开始以佛性清净、称性而起为本宗佛性思想之标识,但越往后,就越具唯心倾向,越讲迷凡悟圣,甚至把与本宗对立的天台性恶说也纳入性起说的轨道,这虽然丰富了性起说内容,却改变了性起说的原有特性。至于宗密以《起信论》一心二门,真如之不变、随缘二义,以及阿赖耶识有觉与不觉,来释生佛凡圣之相互关系,其中究竟有多少思想属华严,多少思想来自禅宗,实际上已经很难严格划分了。中国佛性思想自隋唐之后便日趋合流,这是其中又一个重要表现。

当然,指出华严宗性起思想上衍变过程及发展趋势,并不否认性起思想有其自身的世界观根据。这种根据大而言之,是佛教的缘起理论;进而言之,则是华严宗自家的法界缘起说。

所谓缘起,意谓一切事物均待缘而起,依一定的条件而生起变化。"此有故彼有,此生故彼生。"①不仅世间诸法如此,一切出世间法亦依赖于对缘起的认识。这是佛教各种经论及各个宗派世界观及宗教学说的理论基石。华严宗自然也不例外,其性起思想所说的称性而起,实际上就是指清净佛智、本觉真心待缘而现起四圣六凡诸界,离妄念则悟,而悉皆是佛。但这主要是以生佛的相互关系谈缘起。如果把这种性起说的缘起观与华严宗的世界观以及华严宗的整个学说体系联系起来,那么,华严宗的性起说在整个华严宗的学说体系中究竟处于什么位置?或者有限制地说,性起说的缘起观与整个华严宗的缘起观究竟是什么关系呢?

华严宗人曾结合判教把缘起分为四类:一是小乘业感缘起,二是大

---

① 《杂阿含经》卷一〇。

乘始教的阿赖耶识缘起,三是大乘终教的如来藏缘起,四是华严圆教所说的法界缘起。就是说,华严宗把自己的缘起观视作最究竟、最圆满的,并目之为法界缘起。

那么,何谓"法界缘起"——当然,首先得弄清楚何谓"法界"? 在佛教经论中,所谓"法界",通常是实相、实际、真如等概念的异名,指一切现象之本原和本质。但是,华严宗所说的"法界",却有其特定的含义。法藏在《华严经义海百门》中说:

> 入法界者,即一小尘缘起,是法;法随智显,用有差别,是界。此法以无性故,则无分齐,融无二相,同于真际,与虚空界等。遍通一切,随处显现,无不明了……若性相不存,则为理法界;不碍事相宛然,是事法界。合理事无碍,二而无二,无二即二,是为法界也。

意思是说,随缘显现的具体事物是法;诸法功用各各殊别,这就是界。从根本上说,一切法是无自性的,它情同虚空、真际,没有性相、形体的差别。就性相不存说,则是"理法界";但从随缘显现的具体事物看,它又事相宛然,这就是"事法界"。而性相不存的"理法界"与事相宛然的"事法界"又是二而无二、融通无碍的,这就是"法界"。

澄观在《大华严经略策》中说:

> 法界者,是总相也,包理包事及无障碍,皆可轨持,具于性分。缘起者,称体之大用也。

在《华严策林》中,法藏也说:

> 佛以无生空寂为身,亦以法界无起为体。但证此理,佛随理以

现身,但入无生。法随智以显相,相即无相。

这与上面那段话的意思相近,亦即以包理包事、理事融通的无性相之总相为法界。所不同的是,这两段话又进一步指出法界是一切现象,包括十方诸佛之体,缘起乃是称体之大用。

如果仅到此为止,那么,华严宗所说的"法界"与其他佛教经论中的第一义空、真如、实际、实相等并没有多少差别,它都是性相不存、常寂不变、非有非无、空有相即之本体,这种本体用现代哲学的语言说,即是"存在一般"。

当然,华严宗并没有就此止步。他们所以用"法界缘起"说作为区别其他各宗缘起观的标识,原因就在于他们进一步赋"法界"以特定含义,亦即把"法界"视为一纯净至善之本体。用华严宗人的话说,叫"清净佛智""真心"或"如来藏自性清净心"。几个华严宗大师如智俨、法藏、澄观、宗密在论疏撰著中,都把"至净真心"看成是一切诸法(包括世间的出世间的)本原,认为一切现象都是这"真心"的随缘显现,离此"心"则更无别物:

> 明缘起者,如见尘时,此尘是自心现。①
> 尘为自心现也。离心之外,更无一法。②
> 此上诸义门(十玄门),悉是此心(如来藏自性清净心)自在作用,更无余物,名唯心转,宜思释之。③
> 离佛心外无所化众生,况所说教?是故惟是佛心所现。此义云何?谓诸众生无别自体,揽如来藏以成众生。然此如来藏即是

---

① 《华严经义海百门》。
② 同上。
③ 《华严一乘教义分齐章》卷四。

佛智证为自体,是故众生举体总在佛智心中。①

这里所说的"心""如来藏自性清净心""佛智心"均指"真心""清净心",意谓世间诸尘十方理事及一切众生均以此"真心"为本体,都是此"真心"的体现。这就是法界缘起的第一层意思。

法界缘起的第二层意思是以法界为体,缘起为用。以有缘起之大用,故十方理事齐彰,凡圣众生并显。在《华严经义海百门》中,法藏曰:

> 夫玄宗渺茫,像在缘起而可彰;至道希夷,入法界而无见。故标体开用……合则法界寂而无二,开乃缘起应而成三。动寂理融,方开体用。

意思是说,法界寂而无二,难言难见,唯有通过缘起之开示发明,方能显见。此中之缘起,有如显影液,没有它,影像不显。有了它,万相齐彰。这与上面所说及的"理法界"性相不存,情同虚空真际,唯有通过缘起方能事相宛然,是同一个意思。澄观在《华严法界玄镜》中也说:

> 法性寥廓,缘起难思。我佛世尊,融法界以为身,总缘起而为用……不分而遍,不去而周。感而遂通,见有前后。②

这是法藏以界为体,缘起为用思想的继续与发挥。意思是说,法界(法性)不分不去而周遍,是一切诸法之体之身,缘起乃感而为用,故有前后万象之见。

---

① 《华严经探玄记》卷一。
② 《华严界玄镜》卷三。

华严宗人对法界缘起有许多论述,其中一个重要思想就是以法界缘起的体用关系来说明真心本体与诸法万象的相互关系。没有法界,无从缘起,"体为用本,用依体起"①,没有缘起,法界常寂,无从现起,"体依用显"。这个法界缘起的体用说,用现代哲学的语言说,就是作为世界万物本原的"存在一般"依一定条件而变现、派生出世界万物。需要指出的是,华严宗人所说的"法界",虽然就其主要倾向看,属"如来藏自性清净心""真心",或曰清净妙有,但是,在法藏及澄观、宗密的注疏论著中,又有明显把"心"视作具体之心的倾向。华严宗世界观的这种糅合性质,与其学说的兼收并蓄、企图无所不包有关。而就经典根据说,又与华严宗推崇《大乘起信论》有关。《大乘起信论》所说的"心"就具有一身二任的倾向,即既指真心,又含有具体心的意思,这自然会对华严宗的思想产生一定的影响。实际上,不仅华严宗是这样,中国隋唐的佛教宗派,特别是天台、禅宗都有这个倾向,即都以一"心"为本宗思想之归极,但此"心"又多带有"真心"与"具体心"的二重性质,当然各宗之侧重点会有所不同。

从总体上说,法界为体、缘起为用的思想可说是华严宗一个总的理论原则,或曰世界观。如果说,华严宗的各种具体思想作为理论原则,都是以这一原则为出发点、为依据,那么作为世界观,则是该宗各种具体看法之概括与总结。实际上,这是一个事情的两个方面。例如,华严宗的性起思想正是以法界为体、缘起为用的思想原则为出发点、为根据的。因为既然法界之本体可以通过缘起之大用而变现、派生出世间一切诸法,那么,"如来藏自性清净心"借助于一定的条件(迷或悟、烦恼或智慧)而起现一切凡圣众生,当然是顺理成章的。可见,所谓性起说,其实就是法界为体、缘起为用的思想在生佛关系上的具体运用。反过来

---

① 《华严经义海百门》。

说,作为华严宗的世界观,它本来就不是一个空洞抽象的理论原则,而是概括与总结华严宗的许多具体观点和看法而成的一种总看法。因此,相对于华严宗的世界观说,谈论众生与佛关系的性起说又成了华严宗总体思想的一个方面、一个部分。当然,由于佛教以成佛为目标,众生与佛关系一直是佛教所研究的最主要问题,因此,以论述众生与佛的关系为内容的性起说,自然成为华严宗总体思想中一个重要的组成部分。

二　本来是佛与无尽缘起

法界为体,缘起为用,虽然是华严宗法界缘起说的一个基本观点,但如果仅仅这样去谈法界缘起,则不能说是理解了法界缘起的思想。因为在某种意义上说,法界缘起还有一个更重要的特点,即缘起的重重无尽或曰无尽缘起。华严宗正是以此标新立异于其他宗派的佛教理论。

在华严宗人的大量著述中,法界固然是体,但又不仅仅是体,缘起虽然为用,但亦非纯粹是用。体用之间并非殊绝悬隔、情同楚汉,而是体用全收,圆通一际,熔融自在,无尽难名。法藏在《华严策林》中说:

> 以诸界为体,缘起为用,体用全收,圆通一际。
>
> 缘起事相,必收性而方成。法界玄宗,亦依缘而现空。有有交彻,体用玄通。言事即有彻空源,谈有乃空透有表。或时双夺,纤毫之论不具;或时相成,广大之谈并见。理全收事全举事而为理,事非别事,物具理而为事。

这两段话的中心思想是,体用玄通,理事熔融,体非于用外而别有其体,体因用显;用亦非离体而别有其用,用即是体;理非事外而别有其

理,全收全举事而为理;事非离理而别有其事,物具理而为事。在《华严经义海百门》中,法藏更论理事体用曰:

> 观体用者,谓了达尘无生无性一味,是体;智照理时,不碍事相宛然,是用。事虽宛然,恒无所有,是故用即体也。如会百川以归于海,理虽一味,恒自随缘是故体即用也。如举大海以明百川,由理事互融,故体用自在。若相入,则用开差别;若相即,乃体恒一味。恒一恒二,是为体用也。

也就是说,体用理事的关系既相入,又相即。相入,则用起开示差别;相即,则体显恒常一味,理事圆融,体用自在。

不仅体用理事如此,本末、因果、色心、能所、生佛均然。法藏以尘相喻末,以空性说本,曰:尘虽有相而相无不尽,故亦非末也;空虽无性而不碍缘成,故非本也。以非本为本,虽空而恒有;以非末为末,即虽有而恒空。结论是本末相入相即,圆融无碍。因果亦然:

> 尘即是缘起事相现前,为因;即事体空而不可得,是果。果不异因,全以因满称为果也;由因不异果,全以果圆称之为因也。若因不得果,果亦非果也;若果不得因,因亦非因也。皆同时成立,无别异故。是故初发心时,便成正觉;成正觉已,乃是初心。①

此一因果观把本有始有、因佛性果佛性说一扫而空,因不异果,果不异因,同时成立,毫无别异,还有什么本始前后可言。

总之,在华严宗的学说中,一切诸法都是相互为体,相互为用,举一

———

① 《华严经义海百门》。

尘即亦理亦事,谈一事即亦因亦果,缘一法而起万法,缘万法而入一法。重重缘起而缘起之义无穷,故曰无尽缘起。此一无尽缘起的思想集中体现在华严宗"六相圆融""四法界"与"十玄无碍"的学说之中。

对于"六相圆融""四法界"与"十玄无碍"的思想内容自身及其唯心本质和诡辩手法,学术界已有过揭示和批判①,这里拟不赘述。但是,对于"六相""十玄"的神学归宿及宗教意义,因前人罕有语及或谈得不多,这里准备着重探讨一下这个问题。

"六相""十玄""四法界",名相既多,论说又玄,但究其旨归,无非为了说明一切缘起法之间都是相入相即、圆融无碍的。不管是时间上的九世一念,还是空间上的微细广狭,都由于"法性融通故""唯心所现故"而圆融无碍:"摄九世以入刹那,舒一念而该永劫"②,"一即多而无碍,多即一而圆通"③,"一一微细尘毛等处,皆有佛身圆满普遍"④,"所入一切刹海,总在如来一毛孔现"⑤。这种学说之神学目的和宗教意义是十分明显的,即通过一切诸法之相融互即以说明众生与佛本来无异。众生者,佛之众生;佛者,众生之佛。众生心内佛为佛心中众生说法,佛心中众生听众生心佛说法。众生与佛,本来就是一而二、二而一的。

法藏在《华严经义海百门》中曰:

> 众生及尘毛等,全以佛菩提之理成众生故。所以于众生菩提身中,见佛发菩提心……今佛教化尘内众生,众生复受尘内佛教

---

① 详见任继愈:《华严宗哲学思想略论》,《汉唐佛教思想论集》,第98—112页;侯外庐主编:《中国思想通史》第四卷(上)第四章,第二节;郭朋:《隋唐佛教》"六相与十玄"一节;方立天:《华严金师子章校释》。

② 《华严经探玄记》卷一。

③ 同上。

④ 《华严经旨归》。

⑤ 同上。

化,是故佛即众生之佛,众生即佛之众生。

仅从这段话看,法藏似还没把众生与佛视为一物,只是从相资相待的角度去谈众生与佛关系。但是,法藏无尽缘起的思想决定了他不会以相资相待为界限,而必然合乎逻辑地走向生佛一如、众生即佛的境地。在《华严经探玄记》中,法藏说:

> 离佛心处无所化众生,况所说教?是故惟是佛心所现。此义云何?谓诸众生无别自体,揽如来藏以成众生。然此如来藏即是佛智证为自体,是故众生举体总在佛智心中。①

意思是说众生非于佛智外别有自体,举体全在佛智心中。这无疑是众生即佛的意思。不但众生即佛,而且佛即众生。法藏又说:

> 总在众生心中,以离众生心无别佛德故。此义云何?佛证众生心中真如成佛,亦以始觉同本觉故,是故总在众生心中。从体起用,应化身时即是众生心中真如用大,更无别佛。②

原来,佛非别物,乃是证众生心中真如而成,是众生心中真如从体起用的结果,不但法身佛是这样,应化身佛亦是众生心中真如之大用,此外更无别佛。

众生即佛、佛即众生的思想,法藏之后,澄观、宗密又对其进一步作了发挥。澄观在《答顺宗心要法门》中说:

---

① 《华严经探玄记》卷一。
② 《华严经探玄记》卷二。

心心作佛,无一心而非佛心(宗密注:念念全真);处处证真,无一尘而非佛国(宗密注:即染而净)。

真妄物我,举一全收(宗密注:二而不二);心佛众生,炳然齐致(宗密注:不二而二)。

既然无一心而非佛心,无一尘而非佛国,真妄物我,举一全收,众生即佛当是不言自明的。宗密在《华严原人论》中更直言:"今约至教,方觉本来是佛。"

本来,众生与佛,是约迷妄与悟而言。这一点,华严宗人也反复强调:"特由迷悟不同,遂有众生与佛。"[1]"迷则人随法,法法万差而人不同。悟则法随于人,人人一致而融万境。"[2]"随迷悟之缘,造业受报,遂名众生;修道证真,遂名诸佛。"[3]现在华严宗人又说佛即众生,众生本来是佛。这从佛家逻辑说,是犯有自语相违的错误的,因此,本来是佛的思想经常受到诘难:

问:众生为迷,诸佛为悟,体虽是一,约用有差。若以众生通佛,诸佛合迷;若以佛通众生,众生合悟。[4]

意思是说,众生约迷说,诸佛就悟言,虽然二者体是一,但就用说是各有差别的。现在以众生与佛融通互即,这势必得出诸佛合迷、众生亦悟的结论。对于这个诘难,法藏是这样回答的:

---

① 《大华严经略策》。
② 《答顺宗心要法门》。
③ 《华严策林》。
④ 同上。

恒以非众生为众生，亦非诸佛为诸佛，不碍约存而恒夺，不妨坏而常成。随缘具立众生之名，岂有众生可得？约体权施法身之号，宁有诸佛可求？莫不妄彻真源，居一相而恒有；真该妄末，入五道而常空。情该则二界难说，智通乃一如易说。然后双非双立互成，见诸佛于众生身，观众生于佛体。①

这一回答是够彻底的了，意谓众生本非众生，诸佛亦非诸佛，乃是随缘所立之假名，约体权施之外号，哪有众生、诸佛可求。若以常情俗谛言，则有生佛二界差别；如约智慧真谛说，实乃生佛一如。若以华严圆家意看，双非双是都能成立，欲观众生，则于佛体观之，欲观佛，则于众生身观之，众生即佛，佛即众生。

华严宗四祖澄观遇到同样的诘难：

问：众生与佛，迷悟不同，生则六道循环，佛则不德圆满。如何有说，即生即佛，二互相收，浑乱因果，全乖法理。②

意谓说众生即佛，实是把因果搞混乱了，完全违背了佛理。对此，澄观是如何回答的呢？他说：

夫真源莫二，妙旨常均。特由迷悟不同，遂有众生及佛。迷真起妄，假号众生；体妄即真，故称为佛。迷则全迷真理，离真无迷；悟则妄本是真，非是新有。迷因无明横起，似执东为西；悟称真理而生，如东本不易。就相假称生佛，约体故得相收。③

---

① 《华严策林》。
② 《大华严经略策》。
③ 同上。

　　这基本上还是法藏的思想,亦即约本源说无二,就假号言非一,约本体说相即,就假相称生佛。这一论难一直延续到五祖宗密。宗密搬出了《大乘起信论》,以心具真如生灭二门,真如具不变、随缘二义,真妄和合之阿赖耶识有觉与不觉等思想给予了比较系统的回答。曰:六道凡夫,三乘贤圣,从根本上说,都是一灵明清净法界心,既不名诸佛,亦不名众生,只是此灵妙真心,不守自性,故随缘而造业受报,遂有众生之名。此心虽随缘起观为众生,但常无变异,不可破坏,唯是一心,名为真如。这样,此心就具有真如生灭二门,真如又具有不变、随缘二义,"由真不变,故妄体空,为真如门;由真随缘,故妄成真,为生灭门。以生灭即真如,故诸经说无佛无众生,本来涅槃,常寂无相。又以真如即生灭,故经云法身流转五道,名曰众生"①。也就是说,所以有生佛之异,这是就生灭门、随缘义说;如果从真如不变,唯是一心的角度看,则生佛不二,众生即佛,佛即众生。宗密说,这是"于佛语相违之处,自见无所违也"②。

　　法藏、澄观、宗密的这些论述,基本上把华严宗"众生本来是佛"的思想表达出来了。通过这些论述,人们可以看出,所谓"众生本来是佛"的思想实是无尽缘起、圆融无碍的思想在生佛关系上的运用。当然,作为一种学说,特别是一种有较高理论思辨的学说,不仅要指出各种现象本身,尤其要说明这些现象的所以然。就华严宗的无尽缘起、生佛相即的思想说,不仅要指出一切现象,包括众生与佛是相融互即的,尤其必须说明为什么会相融互即,亦即相融互即理论之理论根据所在。这一点,华严宗是做了,至于做得怎样,说明得是否彻底,这种说明本身表达了华严宗什么样的理论特质及思维方法,这些问题待我们看完华严宗

---

　　①　《禅源诸诠集都序》卷四。
　　②　同上。

的说明之后再作评述。

在《华严经旨归》及《华严经探玄记》中，法藏对一切诸法为什么会圆融无碍、重重无尽各举了十条理由。《华严经旨归·释经意第八》曰：

> 夫以法相圆融，实有所因，因缘无量，略辨十种。一为明诸法无定相故，二唯心现故，三如幻事故，四如梦现故，五胜通力故，六深定用故，七解脱力故，八因无限故，九缘起相由故，十法性融通故。于此十中，随一即能令彼诸法混融无碍。

《探玄记》中的十条理由是这么说的：

> 问：有何因缘令此诸法得有如是混融无碍？
> 答：因缘无量，难可具陈。略提十类，释此无碍：一缘起相由故，二法性融通故，三各唯心现故，四如幻不实故，五大小无定故，六无限因生故，七果德圆极故，八胜通自在故，九三昧大用故，十难思解脱故。①

《探玄记》之十条，除了把《旨归》十条的第四条"如梦现故"改为"果德圆极故"外，其余九条内容大体相同，只是说法略有差别，两个十条的前后顺序亦不相同。不过，法藏既然说"因缘无量，难可具陈"，这里又是"略提十类"，而且"于此十中，随一即能令彼诸法混融无碍"，因此，大可不必拘泥于前后顺序和多几条少几条，只要弄清楚其中的主旨，便可窥见圆融理论的理论根据之所在了。

现撮其一二，略作剖析。

––––––––––––––––––––

① 《华严经探玄记》卷一。

一、"唯心现故"，这条比较好理解，亦即诸法别无自体，是故大小随心回转，即入无碍。

二、"法性融通故"，这条理论思辨较强，弄清它，有助于我们认识华严宗圆融无碍学说之底蕴。

法藏认为，若单就事相言，各种事相之间是相碍而不可相即互入的。如果单就理体说，则理性纯是一味，也不存在相入相即的问题。因此，法藏从理事融通，混融无碍入手，得出了事事无碍的结论。

所谓理事无碍，亦即认为任何事物、任何现象是随缘理体之产物，是理体之显现。第一，事物不能离开理体而独立存在，如果认为有事物不是随缘理体而现起，而是独立存在的，那就犯了事在理外之过失；第二，每一事物都包摄理之全体，如果说有事相摄理不尽，那不包摄理之全体者，即犯了真理有分限的过失——而真理是不可分的。正是以每一事相包摄理之全体为契机，法藏更立事事无碍[①]，亦即由于某一事相都包摄、具足理之全体，因此，举一尘而尽宇宙，舒一念而该九世，法法平等，事事圆融，一即一切，一切即一。

从思想的逻辑进程看，法藏"法性融通"的思想是由事即理而理即事而事事相即。这里，一个完整的不可分的理体是法藏圆融思想的中介：因为这个理体既随缘而现起一切事物，自身又不可分割，这就使得随缘而起的每一事物都圆满无缺地具足理之全体，因此诸法一味，事事不等。从哲学思想上说，此一法性融通说是由个别即一般而一般即个别而即此即彼。如果说，在阐述个别即一般，亦即论述各个具体现象之间都存在着普遍的联系，有着共同的特性或本质方面，华严宗还透露出一些辩证法的思想因素，那么，其一般即个别的思想及此即彼说，就明显的是诡辩和相对主义了。因为，第一，任何一般，都是个别的一个方

———————————

① 详见《华严经旨归》。

面、一个部分,是个别的本质,一般不等于个别的全体。但华严宗把二者完全等同起来,这无疑犯了原则上的错误。第二,一般所以不能完全等同于个别,是因为一般作为诸多个别的共同的本质抽象,是以一般承认各个个别的特殊的质的规定性为前提的,离开了各个具体事物的特殊的质的规定性,一般亦不成其为一般。华严宗事事无碍的一个重要的理论根据是,每一事相都具足理之全体,故法法平等,事事圆融。以往人们对于华严宗这一思想的批判,往往着眼于每一事相具足理之全体上,实际上,这是一种误解,或者说这种批判是不贴切、不中肯的。因为,从一定意义上说,"每一事相具足理之全体"这句话,本身并没大错,正如说"任何个别都是一般"本身并没错一样。因此,不能说华严宗是由此滑向相对主义的。华严宗之滑向相对主义,实不在于事全包理上,而在于理全包事上。也就是说,当华严宗在论证了每一事相包摄理之全体之后,就径直把每一事相互相等同起来。而实际上——按华严宗自身的理论说吧——每一事相虽然是理之体现,但是,事相之现起不是都得待缘而起作吗?此一待缘,其实就赋予每一事相以各自的特点、内容和规定性。华严宗"事事无碍"的思想,正是把这一待缘而起的特殊的规定性给抽掉了。可以说,这才是华严宗滑向相对主义的关键所在。

三 方便五性与华严五教

华严宗圆融无碍的思想,也体现在它对佛教诸经论、中国佛教诸宗派以及各宗各派的佛性学说的态度上。因为在华严宗人的思想中,一尘可含十方,一念能包九世,自然,一切佛教理论、各个佛教宗派乃至各宗各派中的佛性思想是可以相入互摄、混融无碍的。但是,正如华严宗既讲法界又讲缘起、既讲体又讲用一样,各种经论宗派、佛性思想又都可以在善巧权便的名目下,随机立教,方便开宗。华严宗既把自己的宗派放在佛教中最高的地位,又以义分五教,以理开十宗,既把一切有性、众生即佛视作究竟决定说,又以众生根机之差别,方便说五性。

在《华严一乘教义分齐章》及《华严经探玄记》中,法藏以古来十家所立教门①为"龟镜",参照天台的五时八教说,提出了自家的"就法分教""教类有五""以理开宗,宗乃为十"的判教学说。

所谓以法所立之五教,也就是:

一、小乘教,又叫愚法二乘教,指为不堪受大乘教的声闻乘人所说的教法,如四《阿含经》;

二、大乘始教,是为开始从小乘转入大乘者所说的教法,如《般若》等经,《瑜伽》《唯识》诸论;

三、大乘终教,即大乘终极教门,指《胜鬘》《楞伽》等经,《起信》《宝性》等论;

四、顿教,是顿融无碍教门,如《维摩诘经》等;

五、圆教,是圆融无碍教门,指《法华》《华严》等经。

法藏此一判教学说,除为调和各佛说之间的矛盾,"务令圣说各契其宜"②外,还有一个反对当时风靡全国的唯识宗的现实需要。不过,法藏的反对其他佛教宗派有一个突出特点,就是不采用单纯否定、排斥的方法,而是既批判又吸收。他先降低对方的地位,然后把它纳入自己的体系之中,成为自己体系的一个部分。这样做,既达到贬低对方的目的,又能显示自宗包含更广,高居众宗之上。其五教说采用的是这种方法,既吸收天台的判教思想,又抑天台为"渐顿"非"圆顿"。其十宗论亦如是,既以窥基的八宗说为基础,又在八宗之外,另加二宗,把自家的"圆明具德宗"(即别教一乘)凌驾于各宗之上。实际上法藏所说的十宗,除第九之"相想俱绝宗"与第十的"圆明具德宗"为法藏新加之外,前

---

① 详见《华严经探玄记》卷一。

② 同上。

八宗均是依窥基说法,再略改名目而成。①

华严宗的判教学说不是本文的主要考察对象,故对其中的具体思想不细作剖析。仅仅由于五教说与华严宗的五性说直接有关,故先引五教以明种性差别,进而再看看法藏是如何以方便义谈五性的。

在《华严一乘教义分齐章》中,法藏详细论述了五教的佛性说。法藏认为:

> 若依小乘……此教中除佛一人,余一切众生皆不说有大菩提性。②

也就是说,如果依小乘教义,则只佛一人具佛性,此外一切众生皆不说有佛性。

> 约始教,即就有无常法中立种性故,即不能遍一切有情,故五种性中即有一分无性众生。

这是指的是唯识宗,唯识宗以无漏种子为种性,由于无漏种子是有为法、无常法,不能遍一切有情,所以,此教所立之五种性中,有一类众生不具无漏种子,永远不能成佛。

> 约终教,即就真如性中立种性故,则遍一切众生皆悉有性。

---

① 十宗:法我俱有宗,法有我无宗,法无去来宗,现通假实宗,俗妄真实宗,诸法但名宗,一切皆空宗,真德不空宗,相想俱绝宗,圆明具德宗。详见《华严经探玄记》卷一。

② 《华严一乘教义分齐章》卷二。以下引文凡出自《华严一乘教义分齐章》卷二者,均不再注出处。

终教以真如为佛种性，因为真如恒常遍在，故一切众生悉有佛性。法藏还以众生有心，凡有心者，定当得阿耨多罗三藐三菩提等义，评述终教众生有性说。

> 约顿教明者，惟一真如，离言说相，名为种性，而亦不分性习之异，以一法由无二相故。

此是文殊绝言、净名杜口之"入不二法门"也。此法门以诸法一味不生不灭，离言扫相，二而不二为归趣。但一念不生即名为佛，不依地位渐次，故立为顿。

最后，是圆教，圆教者——法藏说：

> 明一位即一切位，一切位即一位，是故十信满心，即摄五位成正觉等。依普贤法界，帝网重重，主伴具足故，名圆教。

这就是"一即一切，一切即一，众生即佛，佛即众生"之华严宗教法。对此圆教，法藏更分同教一乘、别教一乘。所谓同教一乘，亦即以一多无尽之法，寄显于始终等教，使二乘、三乘之机，皆入圆融无碍之法界，《法华》所说之"会三归一"是也；所谓别教一乘，亦即指区别于始终等教之华严宗独有之圆融一乘法。此一区划，一是为了会通五教佛性说，二是显示自教比各教高出一头。

综观此五教佛性说，其逻辑进程是，由小乘而大乘，由佛一人有性而一切众生有性。在大乘诸教中，由始教之一分无性与终教的一切有性的对立，到顿教之不说有无、不依渐次、一念不生即是佛，最后由圆教之一位一切位、一成一切成统一之。

那么，法藏又如何会通五教佛性说，又怎样用圆教统一诸教呢？

以他如何会通始教一分无性与终教众生有性的对立为例来说吧。当有人问:"若并有性,如何建立五种性中无性耶?"法藏以《宝性论》《佛性论》为根据指出,所以说一分无性,是"欲示显谤大乘因故","欲回转诽谤大乘心","若依道理,一切众生悉本有清净佛性"。又问:"前始教中决定说有无性众生,此终教中并皆有性,云何会通?"法藏曰:"二说一了一不了,故不相违。"接着,提问集中于一分无性说对众生有性说的诘难:

> 问:若依终教,一切众生皆当作佛,即众生虽多亦有终尽。若如是说,最后成佛即无所化。所化无故,利他行阙。利他行阙,成佛不应道理,又令诸佛利他功德有断尽故。如其一切尽当作佛,而言众生终无尽者,即有自语相违过失。以无终尽者,永不成佛故。又如一佛度无量人,于众生界有损已不?若有渐损,必有终尽;有损无尽,不应道理。若无损者,即无灭度,有灭无损,不应理故。依如是道理,《佛地论》等由此等由建立无性有情,离上诸过失,此义云何?

这一连串的诘难,既是始教一分无性说之重要理论根据,又是终教立众生有性说时所不能回避的一系列带实质性的理论问题。也就是说,若按终教说法,一切众生皆当作佛。那么,当众生都已作佛时,众生已终尽了,佛即无所教化,既无教化对象,诸佛则缺利他之行。而佛是必须自利利他德行圆满的,缺利他行,则佛不成其为佛;反之,如果说众生皆当作佛,又言众生不会终尽,那就犯了自语相违的过失。因为,既然无终尽,就说明有众生永不成佛。再者,佛度众生成佛,于众生界有减损否?若无减损,则无灭度;若有减损,必有终尽之期。始教立一分无性正是为了避免这些过失。这些诘难,运用佛家逻辑的力量,乍一

看,似真要把终教众生有性说逼到进退维谷的境地,但法藏却处之泰然,应付裕如。答曰:

> 若谓众生由有性故,并令成佛说有尽者,是即便于众生界中起于减见。众生界既减,佛界必增,故于佛界便起增见。如是增减,非是正见。是故《不增不减经》云:"舍利弗,大邪见者,所谓见众生界增,见众生界减。"……

法藏所答之文甚长,恕不俱引,掠其大意,作一概述。从整个答难看,表面上法藏以《不增不减经》为根据,实际上,其立论根据主要有二:一是"众生定相不可得故……犹如虚空……求空边际,终不可尽"。既如虚空,当然不可求其涯际,这可说是以终教之理论回敬始教。二是有增减见是"不如实知一法界故,不能实见一法界故"。这可说是以华严之圆教理论为根据的。按圆教理论,众生即佛,佛即众生,何有增加减损可言。既无增减可言,诸难不答自破,法藏最后得出结论说:"是故欲避上诸失,建立无性,不谓彼过,还堕此宗。是故,无性非为究竟了义也。"意谓始教根据自家理论,为避免以上诸过失而立一分无性说,虽然不能说它是错误的,但它只是约初入大乘机而说的始教思想,非是究竟了义。

不但始教这样,其余各教也是如此。当有人问法藏:"云何种性约诸教差别不同耶?"法藏答曰:"此有二义:一、约法辨隐显相收。二、约机明得法分齐。"就是说种性本是缘起无碍的,今约教法,五种根机,方便各述一门,均是随机摄化,义不相违。实际上,在法藏的思想中,不但五种佛性是缘起无碍的,就连五教本身也是相摄融通的。"一或总为一,谓本末镕融,唯一大善巧法。""二或开为二:一本教,谓别教一乘,为诸教本故;二末教,谓小乘三乘,从彼所流故。""或唯一圆教,以余相皆尽故。""或具五教，以摄方便故。"①说法很多，但中心思想只有两个：
一、五教是方便法门，可相摄融通。二、圆教是本，可圆统诸教。

法藏不但调和诸教之间、诸宗派佛性说之间的矛盾，而且站在圆教的立场，会通诸经论佛性说上的矛盾。如《瑜伽师地论》说种性有二：一是本性住，二是习所成。本性住是"法尔本有"的，习所成是串习善根所得的。但《仁王经》与《本业璎珞经》却以习为习种性、久习积成为性种性。此二说本是不尽一致的，法藏却十分圆巧地用它的圆融理论把二者统一起来了。

法藏说，《瑜伽》虽以"法尔本有"说性种性，以"串习善根所得"说习种性，"然《瑜伽》既云具种性者方能发心，即知性、习二法成一种性。是故此二缘起不二，随阙一不成，亦不可说性为先，习为后"。而《仁王》等经以久习积成为性，那是"约位而说"，"是故经说习故成性，论中说为依性起习，良以此二互成缘起，无二相故。经论互说，义方备足"。② 通过法藏的"无尽缘起"一融通，结果，化干戈为玉帛，皆大欢喜。

实际上，按照无尽缘起的圆融理论，诸经论的佛性说也罢，五教中的佛性说也罢，都不过是方便说，究竟而论，众生即佛，佛即众生，二而不二，混融无碍。这就是华严宗在生佛关系上的最后结论。

第三节　中道佛性与华严境界

通过以上两节的论述，可以看出，天台、华严二宗在佛性思想上既有不少共同点，又有许多不同处。例如，二者均主一切众生悉有佛性，皆倡心佛与众生是三无差别，都是迷凡悟圣，都以圆教为极致，且以本

---

① 《华严一乘教义分齐章》卷一。
② 《华严一乘教义分齐章》卷二。

宗为圆教,等等。这些就是二者共同之点。不同的是,天台之性具说以具善恶为标志,华严的性起说以佛性纯净为特点;天台的性具说主即妄而真,诸佛不断性恶,华严的性起说倡众生本来是佛,自性本来清净;天台的性具说主转迷开悟,方法是止观并重,华严的性起说倡生佛之体不二,方法是离妄还源。而这种种差别又可以集中到这一点,即二者所依据的佛教理论不同。天台的性具说以由实相说衍化而来的一念三千为根据,华严的性起说以缘起的重重无尽为基础。

当然,不管是殊异处,抑是共同点,都只是大体言之。因为,如果具体剖析他们的思想内容,又会发现,二宗的殊异之处,实不乏相契合的思想,而二者的共同之点,又常常有重要的差别存在。

一　生佛互具与生佛相即

不管天台宗还是华严宗,都常常引用许多经论中的"心佛及众生,是三无差别"这句话,二宗最后都把众生与佛归结于一妙有真心。但是,当他们具体地论述这三者的相互关系时,理论上的差别就显示出来了。

《华严经》中有关"心佛与众生"的偈文是这样的:

> 心如工画师,画种种五阴,一切世界中,无法而不造。如心佛亦尔,如佛众生然。心佛及众生,是三无差别。诸佛悉了知,一切从心转。若能如是解,彼人见真佛。①

智颛解偈颂之心佛与众生,为三法同格互具,亦即三者各于自身具足其他二者:心具众生与佛,佛具心与众生,众生具心与佛。智颛曰:

---

① 《大方广佛华严经》卷一〇。

若观己心不具众生心、佛心者,是体狭,具者是体广。①

这是约体说,心佛与众生三者互具。实际上这也就是天台所反复强调的"诸佛不断性恶,阐提不断性善,就事论生佛不一,就理论生佛不二"的思想。

华严宗与天台不同,他们解此偈颂的心佛与众生的关系是三者一体,本来无别。法藏在《华严策林》中说:

见诸佛于众生者,观众生于佛体。

意思是说,众生与佛,本来一体,不可离佛言众生,应于众生身观佛,于佛体观众生。

在《妄尽还源观》中,法藏又说:

显一体者,谓自性清净圆明体。然此即是如来藏中法性之体,从本已来,性自满足。处染不垢,修治不净,故云自性清净。性体遍照,无幽不烛,故曰圆明。又,随流加染而不垢,返流除染而不净,亦可在圣体(即佛)而不增,处凡身(即众生)而不减,只有隐显之殊,而无差别之异。

就是说,心、佛与众生,本都是一自性清净圆明体。它虽有隐显之殊,然处染不垢,修治不净,在诸佛不增,在众生不减,性体遍照,故曰圆明。

宗密在《禅源诸诠集都序》中,进一步发挥了法藏心、佛与众生三者

① 《法华玄义》卷六上,《大正藏》册三三,第747页。

一体的思想。他说：

> 根本悉是灵明清净一法界心。性觉宝光，各各圆满。本不名佛，亦不名众生……①

> 染净诸法，无不是心。心迷故，妄起惑业，乃至四生六道，杂秽国界；心悟故，从体起用，四等六度，乃至四辨十力，妙身净刹，无所不现。既是此心现起诸法，诸法全即真心。②

也就是说，生佛、四圣六凡乃至杂染与清净一切诸法，悉是此一本觉真心之显现。起用虽有殊别，其体原本无二。

以上所陈有关二宗对于心佛与众生三者关系的论述，区别在哪里呢？如果就二宗都把众生与佛统一到心上、都具有唯心的倾向这一点上说，二宗的差别并不大。但就论证众生与佛的相互关系说，二宗的差别就非常明显。天台主互具，免不了有二体之嫌；华严主相即，自然唯是一体。此中之理论区别，一个（天台）带有一定程度二元论倾向，另一个（华严）则是彻底的真心一元论，此是其一。其二，我们在前面指出了天台华严二宗都讲"心佛及众生，是三无差别"，这是其共同点，但通过分析又发现此共同点本身又有殊异处。在论证二宗如何看待心佛与众生三者相互关系的过程中，我们又指出：虽然二宗对三者的具体看法不尽相同，但就二宗都把众生与佛统一到心之上又有其共同点。下面我们却又要指出，此共同点又有其不相同的地方。这就是，二宗所讲的心之内涵不同。天台宗所说的"心"，非仅指真心。这一点，怀则在《天台传佛心印记》中说得很明白，怀则指斥他宗不知性具恶，只知性具善，

---

① 《禅源诸诠集都序》卷下之一。
② 《禅源诸诠集都序》卷上之二。

"乃指真心成佛，非指妄心"。既是真心成佛，所谓即心即佛，实指真即真，非即妄而真。怀则讥笑这种说法无异于说菩提即菩提，涅槃即涅槃，是同义反复。怀则此说合乎天台思想实际，天台宗所说之心，非仅指真心，实也指妄心，其心含有真妄二元性质。而华严宗所说之心，乃纯是清净心、真实心、本觉真心，这一点在华严宗的著作中曾反复阐明。以真妄二元之心为对象，则每一念心具足三千法界，染不碍净，恶不妨善，一色一道，无非中道；以纯净至善之真心为对象，则个个具真心，众生本是佛。

二　修善开悟与离妄还源

天台、华严二宗在佛性思想上的异同，还表现在二宗的修行理论上，就其共同点说，二宗都有迷凡悟圣的思想，因此，都主张转迷开悟，但在解释何谓转迷开悟及如何转迷开悟上，二宗的思想又不尽相同。

天台宗从性具染净、善恶的思想出发认为，一一众生心体，一一诸佛心体，本来悉具染净二性，众生以染业熏染性，故有生死等染事，诸佛从净业熏净性，故有涅槃等净事。

慧思在《大乘止观法门》曰：

　　一一众生心体，一一诸佛心体，本具二性，而无差别之相，一味平等，古今不坏。但以染业熏染性故，即生死之相显矣，净业熏净性故，即涅槃之用现矣。[1]

既然众生生死之相是由染业熏习所致，诸佛涅槃之用是由净业熏习造成，要出生死苦海，入涅槃境界，当然得远离染事，广造净业。

---

[1]　《大乘止观法门》卷一，《大正藏》册四六，第 646 页。

智颛继承慧思性具染净思想，但说法与慧思已不尽同。智颛从性具善恶出发，认为众生与佛，就性均具恶上说，本来无殊，众生有善性，诸佛有恶生，二者之差别仅在于，众生未能修善而恶事缠身（阐提则断尽修善而修恶满足），诸佛断尽修恶而修善满足，既然修恶修善是生佛之根本区别所在，要由凡入圣，当然要断尽修恶而大力修善。

从以上思想看，天台的修行理论无疑较倾向于实修，较富有实践的色彩。

与此不同，华严宗的修行思想，更取纯理论方式而不太注重实修，这与他们主张众生自性、本自清净的思想有关。

华严宗佛性思想的重要特点之一，就是认为众生与佛，本来都是一自性清净圆明体，只是由于种种妄念，而生出四圣六凡、大千世界种种差别相来，如果能离开种种妄念，悟此身本来就是迷妄所致，诸圣也是方便设施，那么初发心便成正觉，众生即是佛。法藏在《修华严奥旨妄尽还源观》一开头就说：

> 夫满教难思，窥一尘而顿现；圆宗巨测，睹纤毫以齐彰。然用就体分，非无差别之势，事依理显，自有一际之形。其犹病起药兴，妄生智立，病妄则药妄，举空拳以止啼。心通则法通，引虚空而示遍。既觉既悟，何滞何通。百非息其攀缘，四句绝其增减，故得药病双泯，静乱俱融，消能所以入玄宗，泯性相而归法界。

意思是说，事相之万千差别，都是妄心分别的结果，究其实际，本是一体。且此一体用之分，又有如病起药兴，举空拳以止啼哭。如果能悟圆宗无尽缘起之真理，则病药双泯，能所俱消，泯性相而入法界。法藏引《起信论》"无量功德藏，法性真如海，所以名为海印三昧"及诸经所说"森罗及万象，一法之所印"来说明"妄尽还源"之理，曰：

> 言一法者,所谓一心也,是心即摄一切世间出世间法,即是一
> 法界大总相法门。惟依妄念而有差别,若离妄念,惟一真如。①

意思很清楚,只要能离却一切妄念,即众生本来就是一自性清净真
如佛。

澄观、宗密基本上是沿着法藏这一思路谈修证的,即所谓"迷真起
妄,假号众生,体妄即真,故称为佛"②,"然迷悟义别,顺逆次殊,前是迷
真逐妄,从微细顺次生起,展转至粗,后乃悟妄归真,从粗重逆次断除,
展转至细"③。意思是说,所谓迷,乃是迷真逐妄,所谓悟,则是悟妄归
真。而悟妄证真,亦即是佛。宗密在《原人论》中以此为"原人"之极
致,曰:

> 我等多劫,未遇真宗,不解返自原身,但执虚妄之相,甘认凡
> 下,或畜或人,今约至教原之,方觉本来是佛。

这些就是华严宗以迷真逐妄为众生、离妄证真为诸佛的思想。从
这些思想看,华严宗的修证学说不仅多取纯理论形式,而且出发点与天
台亦不同,华严基本上是站在本来是佛的立场去看众生,故主张离妄还
源,证真作佛。天台则反之,站在众生的立场去讲成佛,故有弃恶修善
之谈。

当然,天台亦谈迷悟,如智颢说"朗然大悟,觉知世间出世间一切诸
法名之为佛",故倡止观双修以转迷开悟,但天台所说之迷,是指无明本
具,这与华严逐妄释迷又不尽相同,既然无明本具,当然得修善开悟,以

---

① 《修华严奥旨妄尽还源观》。
② 《大华严经策略》。
③ 《禅源诸诠集都序》卷四。

转凡入圣,而逐妄致迷,只要离妄还源,则自然成佛,本来是佛。

三　中道佛性与华严境界

在概括地评述了天台、华严二宗佛性思想之主要异同之后,我们可以进一步来对二宗所据以阐发佛性思想的佛性义作一粗线条的比较。

大而言之,天台宗的整个佛性学说与该宗以中道为佛性有直接关系,而华严宗的性起思想则完全从纯净无染的“如来藏自性清净心”出发。以中道为佛性所体现的是不离有无、不遣空假、性具染净、一念三千的诸法实相;而从清净心为出发点的性起,所追求的则是圆融无碍的清净境界。

具体地说,在天台宗人看来,一切佛教学说,以圆教为极致。何以见得呢? 他们认为,二乘及通教菩萨虽见空,但不见不空,而不见不空,即不能见佛性;别教菩萨虽既能见空,又能从空入假,但是他们不能由假入中,因此,亦非极致。圆教菩萨则不然,不但见空,而且能由空入假,更能由空假而入中,即空即假即中,这即是中道。“中道遮二边而调直”,“故得称王”。① 智𫖮在《摩诃止观》中说:

> 二乘及通教菩萨有初观分,此属定多慧少不见佛性;别教菩萨有第二观分,此属慧多定少亦不见佛性。二观为方便,得入第三观则见佛性。②

所谓初观,亦即空观,二观即假观,第三观者,则是中道第一义谛观。就是说,唯有中道第一义谛观方能见佛性。

---

① 详见《法华玄义》卷四上,《大正藏》册三三,第 774 页。
② 《摩诃止观》卷三上,《大正藏》册四六,第 24 页。

所谓中道,在天台宗的学说中,又称"妙有""如如""如来藏""实相"等。智𫖮说:

> 何等是实相?谓菩萨入于一相,知无量相。知无量相,又入一相……即空故入一相,即假故知无量相,即中故更入一相。如此菩萨深求智度大海,一心即三,是真实相体也。[①]

就是说,唯此即空即假即中之中道,才是真实相体。这是智𫖮对中道与实相的独特解说。但"实相"一词,在佛教经典中含义甚多,而最基本的含义用现代哲学术语说,是指一切诸法之本体,既是诸法的本体,自然三界六道乃至三千大千世界,一切染净诸法,都无可逃遁于其间,此亦即天台所言之性具染净、一念三千。

当然,以中道为归趣,在中国佛教中,非天台一家之言,吉藏所创立三论宗也以中道为佛性,在某种意义上说,三论之推崇中道,比天台更甚。但是,二宗所说之中道,含义是不尽相同的,此中之差别,除了我们在前面已经指出的,三论偏重于真空或曰纯无,天台偏向于妙有,或曰纯有,而且二宗在中道观的思维形式上也有所不同。三论宗之"中",是对空有真俗而言"中";天台之"中",是一本体之三面观,亦即"非一非三,而一而三"之关系,"空"中有"假""中","假"中有"空""中",而"中"又含"空""假",即空即假即中。因此,天台之"中道"是"三谛圆融"之"中"。如果把二宗的"中道"作一个较形象的比喻,即三论宗之"中"是一幅非空非有之平面画,天台之"中",即是一幅空假中三谛圆融无碍之立体图。

与天台在实相的基础上谈诸法本具、圆融无碍不同,华严宗从自性

---

① 《法华玄义》卷八上,《大正藏》册三三,第 781 页。

清净心出发,谈诸法的相入相即、圆融无碍。既然一切诸法是自性清净心(或曰一真法界)的现起,那么,一切众生本来无不具足如来智慧,一切众生无不本来是佛,简单地说,这就是华严境界。

华严境界,在某种意义上说,是一种只可直观体证而无法分析言说的境界。其含义主要有两点,一是整体观,二是无碍观。所谓整体观,亦即一切诸法,小至微尘,大至十方,短暂如刹那,长久如九世,平凡如众生,贤圣如诸佛,都是此清净心之完整体现,微尘不因其小而有所欠缺,十方也不因其大而有所增益,刹那九世,众生诸佛亦然。所谓无碍观,是指一切诸法因都圆满具足此清净心之全体,因此,摄十方而入微尘,舒一念而赅九世,诸佛即众生,众生本是佛,一切的一切都相摄圆通、圆融无碍。此种圆融无碍、重重无尽的情景,法藏喻之为因陀罗网。这种因陀罗网,如果就其强调一切诸法之间的相互联系,也透露出一些辩证法的颗粒,但是,从总体上说,则完全是一种宗教唯心论和极端的相对主义。因为辩证法所讲的联系,是具体事物的具体联系,而具体事物之间的具体联系,必然有其具体的规定性和规律性。相反,法藏所说的圆融无碍的因陀罗网,则只能存在于任意驰骋的华严宗人的主观世界中,只能存在于与因陀罗网一样的帝释宫中。因此,所谓华严境界,完全是一种宗教的境界。

第六章　即心即佛与无情有性

中国佛性思想发展到天台、华严二宗，已出现把生佛归结于一心的唯心倾向。此一倾向自唐之后，愈演愈烈，至慧能创立禅宗，把即心即佛作为一宗之纲骨，标志着中国佛性学说的唯心论已达到极端。但物极则反，作为对前期禅宗即心即佛佛性思想的反动，晚唐以降的后期禅宗，进一步冲破心的桎梏而每况愈下，把佛性推到一切无情物，"青青翠竹，尽是法身；郁郁黄花，无非般若"成为一时之风尚，即心即佛的祖师禅一变而为超佛越祖之分灯禅，"棒喝""机锋"的神秘主义代替了心的宗教，六祖"革命"所播下的种子，终于长出了否定其自身的果实。

第一节　即心即佛与禅宗六祖

禅宗自谓"教外别传"，所谓灵山会上，释迦拈花，迦叶微笑，即是传法，此后以心传心，至印度第二十八祖之菩提达磨来华而为中土禅宗之初祖。达磨之后，有慧可、僧璨、道信、弘忍四师，至第六代传至慧能，故慧能有禅宗六祖之称。

实际上，慧能之前，有禅法、禅学，并没有严格意义上的禅宗。禅宗乃慧能始创。虽然菩提达磨在《悟性论》中就已经语及"直指人心，见性成佛，教外别传，不立文字"，但真正阐发弘扬这种直指心源、见性成佛思想的，是慧能。慧能在中土禅学的发展过程中，是一位关键性人物，故佛教史上有六祖"革命"的说法。暂且不论对六祖"革命"的说法言人人殊,理解各异,但慧能之后,中国禅学发生了根本性的转变是毋庸置疑的事实。

慧能究竟在哪些方面使中国的禅学思想发生了根本性的转变呢?要而言之,大体有三:一是即心即佛的佛性说,二是顿悟见性的修行方法,三是不离世间自性自度的解脱论。第二、第三两方面的思想,我们将在七、八两章结合中国佛教史上的修行方法和解脱理论给予历史的说明,这一章着重剖析与论述即心即佛的思想,并把中土佛教史上主张无心之无情物也有佛性的思想放到一起来考察,旨在探讨这两种在一定程度上是对立的思想有些什么内在的联系,进而看看中土佛性思想在晚唐之后的发展趋势及其某些规律。

一　佛性平等与心性本净

慧能在中国佛教史上是一位富有传奇色彩的人物。他一生的宗教实践,始终以明心见性为学佛之根本,而不以博学多识、讲经参禅为入道途径。其出家是因听一客读《金刚经》,心有所悟而下了寻师学佛之决心,其得法也是以深契心性常清净精义的几句偈颂而承继了禅宗传法的衣钵,其潜遁十几年之后在广州法性寺的重新发迹,也是因一句"不是风动,不是幡动,仁者心动",终使当时颇有影响的印宗法师愿对他执弟子之礼。这些传说虽未必完全真实可靠,但慧能的佛学思想以明心见性为根本则是毋庸怀疑的。

但是,慧能明心见性的思想为什么能得到五祖弘忍的垂青而把衣钵传给他?他出身寒微,既非巨富,又没有像智顗、玄奘、法藏那样,受到该时代的最高统治者的直接支持,为什么也能创立一个与天台、唯识、华严三大宗派相抗衡的佛教宗派,并且最后压倒他们成为晚唐之后中国佛教的代名词?这是研究中国佛教所必须回答的几个根本性的问题。而要回答这些问题,首先必须弄清楚慧能佛教思想本身。

　　慧能的佛教思想在他第一次参见弘忍法师时的答话中就表现出来了。他从广东新会千里迢迢去湖北黄梅投拜弘忍为师,刚一见到弘忍,弘忍劈头便问:

　　　　汝何方人? 来此山礼拜吾,汝今向吾边复求何物?[①]

　　慧能答道:

　　　　弟子是岭南人,新州百姓。今故远来礼拜和尚,不求余物,惟求作佛。

　　弘忍便斥责慧能曰:

　　　　汝是岭南人,又是獦獠,若为堪作佛?

　　慧能便答道:

　　　　人即有南北,佛性即无南北。獦獠身与和尚不同,佛性有何差别?

　　问得干脆,答得也明白,意思是说,人虽有南北贵贱之分,佛性本无南北贵贱,于一切人悉皆平等。一个刚要出家的百姓,能够单刀直入,

――――――――――――――

　　① 《南宗顿教最上大乘摩诃般若波罗蜜经六祖慧能大师于韶州大梵寺施法坛经》,又名敦煌本《坛经》,《大正藏》册四八,第 337 页。以下引文凡出自《坛经》者,均不再注出处。

对佛性问题发表这样不同凡响的议论，自然得到弘忍的赏识。据说当时弘忍还想与他谈论佛法，碍于左右人多，故遂令他到碓房作杂役。

慧能在同弘忍的那段对话中，所透露出来的佛性平等的思想，究竟是一时的思想闪光，抑属其一贯的、基本的思想？这个问题在《坛经》中有明确的答案。下面便是其中一段较有代表性的话，借此可窥见慧能佛性平等思想之一斑。慧能说：

> 譬如雨水，不从无有，元是龙能兴致，令一切众生，一切草木，有情无情，悉皆蒙润，百川众流，却入大海，合为一体，众生本性般若之智，亦复如是。

这段话有二层意思：一是佛性之于一切众生，有如雨水之于万物，常皆蒙润，一无遗漏；二是因一无遗漏，故悉皆平等。在这里，慧能是以悉有说平等——众生悉有佛性，故佛性平等。

众生悉有佛性的思想，对于慧能所处的佛教界说，并不是什么新见解，中土佛教思想家自竺道生之后，多数持这种看法，而以悉有说平等，也是一种简单的辞义引申，并非什么惊世骇俗之见，慧能佛性思想的特点所在，实不在其主悉有，倡平等，而在于他如何解说悉有与平等。对于这个问题，慧能是这样说的：

> 人性本净。
> 世人性本清净，万法在自性。
> 菩提般若之智，世人本自有之。
> 世人性净，犹如清天，慧如日，智如月。

这些话如果放到中国佛性思想史上去考察，则慧能不仅主悉有，而且属本有一流,这是其一;其二,以本有般若之智说佛性本有,不仅晋宋之后的中土佛教思想家多如是说,而且印度诸经论早已屡屡言及"心性本净,为客尘所染",实非慧能之发明。慧能思想的独到之处,乃在于他对人性、自性、心性的具体论说上。

那么,慧能是怎样论述人性、自性、心性的呢? 在《坛经》中,慧能说:

> 本性是佛,离性无别佛。
>
> 佛是自性,莫向身外求。
>
> 自归依佛,不言归依他佛。自性不归,无所依处。
>
> 自性能含万法是大,万法在诸人性中。

在这里,慧能把自性与佛视为一物,认为离自性外无别佛,所谓归依佛者,乃是归依自性,离开自性,无归依处;而所谓自性,慧能更以人性说之,也就是说,自性即在人性之中,不可离生身而另求佛。其后学对此作了进一步的发挥,神会在答苏州长史唐法通问时,以金器关系说佛性与众生是体一无殊①,净觉则以冰水释生佛,曰:

> 真如妙体,不离生死之中;圣道玄微,还在色身之内。色身清净,寄住烦恼之间;生死性真,权在涅槃之处。故知众生与佛性,本来共同。以水况冰,体何有异。冰由质碍,喻众生之系缚;水性灵通,等佛性之圆净。②

---

① 《荷泽神会禅师语录》。

② 《楞伽师资记·原序》。

在《黄檗断际禅师宛陵录》中，希运更以向山谷找声响喻离自身向外觅佛。他说：只要你有觅佛的念头，便是过失。这有如痴人在山上叫一声，听到山谷里有回响，便急忙下山找声响，待找不到声响，又上山叫一声，又复下山寻觅，这样千生万劫，也找不到声响。离自身而另找佛的人亦复如是，"只是寻声逐响人，虚生浪死汉"，离祖师意趣甚远。祖师意趣者：

> 若识众生，即见佛性；若不识众生，万劫觅佛难逢。吾今教汝，识自心众生，见自心佛性。吾与汝说，后代之人，欲求见佛，但识众生……自性若悟，众生是佛；自性若迷，佛是众生；自性平等，众生是佛。

从这段话看，慧能已不单纯用自性说佛，而且有了自心佛性、迷凡悟圣之说。这是一个重要转折，此后，慧能就直指心源，把生佛归诸一心了。

在《黄檗断际禅师宛陵录》中收集有希运对慧能的佛性思想的许多评述与解释。他说：

> 祖师直指一切众生本心本体本来是佛，不假修成，不属渐次，不是明暗。
> 即心即佛，上至诸佛，下至蠢动含灵，皆有佛性，同一心体。所以达磨从西天来，惟传一心法，直指一切众生本来是佛，不假修行。但如今识取自心，见自本性更莫别求。

按照希运的说法，慧能是直指众生本心本体本来是佛的，实际上，希运的这种说法是来自《坛经》的。在《坛经》中，慧能就常常以心说佛，

倡即心即佛,例如他说:

> 听吾说法,汝等诸人,自心是佛,更莫狐疑。外无一物而能建
> 立,皆是本心生万种法。故经云:心生种种法生,心灭种种法灭。
> 我心自有佛,自若无佛心,何处求真佛。
> 菩提只向心觅,何劳向外求玄? 听说依此修行,西方只在眼前。
> 佛知见者,只汝自心,更无别佛。

前面我们引了慧能以性说佛,性即是佛,离性无别佛的许多话,这里慧能又反复强调心即是佛,离心无别佛,那么,究竟何说为是? 或者说,心与性究竟是什么关系? 这个问题,还是让慧能自己来回答吧。在《坛经》中慧能说:

> 心是地,性是王,王居心地上,性在王在,性去王去,性在身心存,性去身心坏。佛向性中作,莫向身外求。自性迷即是众生,自性觉即是佛。
> 故如一切万法,尽在自身之中,何不以于自心顿现真如本性。

按"心是地,性是王"说,心是基础,性居心上。但按"性在身心存,性去身心坏"说,则性又变成身心的根据。看来,在慧能的思想中,心性之间在一定范围内并没有严格的区划,而是相互依存,互为表里,心即是性,性即是心,而所谓一定范围,亦即指有情众生界。对蠢动含灵之物来说,所谓自性,是寄托于自心,居于心地之上的,而众生之心,又是自性的体现,离自性则没有众生身心。因此,就一切诸法上讲,则性是万物之源。就生佛范围内说,心是众佛之本。在众生界中,心之与性,是一而二、二而一的。作为万法本原之真如本性,对于众生界来说,也

就是众生之自心，离心无别佛，故曰即心即佛。可见，即心即佛乃是自性是佛在生佛关系上的具体表述。

慧能把生佛归于一心的思想，如果从佛性思想史上看，亦非一种前人未发之绝唱。实际上，中国佛性思想，自隋唐之后，在天台、华严二宗的佛性思想中表现得已很突出，他们分别从不同的角度反复地论证了"心佛及众生，是三无差别"。那么，慧能所说的即心即佛，与天台、华严二宗所弘扬的"心佛及众生，是三无差别"究竟有什么区别？要回答这个问题，首先要弄清楚慧能所说之心的具体含义。

在上一章，我们已经指出了天台与华严二宗虽都把生佛归结于一心，但二宗所说的含义不尽相同，如果说，天台所说的心较接近于实相，那么，华严宗所说的心则是指"如来藏自性情净心"或"一真法界"。事情非常清楚，如果说慧能所说的心也完全是指"真心""清净心"，那么，禅宗即心即佛的思想实际上是在沿袭华严的说法，不过大加浓缩罢了，谈不上有什么特色，所谓六祖"革命"更无从说起。当然，这不等于说慧能所说的心丝毫不含有真心、清净心的成分，毋庸怀疑，慧能所说的心，不但深受大乘佛教所说的"如来藏自性清净心"的影响，而且还与印度部派佛教所说的"心性本净"说有相近相通之处。例如在《坛经》中，慧能曾以"天常清，日月常明，为浮云盖覆，上明下暗，忽遇风吹云散，上下俱明，万象皆现"来说明"众生心性本净"，这同分别论者及一心相续论者以铜器本净，为尘垢所染，故不净，若除去尘垢，则净器显现等譬喻来说明心性本净，不但思想相近，而且在说明方式上也有类似之处。《阿毗达磨大毗婆沙论》载有这样两段话：

　　　　有执心性本净，如分别论者。彼说心性本净，客尘烦恼所染污故，相不清净……彼说染污不染污心，其体无异。谓若相应烦恼未断，名染污心，若时相应烦恼已断，名不染心。如铜器等未除垢时，名有垢器等,若除垢已,名无垢器,心亦如是。①

　　有执但有一心,如说一心相续论者,彼作是说,有随眠心,无随眠心,其性不异,圣道现前,与烦恼相违,不违心性,为对治烦恼,非对治心。如洗衣、磨镜、炼金等物。②

　　分别论者与一心相续论者都较少以义理的分析论证,而是借助譬喻来说明心性本净,慧能的"天常清"一说也具有这个特点。但是,就总体上说,慧能所说的"心性本净"与部派佛教所说的"心性本净"含义是不相同的。分别论者与一心相续论者所说的本净心性与客尘烦恼,有自体与外铄、本性与客性之分,认为烦恼是外铄的、附属的,只要除去尘垢烦恼,本性还自清净。慧能的心性本净说则不是这样,在对待本净心性与烦恼尘垢的关系上,慧能并不主张有主客之分,而更趋于二者一元。也就是说,所谓客尘烦恼,并不是独立于心性之外的东西,而是迷妄所致,只要离相无念,则自性本净。慧能心性本净说与分别论者的心性本净说的思想分野,可以慧能的得法偈为证。

　　大家知道,慧能的得法偈不但不主拂尘磨镜说,而且在一定程度上是以反对拂尘磨镜的思想为标志的。尽管此偈各种版本说法不一,但主要说法有两种:一曰"菩提本无树,明镜亦非台,佛性常清净,何处有尘埃";一曰"菩提本无树,明镜亦非台,本来无一物,何处有尘埃"。不管是"佛性常清净,何处有尘埃"还是"本来无一物,何处有尘埃",慧能都是明确主张在佛性或真空之外,并不另有尘埃存在。可见,慧能的心性本净说与印度部派佛教的心性本净说是根本不同的。

　　实际上,慧能的心性本净说,与其说与印度部派佛教的心性本净说

---

① 《阿毗达磨大毗婆沙论》卷二七,《大正藏》册二七,第140页。
② 同上书,第110页。

相类似,不如说更接近于大乘佛教的"如来藏自性清净心"。如来藏学的特点,是在众生烦恼覆藏之中有本性清净之如来,《胜鬘》等经把如来藏联系于心的本质,倡"自性清净心而有染者",进而以"空如来藏"义,由空智把烦恼断掉,现其"自性清净心"。《坛经》中所说的"但能离相,性体清净","为人体性念念不住……于一切法上念念不住,即无缚也,以无住为本",以及"万法尽通,万行俱备,一切不染,离诸法相一无所得,名最上乘"等,就其思维方法说,与《金刚经》的"性空思想"相近,就其佛性思想说,与《胜鬘》等经所说的"空如来藏"义是同一个意思。

《胜鬘》等经还以"空如来藏"上更立"不空如来藏",所谓"不空如来藏"即是以如来藏可以成佛,有佛之功德,故不空。联系到心性说,即自性清净心体不空。此一自性清净心体不空的思想,使如来藏佛性学说开始走上与心性相结合的道路。佛性思想也由此而逐渐出现唯心的倾向,而这种倾向的集大成者,就佛教经论言,当推《大乘起信论》。《大乘起信论》以"一心二门"为纲骨,把一切诸法归诸一心,以真如生灭二门、不变、随缘二义解释本体与现象、清净自性与杂染诸法的相互关系,从理论上对心佛与众生相互关系进行最系统的阐述,成为中土佛性思想(特别是天台、华严、禅宗)所依据的最重要经论之一。因此,要探究慧能所说之心的含义,虽可以远溯至部派佛教,但更受《大乘起信论》的直接影响。

《起信论》所说的心,原则上说是包摄真如生灭二门。但在具体论述过程中,却时而指如来藏自性清净心、真心,时而指具体当下现实之心。《起信论》的这种一心而二任的倾向,使得中国佛性思想中所说的心多具有模棱两可的性质。天台、华严、禅宗均然。当然,由于各宗之宗旨及论证方式不一,各宗对心之解执也不尽相同。以华严、禅宗为例:华严宗所说的心,虽然不无具体心的成分,但从总体上说,主要是指如来藏自性清净心,这一点,我们在上一章已经作了充分的说明;反之,慧能所说的心虽然也含有如来藏自性清净心的意义,但主要是指当前现实之人心,对此,我们可以从《坛经》的许多论述中得到证明。例如,慧能说:

> 经文明言自归依佛,不言归依他佛。自性不归,无所依处。今既自悟,各须归依自心三宝。内调心性,外敬他人,是自归依也。
>
> 心地但无不善,西方去此不遥;若怀不善之心,念佛往生难到。
>
> 汝今当信,佛知见者,只汝自心,更无别佛……吾亦劝一切人,于自心中常开佛之知见。
>
> 汝观自本心,莫著外法相,法无四乘,人心自有等差。
>
> 自归依者,除却自性中不善心,嫉妒心,谄曲心,吾我心,诳妄心,轻人心,慢他心,邪见心,贡高心,及一切时中不善之行,常自见己过,不说他人好恶,是自归依。常须下心,普行恭敬,即是见性通达,更无滞碍,是自归依。

这些论述中所说之心、人心、自心,很难作为"如来藏自性清净心"来理解,实际上,它们多是指当前现实之人心。

把遨游于幻想太空的"清净心"变成当前现实之人心,从理论思想来说,也许要简约、粗糙一些,但是,由于它直指众生自心本是佛,缩小了众生与佛之间的距离,打破了在家与出家、世间与出世间、生死与涅槃之间的界限,以世俗化宗教为标志的禅宗终于为佛教争得了更大的地盘,俘虏了更多的信徒,这是慧能即心即佛思想对于中国佛教的意义所在。

二 明心见性与离相无念

慧能既然把众生与佛乃至一切诸法归结于自心,其整个佛教理论就合乎逻辑地围绕着此心而展开,其余宗教实践亦唯在此心上下功夫。下面我们进一步来看看慧能建筑在自心基础上的一系列佛性理论。

慧能虽然倡人性本净、佛性平等、自心是佛、离心无别佛,但正如他在刚要出家时就因自己是岭南之獦獠而被弘忍斥为不堪作佛一样,在现实世界中,诸法森罗万象,众生千差万别,智愚殊异,凡圣不一,这就向慧能的佛教理论提出这样一些问题:既然众生心性本净,佛性于众生悉皆平等,那么为什么当今世界会有智愚凡圣等种种差别?既然众生自心本是佛,离心更无别佛,那么为什么在现实世界中,并非人人都随时可以成佛?所谓自心作佛,即心即佛,其真实含义究竟是什么?众生从本具佛性到成佛究竟需要具备什么条件,用何方法,如何修行?等等。可以说,慧能的整个佛性思想,都是从不同角度来回答这些问题的。

慧能认为,学佛之最紧要者,莫过于明心见性。《坛经》曰:"不识本心,学法无益,识心见性,即悟大意。"所谓明心,亦即明了一切诸法皆从心生,皆自心出,一心而"万法尽通,万法具备","心生种种法生,心灭种种法灭",诸法也不例外,非离心而有别佛,而是自心即是佛,若能洞明此一心具万法,自心即是佛的真理,则与诸佛的境界无异;而所谓见性,亦即发见自心本具佛性,自性本来是佛。实际上,明心与见性是一个事情的两个方面,唯有明心,方能见佛性本自具足,而所谓见性者,则是明了自心本来是佛。

明心见性说起来虽然简单,但做起来诚非易事。世上凡夫俗子,芸芸众生,虽然都本具此作佛之心,但由于未能洞明此一即心即佛的真理,而执著外界的种种法相,妄生分别,故有生死之相,轮回之苦。《坛经》曰:

　　人性本净,由妄念故盖覆真如,但无妄念,性自清净。

> 本性自净自定,只为见境,思境即乱。
>
> 于外著境,被妄念浮云盖覆,自性不得明朗。

神会说:"以有所得者,即是系缚。"①净觉也说:"所谓心性不生不灭。一切法惟因妄念而有差别。若离妄念,别无境界之相。是故一切法,从本已来……惟是一心,故名真如。"②

希运在《筠州黄檗山禅师传心法要》中则说得更明白:

> 诸佛与一切众生,惟是一心,更无别法……但是众生著相外求,求之转失。使佛觅佛,将心捉心,穷劫尽形终不能得。

这都是指一切诸法,从本已来,惟是一心。生佛亦然,自心即生佛,生佛即自心。众生所以未能明了此心即佛,进而见性成佛,其源盖在于横生妄念,执著外境。

找到了不能见性成佛的根源,实际上也就找到了如何见性成佛的方法。既然众生沉沦凡俗,轮回生死苦海的根本原因是横生妄念,执著外境,那么要脱离此生死苦海,出凡入圣,最重要的当然是灭诸妄念,离诸外境——禅宗正是这么说的。《坛经》曰:

> 汝之本性,犹如虚空,了无一物可见,是名正见。无一物可知,是名真知。无有青黄长短,但见本源清净,觉体圆明,即名见性成佛,亦名如来知见。
>
> 于一切法不取不舍,即见性成佛道。

---

① 《荷泽神会禅师语录》。
② 《楞伽师资记·原序》。

若见一切法，从不染著，是为无念。用即遍一切处，亦不著一切处。但净本心，使六识从六门走出，于六尘中，无染无杂，来去自由，通用无滞，即是般若三昧，自在解脱，名无念行。

我此法门，从上已来，顿渐皆立无念为宗。

这些都是说禅宗以无念为宗。所谓无念，即是于一切法不取不舍，不染不著，任运自然，自在解脱。此是禅宗立宗之本，故慧能后学荷泽一系，对于弘扬无念思想，最不遗余力。神会曰：

无念者，是圣人法。凡夫若修无念者，即非凡夫。①

决心证者，临三军际，白刃相向下，风刀解身，日见无念，坚如金刚，毫微不动。纵见恒沙佛来，亦无一念喜心，纵见恒沙众生一时俱灭，亦不起一念悲心。此是大丈夫，得空平等心。②

此谓诸法无非我心中物，何况泰山白刃！吾身亦无非是心之变现，又何必大惊小怪！

神会之无念说，后人多视之为禅宗正传。宗密在《中华传心地禅门师资承袭图》中说：

荷泽宗者……是达摩来之本意也……即此立寂之知，是前达摩所传空寂心也……顿悟空寂之知，知且无念无形，谁为我相人相。觉诸相空，真心无念，念起即觉，觉之即无。修行妙门惟在此也。故虽备修万行，惟以无念为宗。

---

① 《荷泽神会禅师语录》。
② 同上。

神会之无念说,既近承慧能的思想,又远接《大乘起信论》。《起信论》说:"若能观念知心无念,即能随顺入真如门。"这也可以看出,《大乘起信论》是影响禅宗思想的一部重要论典。

离相无念的思想,不仅为荷泽系所承继弘扬,江西马祖道一的门徒慧海、百丈怀海的弟子希运等也都以无念为立宗之宗旨、学佛之根本。希运曰:

> 学道人若欲得成佛,一切佛法总不用学,惟学无求无著。无求即心不生,无著即心不灭,不生不灭即是佛。
>
> 故知一切诸法皆由心造……如今但学无心,顿息诸缘,莫生妄想分别,无人无我,无贪嗔,无憎爱,无胜负,但除却如许多种妄想,性自本来清净,即是修菩提法佛等。若不会此意,纵你广学,勤苦修行,木食草衣,不识自心,皆名邪行。①

《大珠禅师语录》卷上,也载有慧海关于禅宗宗旨的一段问答:

> 问:此顿悟门,以何为宗? 以何为旨?
>
> 答:无念为宗,妄心不起为旨。
>
> 问:既言无念为宗,未审无念者,无何念?
>
> 答:无念者无邪念。
>
> 问:云何为邪念? 云何为正念?
>
> 答:念有念无,即名邪念。不念有无,即名正念。

也就是说,无念者,只是无邪念,非无正念。所谓邪念,不仅念有著

---

① 《黄檗断际禅师宛陵录》。

相为邪念,念无著空也是邪念。只有不念有无,既不著相,亦不执空,方为正念。这种说法是符合慧能本意的,慧能在《坛经》中就既倡本性如虚空,又主张不可有空见。例如他说:"汝但心如虚空,不著空见,应用无碍。""世人妙性本空,无有一法可得,自性真实,亦复如是。善知识,今闻慧能说空,便即著空,第一莫著空。""若全著相,即长邪见,若全执空,即长无明。"

禅宗离相无念的思想,与般若学的扫相绝言、诸法性空的思想多有契合之处。史传禅宗于慧能前依《楞伽》[①],至慧能而直依《金刚般若经》,看来不无根据。《坛经》中有一段话,也很可表明禅宗与《金刚经》的关系:

> 善知识,若欲入甚深法界、入般若三昧者,直修般若波罗蜜行。但持《金刚般若波罗蜜经》一卷,即得见性入般若三昧。

当然,从总体上说,禅宗之接受般若学,在很大程度上是接受其中的非有非无的中道思想,因此表现在思维方法上,禅宗不单纯论空谈无,而是不著空有,不执有无,出没尽离二道,究竟二法尽除。其中所体现的是不落有无、空有相即的中道思想。例如,在《坛经》中,慧能是这样谈论离相无念的:

> 万象有而非有,一心空而非空。
> 外于相离相,内于空离空。若全著相,即长无明……若有人问义,问有将无对,问无将有对,问凡以圣对,问圣以凡对,二法相因

---

① 《续高僧传·慧可传》曰:初达磨师以四卷《楞伽》授可曰:"我观汉地惟有此经,仁者依行,自得度世。"《楞伽师资记》卷五又说道信、弘忍依两经"要依《楞伽经》……又依《文殊说般若经》"。

生中道义。

> 设有人问:何名为暗?答云:明是因,暗是缘,明没即暗;以明显暗,以暗现明,来去相因,成中道义。

> 说法不失本宗,须举三科法门,动用三十六对,出没即离两边,说一切法,莫离于性相。若有人问法,出语尽双,皆取对法,来去相因,究竟二法尽除,更无去处。

可见,慧能并不直接以缘起性空谈离相无念,而是认为诸法有而非有,一心空而非空,进而主张于相离相、于空离空,以尽离二边,皆取对法的中道思想来谈离相无念。神会就曾以中道义解慧能的无念思想,他说:"见无念者,中道第一义谛。"①这是深契慧能无念本旨的。

三 禅非坐卧与道由心悟

从以上论述可以看出,禅宗离相无念的思想,不是以单纯否定客观世界一切诸法为目的,而是以说明"三界无别法,惟是一心作"为归趣。以对待众生为例,禅宗不是为了否定一切众生的现实存在,而是为了说明一切众生的当前现实之心本即是佛,众生与佛本无二致,差别只是迷悟不同,自性迷则是众生,一念若悟,众生是佛。正是把一切凡圣之根源归诸一心之迷悟,禅宗建立了一整套自家的佛性学说。

一反住心静坐的传统修行方法,慧能创立的禅宗主张"禅非坐卧"。《坛经》上载有这样一件事:禅宗自弘忍之后,有南能北秀之称,其时住在荆南玉泉寺的神秀听说慧能在南方讲学多直指人心,见性成佛,便暗地派他的门人志诚去偷听,并一再嘱咐他:"但坐听法,莫言吾使汝来。汝若听得,尽心记取,却来说吾。"不料志诚到曹溪后,一听慧能讲法"言

---

① 《神会语录》卷一。

下便悟"，随即起而礼拜慧能，把自己的身份、来意说与慧能听。慧能便问他的老师神秀平时是怎样教他的，志诚说：老师常教导他们要住心观静，长坐不卧。慧能随即答道："住心观静，是病非禅；长坐拘身，于理何益!"并作一偈曰：

　　　　生来坐不卧，死去卧不坐。一具臭骨头，何为立功课。

　　此一记载也许是南宗后学为抬高本宗而渲染加工而成的，但它至少表明了南宗对住心、坐禅的态度。

　　《景德传灯录》还有一则记载，说唐中宗曾派薛简宣召慧能进京，慧能以疾婉言谢绝。薛简请慧能教示禅法，并说：京师诸大德多以坐禅会道，不知大师的看法如何？慧能答道：会道岂在坐禅。佛经上说，谈说如来坐卧，即是邪道。何以故？因为"无所从来，亦无所从去，无生无灭，是如来清净禅，诸法空寂，是如来清静坐"[①]。这不但表明了慧能对坐禅的态度，而且道出了所以采取这种态度的理论根据，亦即诸法本性空寂，如来也不是个物，一切都是不来不去，无生无灭。何所坐？如何禅？一说个如来坐卧，已经是邪道非佛道了。

　　当然，慧能并非不讲禅定，但其禅定与传统所说的住心静坐却相去甚远。他说：

　　　　外离相为禅，内不乱为定。
　　　　外禅内定故曰禅定。
　　　　若见诸境不乱者，是真定也。

---

① 《景德传灯录》卷五，《大正藏》册四八，第 136 页。

　　原来,慧能是以离相无念为禅定。这种禅定观在禅宗发展史上是一个转折点,因为慧能之前的楞伽师是主张坐禅的,所谓"若有一人不因坐禅而成佛者,无有是处"①。号称中土禅宗初祖的菩提达磨也是以"壁观"闻名于佛教史,《景德传灯录》说他:"寓止于嵩山少林寺,面壁而坐,终日默默,人莫之测。"四祖道信亦"数十年中胁不至席"。承接《楞伽》余绪之北宗神秀也以住心静坐为修行之根本方法。慧能不为传统的修行理论所束缚,根据他的明心见性、离相无念的思想,明确提出禅非坐卧的主张。自此之后,禅非坐卧思想成为禅宗修行理论中的一个重要原则。

　　神会继承慧能的思想,经常斥责凝心静坐,他在回答崇远法师的问中说:"若教人凝心入定,住心看净,起心外照,摄心内证者,此是障菩提。"并且指出:"今言坐者,念不起为坐;今言禅者,见本性为禅。所以不教人坐身住心入定。"在《五更转》诗偈中,神会还说:"了性即知当解脱,何劳端坐作功夫。"神会的这些说法,基本上仍是以明心见性、离相无念的思想去解说禅非坐卧。

　　在禅宗史上,有名的"怀让磨砖"的故事,也是用以说明禅非坐卧的。《古尊宿语录》"大鉴下一世"文中载有这样一个故事,说马祖道一曾居住在南岳传法院,其师怀让因慧能曾对他说过"汝向后出一马驹,踏杀天下人",故多方诱导之。一日他将砖于庵前磨,磨了好多时刻。马祖便问:老师磨砖作什么?怀让曰:磨砖作镜。马祖就说,磨砖岂得作镜。怀让便趁机开导他:磨砖既不能成镜,坐禅岂能成佛?马祖赶忙问如何才能成佛。怀让曰:譬如牛拖车,车若不行,打牛呢还是打车?又说:"汝学坐禅,为学坐佛?若学坐禅,禅非坐卧,若学坐佛,佛非定相,于无住法不应取舍。汝若坐佛,即是杀佛,若执坐相,非达其理。"据

---

　　① 《楞伽师资记》卷一。

说,马祖听后,豁然开悟。① 此中所阐发的禅非坐卧的思想乃是慧能对薛简所说那番话的翻版,即以诸法空寂为如来清净坐,以不来不去、无生无灭为如来清净禅。

禅非坐卧的思想,在禅宗思想的发展过程中是实实在在地愈演愈烈。这里不想太多地列举禅师们谈论禅非坐卧的具体论述,而拟撮取几位有代表性的禅师的几段有代表性的论述,以窥此一思想发展之大概。

在禅宗史上有"一宿觉"之称的玄觉在其著名的《永嘉证道歌》中有这样一唱,曰:"行亦禅,坐亦禅,语默动静体安然;纵遇锋刀常坦坦,假饶毒药也闲闲。我师得见燃灯下,多劫曾为忍辱仙?"这种行住坐卧语默动静皆禅的思想,表面上看是禅非坐卧思想的反唱,实际上,二者表现的是同一个思想。既然诸法空寂,佛无定相,一切都是心之体现;那么,既可以说禅非坐卧,又可以说坐卧皆禅。慧海曰:"无有性外事。用妙者,动寂俱妙;心真者,语默总真;会道者,行住坐卧是道,为迷自性,万惑滋生。"意思是说,关键不在于行住坐卧本身,而在于自性之迷与悟,悟者行住坐卧是禅、是道,自性迷,一切是惑。

禅宗非但主张禅非坐卧,而且还不以诵经为然。《镇州临济慧照禅师语录》有这样一段记述:有一天,王常侍去参访慧照禅师,同禅师一起到僧堂,就问禅师:这一堂僧还看经么? 师云:不看经。侍云:还学禅么? 师云:不学禅。侍云:经又不看,禅又不学,毕竟作个什么? 师云:总教伊成佛作祖去。② 此种不看经、不坐禅的说法,非是慧照一人之奇谈怪论,乃是禅宗的基本思想,在禅宗人看来,一切诵读言说,"只是化

---

① 《古尊宿语录》卷一。
② 《古尊宿语录》卷四。

童蒙耳"①,只如"鹦鹉只学人言,不得人意"②。因为"经传佛语,不得佛意,而但诵,是学语人,所以不许"③。希运则说:"直指人心,见性成佛,不在言说。"在佛教史上,以前也有四依四不依及十二部经是方便、扫相绝言是究竟等多种说法,但像禅宗这样把诵经比作鹦鹉学舌,且作为立宗之主要原则的,尚属罕见。

与道不在言说相联系的另一个重要思想是不立文字。不立文字说自初祖菩提达磨起就有此说法,达磨说:"我法以心传心,不立文字。"意谓禅宗是教外别传,重在以心传心,以心印心,不立文字,直指心源。杨亿在《景德传灯录序》中也说:"而双林入灭,独顾于饮光,屈眴相传,首从于达磨。不立文字,直指心源,不践阶梯,径登佛地,逮五叶而始成。"④可见,达磨乃中土不立文字说之始唱者。自达磨以后,各位祖师代代相传,三祖僧璨曾语四祖道信曰:"圣道幽通,言诠之所不逮;法身空寂,见闻之所不及。即文字语言,徒劳设施也。"⑤至六代慧能,更把此不立文字的主张作为禅宗的一条重要原则而大加弘扬。据《景德传灯录》记载,慧能在出家求师路上就有这种思想。慧能在从新会去湖北黄梅路经韶州时,曾遇到一位尼姑在读《涅槃经》,慧能听过之后,就为她解说其中之义理,尼姑见他精通义理,就拿着经书向慧能问字。慧能说:"字即不识,义即请问。"尼曰:"字尚不识,曷能会义?"慧能答道:"诸佛妙理非关文字。"⑥《高僧传》也记载慧能常说:"若取文字,非佛意。"⑦《坛经》里也有关于不立文字的许多说法,或曰佛性"无名无字",或曰

---

① 《黄檗断际禅师宛陵录》。
② 《大珠禅师语录》卷下。
③ 同上。
④ 《大正藏》册五一,第196页。
⑤ 《楞伽师资记》卷一。
⑥ 《景德传灯录》卷五,《大正藏》册五一,第35页。
⑦ 《高僧传》卷八。

"知本性,自在般若之智,不假文字"。总之,在慧能的佛教思想中,不立文字是一个重要原则。

慧能之后,不立文字的思想就更盛行了。慧海说:"莫向言语纸墨上讨意度。"①"迷人向文字中求,悟人向心而觉。"②"得意者越于浮言,悟理者超于文字。法过言语文字,何向数句中求。是以发菩提者,得意而忘言,悟理而遗教,亦就得鱼忘筌,得兔忘蹄也。"③希运引志公的话说:"佛本是自心作,那得向文字中求。"④这些话都有一个共同点,就是主张离诸文字,向心而悟,得鱼忘筌,会意忘言。禅宗的这种思想与他们把经视为佛语,把禅视为佛意很有关系。既然禅是佛意,自然贵在意会,而不可笔述言宣。笔述言宣,充其量只可得筌蹄,而心领意会则可得鱼兔。因此,禅门最后都把落点归诸心悟。

照禅宗看来,佛法工夫,全在于觉与不觉,悟与不悟,不悟则愚则凡则是众生,一念既悟则智则圣则佛。一本《坛经》几乎都是在讲道由心悟、迷凡悟圣的道理。"前念迷即凡,后念悟则佛","不悟,即佛是众生,一念悟,众生是佛","自性迷即是众生,自性觉即是佛","道由心悟,岂在坐也"。禅宗后学亦多以一心之迷悟说凡圣生佛。神会曰:"觉了者即是佛性,不觉了即是无明"⑤,"悟之乃烦恼即菩提,迷之则北辕而适楚"⑥。玄觉曰:"实相天真,灵智非造,人迷谓之失,人悟谓之得。"⑦慧海曰:"悟即是佛,迷者众生。"希运更把佛法归之于一心之悟,当人问他:"心既本来是佛,还修六度万行否?"他答道:"悟在于心,非关六度万

① 《大珠禅师语录》卷下。
② 同上。
③ 同上。
④ 《筠州黄檗山断际禅师传心法要》。
⑤ 《荷泽神会禅师语录》。
⑥ 同上。
⑦ 《禅宗永嘉集》。

行,六度万行尽是化门接物度生边事。"①希运这一思想是远承达磨,近接慧能。据神会《菩提达磨南宗定是非论》记载,菩提达磨有一次会见梁武帝,梁武问:"朕造寺度人,造像写经,有何功德不?"达磨答:"无功德。"梁武帝听后,甚是惆怅,结果把达磨驱逐出境。慧能在《坛经》中曾谈到这件事,并作了一番发挥,最后说:"功德须自性内见,不是布施、供养之所求也,是以福田与功德别。武帝不识真理,谤我祖师有过。"慧能这是把功德与福田区别开来谈,功德是不离自性的东西,只能自性内见,不是布施、供养等福田所能及的。希运正是根据达磨、慧能的这种思想,把佛法尽归之于一心之悟,而把六度万行尽打入旁门左道。这可说是禅宗把一心上下工夫之修行理论推到极端。

第二节　无情有性与后期禅宗

慧能把天台、华严二宗的唯心佛性论进一步归结于自心,倡直指人心、见性成佛。这样,唯心论的众生悉有佛性就被推到了极端,朝着唯心的方向已没有什么发展的余地。因此,自中唐之后,佛性思想就出现一种由众生有性到万物有性方面发展的倾向。

一　无情有性与荆溪尊者

在中土佛教史上,第一个把无情有性作为本宗佛性思想的标志,并从理论上对它进行全面论证的,是被尊为天台九祖的荆溪湛然。

湛然所处的唐朝中期,禅宗盛行,华严宗也颇有势力,相形之下,天台宗显得不太景气。面对这种严峻的形势,湛然果敢地以振兴天台为己任。他谓门人曰:"道之难行也,我知之也。古之圣人,静以观其本,

---

① 《黄檗断际禅师宛陵录》。

动以应乎物,二俱不住,乃蹈于大方。今之人或荡于空,或胶于有,自病病他,道用不振。归欲取正,舍予谁归。"从这段话看,湛然对中兴天台颇有"当仁不让""舍我其谁"的气概。当然,单有气概还不够,要振兴天台,还得有借以振兴的具体办法,经过殚思竭虑,他终于打出"无情有性"这面大旗。

所谓"无情有性",主要指不但有情众生悉有佛性,而且连墙壁瓦石等无情物也悉有佛性。由于此说打破了唯有众生才有佛性的传统看法,明显地扩大了佛性的范围,因而在当时产生了较大的影响,湛然中兴天台的愿望实现了,他也因此被推上"天台九祖"的宝座。

湛然"无情有性"的思想集中体现在《金刚錍》中。下面,拟以《金刚錍》为主,结合湛然的其他著作,对他的"无情有性"说作一简要的考察。

《金刚錍》"假梦寄客,立以宾主"①,借梦中呓语提出无情有性说,然后假设答客问的形式来阐述无情有性思想。客曰:我翻遍释教经典乃至双林极唱,都说佛性非指无情,你何独言无情有性呢?主人答曰:以前人们尚且说一阐提人无性,说无情无性,何足为怪?殊不知教有大小权实之分,就以《涅槃经》为例来说吧,《涅槃》中佛性之言,不惟一种,如"迦叶品"下文云:"古佛性者,所谓十力、无畏、不共大悲、三念、三十二相、八十种好,为何不引此文,令一切众生亦无,何独瓦石?!"意思是说,同一部《涅槃经》对佛性的说法就不止一种,其中"迦叶品"中就有以十力四无畏释佛性的,如果按照这种说法,岂但瓦石无性,一切众生都没有佛性。在湛然看来,说瓦石无佛性,那是经文的方便说,如果依理则终无异辙,一切诸法悉有佛性。他承袭天台藏、通、别、圆四教说,认为:若依小乘,则有无情之说;若依大乘,则有

————————

① 《金刚錍》,《频伽精舍大藏经》阳帙第十册。以下引文,凡出自《金刚錍》者,均不再注出处。

佛性之语。愚人不懂得融通,故有无情无性之说。他进一步指出,法华前之三藏教、通教及三乘教均属权教,故"可云无情不云有性",如果依实教之圆人圆理,则"心外无境谁情无情,法华会中一切不隔,草木与地四微何殊,举足修途皆趣宝渚,弹指合掌咸成佛因","藏见六宝,通见无生,别见前后生灭,圆见事理一念具足"。在这里,湛然搬出了天台的一念三千说来为其无情有性作论证,意谓"一念中理具三千,故曰:念中具有因果凡圣大小依正自他。故所变处无非三千。而此三千性是中理,不当有无,有无自尔。何以故?俱实相故。实相法尔具足诸法"。由一念三千而实相说,实相诸法无不具足,自然无情物亦无可逃遁于其间。

在湛然看来,实相、佛性、法界等等,名称虽异,其体无殊,"然虽体同不无小别"。他认为,凡有性之名者,多约圣约理言,如佛性、理性、真性、藏性、宝性等等;凡无性之名者,则多通凡圣因果事理,如法界、实相等。因有些小别,故诸经之中名目林立,说法不一。他又以《涅槃经》为例,《涅槃经》多言佛性,佛是果人,一切众生皆有当果之性,故偏而言众生有性。迷人不知此中缘由,便以众生有性而不知体遍,而说无情无性。实际上,能造所造既是唯心,心体不可局方所故,所以十方佛土皆有众生理性心种,一尘一心即一切生佛之心性,墙壁瓦石等无情物,何能独出其外?!湛然这是以三界唯心说无情有性。

此外,湛然还以天台之三因佛性说论证无情有性。他认为,言众生有性而不说无情有性,那是权教仅以正因为佛性,而不达修性三因离合;若依台宗之圆意,则是三因互具,正、缘、了并是佛性。天台常以空、假、中三谛喻了、缘、正三因,既然一切假名设施,均可视为缘因,而缘因也是佛性,为何说无情无有佛性?他还对正因佛性说与无情有性说进行会通,曰:"此全是理性三因由未发心未曾加行,故性缘了同名正因,故云众生皆有正性。"既云众生皆有正性,则信心已具,则可依"次示此性非内外遍虚空,同诸佛等法界,既信遍已,次示遍具,既同诸佛等于法界,故此遍性具诸佛之身"。照湛然这个说法,言众生有佛性,乃是信法入门之方便说,究竟而论,则是诸佛等法界,一切无情法亦悉具诸佛之身。

以上,湛然主要以天台宗之圆意圆理去论证无情有性,认为教有大小权实之分,藏通别圆之别,因此有阐提无性、众生有性、无情有性等诸多说法,但方便有多门,归元无二路,依理而说,终无二辙。言阐提无性之依语滞文、不见圆意自不待言,即便是那些主张众生悉有佛性而不懂得无情也具佛性的思想,也是权便小宗之谈,只有认识到三界唯心,诸法实相,三因互具,进而理会到心体本遍,实相诸法具足,缘了亦具诸佛之身,从而领悟到一切无情物也悉具佛性,这种思想,方曰大教,方为了义,才是究竟说。

二　木石有性与真如遍在

除了以自家圆意去论证无情有性外,湛然还以《涅槃经》的"佛性既如虚空"及真如遍在的思想去论证无情有性。在《金刚錍》中,湛然在引述《涅槃经·迦叶品》的"众生佛性犹如虚空,非内非外"一句后说:"虚空何不收","虚空之言,何所不该,安弃墙壁瓦石等耶?"意思是说,佛性既如虚空,虚空是无所不包的,墙壁瓦石等无情物安能例外。在《大涅槃经疏》中,湛然还说:

> 章安(灌顶)依经具知佛性遍一切处,而未肯彰言,以为对人尚未信有,安示其遍。佛性既具空等三义,即三谛,是则一切诸法无非三谛,无非佛性。若不尔者,如何得云众生身中有于虚空。众生

既有,余处岂无。余处若无,不名虚空,思之思之。①

　　这与上面所说"虚空之言何所不该"是同一个意思,意谓若无情物不具佛性,则佛性不应名为虚空。

　　湛然之论无情有性,几乎调动了天台的全部圆融理论。对于有利于他去说明无情有性的经文论典、佛性理论,他是不会轻易放过的。其中抓得最紧、运用得最多的,得算真如佛性理论。

　　湛然以《大乘起信论》的真如有不变、随缘二义为根据指出,一切万法,无非是真如,由不变故;真如即是万法,何以故? 随缘故。如果说无情无佛性者,岂不是万法无真如? 他以波水为喻说道:世上无有无波之水,未有不湿之波,在波虽有清浊之分,于湿岂有浑澄之别。虽有清有浊,而一性无殊,万物与真如的关系亦然,虽然随缘而有诸法,而诸法无非真如。何以故? 不变故。既然承认真如有随缘、不变二义,又说无情诸法无佛性,这岂不是自语相违。

　　在以上的论述中,包含有一个未曾道出的理论前提——以真如为佛性。这一点,湛然是自觉地这么做的,目的在引出"野客"对真如佛性说的诘难。果然,野客听完这段话后便跪而咨曰:"波水之譬其理实然。仆曾闻人引《大智度论》云,真如在无情中但名法性,在有情内方名佛性,仁何故立佛性之名?"湛然说:我曾亲自阅读细查《大论》全文,并没有发现《大智度论》有此一说,这恐怕是世人误引章疏之言,而以讹传讹吧。实际上,诸法名不觉,诸佛为觉,就众生而言,也是本有不觉之理,而未曾有觉不觉之智,诸法亦然。进一步说,觉不觉本来是自会一如,一而非二的。所觉不离能觉,能觉以觉不觉,不觉无觉法性不成,觉无不觉佛性宁立? 因此说有佛性之法性,是小宗,即法性是佛性,方曰大

────────────

①　《大正藏》册三八,第184页。

教。之后,湛然又以佛教经论中所说的实相、实际、法界、真性为例指出:诸经论所说之实相真性等,究竟是法性同在无情物中,抑是把同一真如分为有情无情两派? 如果是把同一真如分为有情无情两派,诸经论中为何没有无情法、无情实际等说法呢? 进一步说,如果说在无情但名法性,不名佛性,何故《华严经》说诸法本有舍那之性? 既然真佛体在一切诸法之中,怎么能说于无情中不名佛性呢?! 最后,湛然得出结论:真如随缘亦即佛性随缘,真如、佛性体一名异,佛性即人法二空所显之真如也。

以真如遍在说无情有性,这是湛然"无情有性"说最有力的理论根据,也是最能使论敌折服的理论。因为中土佛教的各宗各派,无一不承认真如的恒常遍在,而以真如为佛性亦非天台一家之独唱。既然承认真如的恒常遍在,而佛性又是真如之异名,那么,无情有性实是顺理成章的事。

实际上,对于无情有性思想的考察,重要的不是指出湛然为什么能提出这个思想,而是应该研究为什么到湛然才提出这一说法。因为,如果从中土佛性理论上讲,无情有性的思想几乎与众生有性的思想历史一样悠久。这里,我们不妨对众生有性的思想作一简要回溯。

竺道生的众生有性说,是以理佛性、真理自然为根据的,此外,在道生许多著作中,法、实相、佛、佛性都是名异而实同的,这实际上已经包含着一切诸法悉有佛性的思想。天台智者以实相说为基础,倡"一色一香,无非中道",无情有性思想亦是题中应有之义。华严宗主净心缘起,把一切诸法归结于一如来藏自性清净心,倡一花一世界、一叶一如来,也没有把无情物排除在佛性之外。三论宗的嘉祥大师,更是明言"于无所得人,不但空为佛性,一切草木是佛性也"①。他以《涅槃经》的"一切

---

① 《大乘玄论》卷三,《大正藏》册四五,第42页。

诸法中,悉有安乐性"等经文为根据指出,依通门义,一切众生悉有佛性,草木亦耳。① 可见,无情有性的思想,历史上早已有之,并非湛然发明,湛然的作用是把那些题中应有之义点示出来罢了。关于他为什么要点示,并把它作为一面旗帜,这除了欲以此扩大影响,与诸宗相抗衡,进而中兴天台之外,还因为众生有性的思想至中唐已是陈词滥调,没有多大的号召力,如果不再进一步扩大佛性的范围,不在佛性上再搞一些新名目,恐怕很难挽救中唐之后佛教江河日下之颓势。湛然的第一个目的是达到了,至于无情有性说是否能挽救佛教之颓势,我们可以从进一步发展无情有性思想的后期禅宗的兴衰衍变过程中窥个大概。

三　性自天然与呵佛骂祖

湛然以"无情有性"中兴了天台宗,其余各宗也都在寻找重振宗门的诀窍与途径。作为结果,禅宗棋高一着,因而晚唐之后,禅宗便雄居各宗之上,成为领导中国佛教潮流的一大宗派。而其思想特点,则是由即心即佛而超佛越祖。

从理论上说,超佛越祖是即心即佛思想的合乎逻辑的发展。即心即佛之"心",实际上是一个无所不包的聚宝盆,而既然自心一切具足,又何必求佛求祖呢?这有如慧海引江西马祖的话所说的:"汝自家宝藏,一切具足,使用自在,不假外求。"②而当人们进一步去观察自心时又会发现,一体三宝,常自现前,本自天然,不假雕琢。后期禅宗由此更衍化出纯任自然、饥食困眠等修行理论。

超佛越祖的思想,《镇州临济慧照禅师语录》中载有几段很具代表性的话。

---

① 《大乘玄论》卷三,《大正藏》册四五,第42页。
② 《大珠禅师语录》卷二。

如今学道人，且要自信，莫向外觅。①

你若求佛，即被佛魔摄，你若求祖，即被祖魔缚，你若有求皆苦，不如无事。②

若人求佛，是人失佛，若人求道，是人失道，若人求祖，是人失祖。③

意思是说，求佛求祖，崇拜偶像，不但不能使人出迷津、渡苦海，而且成为得道解脱的障碍。所谓"一片白云横谷口，几多归鸟尽迷巢"④，也是此意。从这种思想出发，后期禅宗进一步主张"逢佛杀佛，逢祖杀祖，逢罗汉杀罗汉"⑤，认为只有这样"始得解脱"。云门宗文偃禅师听到有人言世尊初生时一手指天，一手指地，周行七步，目顾四方曰"天上天下，惟我独尊"，便说："我当时若见，一棒打杀与狗子吃，却图天下太平。"⑥

德山宣鉴禅师更以呵佛骂祖闻名。据《五灯会元》记载，德山原不信南方禅宗之道，听说南方禅学颇盛，非常气愤地说：出家人千劫学佛威仪，万劫学佛细行，不得成佛，南方魔子竟然敢说直指人心，见性成佛，我一定要到南方去捣其窟穴，灭其种类，以报佛恩。在他往南方途经洛阳时，遇一婆子卖饼，他就想向那婆子买个饼当点心。那婆子见德山身上担着一捆东西，便问德山所担何物。德山答曰："《青龙疏钞》。"婆子又问："是讲什么经的？"德山曰："《金刚经》。"婆子就说："我问你一个问题，若答得上，给与点心，若答不上，请到别处去买。《金刚经》说，过去心不可得，现在心不可得，未来心不可得，不知你要点哪个心？"

① 《古尊宿语录》卷五。
② 同上。
③ 同上。
④ 《御选语录》。
⑤ 《古尊宿语录》卷四。
⑥ 《古尊宿语录》卷一五。

德山被问得瞠目结舌，无以为对。婆子遂叫他去龙潭学道。后经龙潭多方开导，终于大彻大悟，烧掉所有经疏，进而呵佛骂祖，曰，达磨是个老臊胡，释迦老子是干屎橛，文殊普贤是担屎汉，等觉妙觉是破戒凡夫，菩提涅槃是系驴橛，十二分教是鬼神簿、拭疮疣纸。①

后期禅宗由不求佛祖到呵佛骂祖，甚至要"逢佛杀佛，逢祖杀祖""烹佛""烹祖"，标志着禅宗已反对崇拜一切偶像，而以明心为尊、见性为贵。与此相联系，他们的修行理论表现为反对读经诵论，学道修行，而主张纯任自然，做本源天真自在佛。

慧海的门人问慧海：经论是佛语，读经依教奉行，何故不见性？慧海答道：读经诵论，如"狂狗逐块，师子咬人"②，参禅学道，"只是逐声色走"③。临济义玄禅师还有"看经看教，皆是造业"④一说，主张"不看经"，"不学禅"，"总教伊成佛作祖去"⑤。懒安（怀海）在沩山，"吃沩山饭，屙沩山屎，不学沩山禅，只看一头水牯牛"⑥。禅门更有"闻念佛声，饬人以水洗禅堂""念佛一声，漱口三日"等说法。总之，读经诵论，念佛参禅已同求佛拜祖一样，成为轮回恶业，解脱屏障。要求解脱，唯有身心上求，自性上见。

与前期禅宗即心即佛的祖师禅多强调自心之迷悟不尽相同，后期禅宗所说的心、性，更侧重于本自天然的性质。雪峰禅师于木背上题"本自天然，不假雕琢"，甚得百丈怀海的赏识，说是"本色住山人，且无刀斧痕"⑦。这很可反映当时禅宗对佛性所寄之心性的看法，亦代表了

① 《五灯会元》卷七。
② 《大珠禅师语录》卷下。
③ 同上。
④ 《古尊宿语录》卷五。
⑤ 《古尊宿语录》卷四。
⑥ 《五灯会元》卷四。
⑦ 同上。

当时禅宗主张纯任自然、不加造作的修行作风。

慧海禅师在回答门人问"和尚修道，还用功否"时说："饥来吃饭，困来即眠。"①慧能之五世法孙从谂答"如何是七佛"问时说："要眠即眠，要起即起。"宣鉴也说："诸子，莫向别处求觉。乃至达磨小碧眼胡僧到此来，也只是教你莫造作，着衣吃饭，屙屎送尿，更无生死可怖，亦无涅槃可得，无涅槃可证，只是寻常一个无事人。"百丈怀海作诗曰："放出沩山水牯牛，无人坚执鼻绳头。绿杨芳草春风岸，高卧横眠得自由。"《鹤林玉露》载一尼作诗曰："尽日寻春不见春，芒鞋踏遍岭头云。归来偶过梅花下，春在枝头已十分。"著名的《永嘉证道歌》开头就是："君不见，绝学无为闲道人，不除妄想不求真。无名实性即佛性，幻化空身即法身。法身觉了无一物，本源自性天真佛。"这类诗章偈句举不胜举，中心意思都是说，性自天然，不假雕琢，绝学无为，不加刀斧，这样便可做一个本源自性天真佛。

纯任自然的修行方法，与把佛、佛性看成是自然无为的思想是分不开的。在后期禅宗著作中，佛、佛性不可说是个物。如果一定要强言为佛，则触处皆是，所谓"青青翠竹，尽是法身；郁郁黄花，无非般若"②，"举动施为，语默啼笑皆是佛"③，"运水搬柴无非佛事"，"万类之中，个个是佛"④，说的都是这个意思。如果说，以前的佛性理论，是从一切诸法中抽象出一个绝对的本体作为佛、佛性，那么，后期禅宗则是反其道而行之，把此一本体之佛，又放回到万物之中，因此，万类之中，个个是佛。

既然万类之中个个是佛，你还求个什么呢？当你一有所求，就已经悖道入魔，违背了"西来大意"，由此更衍化出一系列"机锋""棒喝""话

---

① 《大珠禅师语录》卷下。
② 《景德传灯录》卷二八，《大正藏》册四七，第 557 页。
③ 《古尊宿语录》卷二。
④ 《黄檗断际禅师宛陵录》。

头""公案"来。

诸公案中谈论得最热闹的,得算"如何是祖师西来意?"。赵州说是"庭前柏树子",云门说是"干屎橛",道一说是"藏头白,海头黑",九峰说是"一寸龟毛重九斤",从谂曰"扳齿生毛",等等。有一个叫龙牙的僧人问翠微,翠微叫他拿过禅板来,接过便打;复问义玄,义玄叫他拿过蒲团来,又接着便打。① 总之,西来意本来就是一个只可意会不可言传的东西。所谓灵山会上,释迦拈花,迦叶微笑,即是传法。此后以心传心,心心相印,万万不可诉诸言说,"一说似一物则不中"②。

临济义玄自己有过三度发问佛法大意,三度被打的历史,后来自己彻悟成师之后,又用这套办法对待门下,谁人问如何是佛法大意,先一喝,继之便打。他自己是这样解释棒喝的:"山僧今日事不获已,曲顺人情,方登此座,若约祖宗门下称扬大事,直是开口不得,无你措足处。"③因为举动便错,开口则乖,只好诉诸棒喝。一句"直是开口不得",揭示了棒喝的底蕴。

玄觉是佛教史上著名的"一宿觉",他是如何一宿便觉呢? 据说玄觉原颇得天台止观法门及《维摩》不二之旨。他参拜慧能时"绕师三匝,振锡而立",慧能便说:夫沙门者,三千威仪,八万细行,何故如此怠慢? 玄觉曰:生死事大,无常迅速。慧能便说:何不体取无生,了取无速呢? 玄觉曰:体即无生,了即无速。此答得到慧能赞同后,玄觉施礼完毕便要告辞。慧能说:"返太速乎!"玄觉曰:"本自非动,岂有速耶!"慧能曰:"谁知非动?"玄觉曰:"你自生分别。"慧能说:"你甚得无生之意。"玄觉便说:"无生岂有意?"慧能曰:"无意谁当分别?"玄觉曰:"分别亦非意。"慧能曰:"善哉,少留一宿。"时谓之一宿觉。

---

① 《古尊宿语录》卷一。
② 《古尊宿语录》卷四。
③ 同上。

机锋、棒喝、话头、公案，乍一看劈头盖脑，莫名其妙，但是，在这信口开河、胡说八道的背后，却包含有这样一个思想基础——黄花、绿叶乃至一切诸法，甚而上至诸佛，下至厕孔、干屎橛，都是毫无区别、不可区别的。因此，当你说个佛是什么或什么是佛的时候，或者说个花是红的，叶是绿的，张三是男人，李四是女人的时候，就已经违背了诸法不可分别的基本思想。那么，怎么办呢？禅宗采取了一种"绕路说禅"的方法，亦即你问东，他即说西，你问此，他即说彼，当你还不明白他所以这么说的本意时，他说个西你即执西，他说个彼，你就执彼，那就又离此束缚而又入彼桎梏了。因此，机锋、话头中禅师说些什么不是重要的，重要的是他为什么这么说。例如，禅师说释迦是干屎橛，诸佛如厕孔，并不是说诸佛真是这类东西，而是通过这种比喻让问话的人领悟到，诸佛无处不在。实际上，回答诸佛是什么，还不如索性都不回答或不正面回答更接近禅师本意，因此，禅师更多的是置若罔闻，不作回答或问东说西。当然也可以通过拳打脚踢或吆喝棍棒，使人领悟到那样问本身就违背佛法，不合西来大意。如果弄清楚机锋、棒喝、公案、话头背后所包含的这些思想，人们就应该承认，机锋、棒喝表面上、形式上是一种神秘主义，但并不归结为神秘主义。因为，就思想基础言，其乃是一种极端的相对主义。以往对于机锋等思想的研究多揭示其中所包含的神秘主义，这无疑是必要的、正确的。但随着佛学研究的不断深入，似还必须进一步揭示这种神秘方法背后所隐藏的相对主义思想。

第三节　即心即佛与无情有性

从中国佛性思想的整个发展过程看，它经历了由阐提无性到众生有性，最后又发展到"万类之中，个个是佛"的无情有性理论。对于由阐提无性到众生有性的思想历程，我们在第三、四、五这三章已作了具体的论述,本章的前两节,我们又对后一个历程,即由众生有性到无情有性的发展线索作了简要描述,这一节我们将结合中国佛教史有关的佛性思想,对众生有性与无情有性作一些剖析比较。

一　木石无性与无情有性

木石无性的思想,一开始是作为心神佛性说的对立面提出来的。梁武、宝亮等以神明妙体为佛性,木石无心,故木石无性。均正曾引述宝亮的话说:"若外物者,虽即真如,而非心识,故生已灭也。"白马寺爱法师曾执当果为正因佛性,以此简异木石无当果义,这是以无当果义说木石无性。竺道生的理佛性与真理自然说实已包含着无情有性的思想,但他在正面论述阐提有性时,所持的论据是"阐提是含生之类,何得独无佛性?"此说也从反面说明木石无生,故无佛性。实际上,佛教史上凡是以神明、心识乃至觉悟之性释佛性的,大都在论证众生有性的同时包含着木石无性的思想。

对于无情与有情的有无佛性问题第一次进行正面的系统论述的,是三论宗的创始人吉藏。在《大乘玄论》中,吉藏以理外理内、通门别门、所得人无所得人等不同角度论述了众生与草木的佛性有无问题。他说,就理外说,"理外本无众生,哪得问言理外众生有佛性不……是故理外既无众生,亦无佛性"①。若约理内说,"不但众生有佛性,草木亦有佛性"②。当别人对他这种说法表示诧异时,他泰然对答,并说这是"希闻多怪"③。之后,他引了许多经文及先前大德所说为证,说明约理内说,草木也有佛性。例如,他在引述《大集经》所说的"观一切诸法,无非是菩提",僧肇所说的"道远乎哉,即物而真,圣远乎哉,体之即神",《涅

---

① 《大乘玄论》卷三。
② 同上。
③ 同上。

槃经》所说的"一切诸法悉有安乐性"等文证之后,说:"此明一切诸法,依正不二,以依正不二故,众生有佛性,则草木有佛性"①,"若众生成佛时,一切草木亦得成佛"。② 这里,吉藏是以依正不二来说草木有性,亦即草木与众生互为依正,不可强以众生为正,草木为依,亦不可以草木为正,众生为依,二者一而非二,无二无别。此是"通门明义"。"若论别门,则不得然,何以故? 明众生有心迷,故得有觉悟之理,草木无心,故不迷,宁得有觉悟之义?"这是以有心无心、能否觉悟说草木无心,既无心则不迷,故无所谓觉悟。

此外,吉藏又从相反的角度论证了理内无众生、无佛性,理外有众生、有佛性,并以"观心望之,草木众生岂复有异",说明有则俱有,无则俱无,亦有亦无,非有非无。其实按照吉藏的思想方法,说理内理外,有佛性无佛性并不是他的目的,他的目的是通过相反两个方面的论证最终说明"至于佛性非有非无,非理内非理外,是故若得悟,有无内外,平等无二,始可名为正因佛性"③。对于有所执著的"有所得人",不但《涅槃》中明言为佛性的空亦非佛性,佛性本身亦不是佛性;对于毫不执著的"无所得人"则不但空为佛性,一切草木并是佛性。

隋净影寺慧远根据《大般涅槃经》对于佛性的有关论述,分佛性为二。在《大涅槃经义记》中,慧远说:

> 一能知性,谓真识心,此真识心众生有之,外法即无。故上说言佛性者谓众生也。又妄心处有此真心,无妄心处即无真心。故上说言,凡有心者悉有佛性。
>
> 二所知性,所谓有无、非有无等一切法门,此通内外,不惟在

---

① 《大乘玄论》卷三。
② 同上。
③ 同上。

内。今此所论,约初言耳。①

慧远的二性说,是以知性之真识心,释《大般涅槃经》所说的"非佛性者,所谓一切墙壁、瓦石、无情之物"②,以非有无之所知性说通内外之"虚空""中道"等佛性论。

元晓在《涅槃宗要》中也阐发了与慧远相类似的思想,但论述的角度与慧远不同,元晓以报佛性与法佛性二种佛性说谈无情佛性的问题。当有人问《涅槃经》既说墙壁、瓦石等无情物非佛性,又言佛性犹如虚空,非内六入、非外六入,合内外故名为中道,若依后文瓦石等物则是佛性,如是相违,云何会通,元晓答道:

> 通者解云,若依有情无情异门,瓦石等物不名佛性,若就惟识所变现门,内外无二合为佛性……若前文为报佛性,后所引文为法佛性……亦不相违。③

就是说,就报佛性说,瓦石等无情物非佛性,约法佛性言,佛性遍一切有情无情。

禅宗南宗嫡传荷泽系明确主张佛性遍一切有情,而不遍无情。牛头山袁禅师与神会曾有一番问答:

> 问:佛性遍一切处否?
> 答曰:佛性遍一切有情,不遍一切无情。
> 问曰:先辈大德皆言道,"青青翠竹,尽是法身;郁郁黄花,无非

---

① 《大般涅槃经义记》卷一〇,《大正藏》册三七,第884页。
② 《大正藏》册一二,第581页。
③ 《大正藏》册三八,第253页。

般若"。今禅师何故言道,佛性独遍一切有情,不遍一切无情?

　　答曰:岂将青青翠竹同于功德法身?岂将郁郁黄花等般若之智?若青竹黄花同于法身般若,如来于何经中说与青竹黄花授菩提记?若是将青竹黄花同于法身般若者,此即外道说也。何以故?《涅槃经》云,具有明文,无佛性者,所谓无情物也。①

　　禅宗素以教外别传著称,神会在此却一反常态,引经据典来了。当然,是否引经据典不是主要的,重要的是他的思想是否需要经典。当他的思想与经典相悖时,他当然不会拿经典来束缚自己,但当经典的论述符合他的需要时,自然不妨信手拈来,以增强他的论据。神会所以引用此段经典,主要是因为这段论述与他的思想相吻合,祖师禅之即心即佛,实还强调自心之迷悟,此心又同一般所言真心,清净心略有不同,更侧重于众生当前现实之心,故其佛性说自然会把无心之青竹黄花排除在外。对神会此反黄花般若说,马祖道一门下的慧海禅师更有一番发挥,当众座主问他何故不许"青青翠竹,尽是法身;郁郁黄花,无非般若"时,慧海答道:

　　法身无象,应翠竹以成形,般若无知,对黄华而显相,非彼黄华翠竹而有般若法身也。故经云:佛真法身,犹若虚空,应物现形,如水中月。黄华若是般若,般若即同无情,翠竹若是法身,翠竹还能应用。

　　意思是说,所谓法身犹如虚空,能应物现形,若说翠竹则是法身,那翠竹也应该能应化现作他物。所谓般若本是指灵妙智慧,若说黄花则

---

　　①　《荷泽神会禅师语录》。

是般若,般若岂不同于无心无识之无情物。慧海这样解说了一番之后,众座主还不得其意。慧海便接着说,其实,是与不是,都无须太刻板执著。若见性之人,说是亦得,说不是亦得;若不见性之人,说翠竹著翠竹,说黄花著黄花,说法身滞法身,说般若不识般若,总成执著,不得开悟。这段话与吉藏所说之"于无所得人,众生与草木并是佛性,于所得之人,众生草木皆不是佛性",有类似之处。当然,二者之落点是相反的,吉藏以无所得为归趣,而禅宗人以本觉真心为旨归。不过,对禅宗也不可统而言之。因为前期禅宗更侧重于人心、自心,后期禅宗则更侧重于万类之中,个个是佛,所谓翠竹法身、黄花般若之说是也。

二　本觉真心与真如佛性

从木石无性与无情有性两种佛性说的思想内容看,二者有共同点又有殊异处,不同的是,一个把佛性仅仅局限于众生范围,另一个则把佛性扩大到万物。如果对二者的不同点再作进一步的考察,人们又会发现,造成二种佛性说相互殊异的根本原因是对佛性义的解执不同,木石无性说是以心识、觉性解佛性,而无情有性说则是以真如释佛性。

无情有性说可以湛然与后期禅宗为代表。关于湛然的无情有性说怎样从真如遍在推出无情有性,我们在第二节中已作了详细论述。这里我们再看看后期禅宗无情有性说是以什么为理论根据的。

严格地说,后期禅宗并不直接以真如为佛性,而是以心为佛性。但此心与慧能所说的自心、人心,已不尽相同,前者主要指当前现实之心,后者则更具有真心的意义,佛教中所说的真心已不局限于有情物之心识,而是一切诸法之本原,正是从这个思想出发,后期禅宗才会有黄花般若之谈、运水搬柴之说。从这一点上说,禅宗的世界观归属问题,实不可统而言之,如果说前期禅宗的世界观更接近于主观唯心主义(当然也包含客观唯心主义的成分),那么,后期禅宗从总体上说则属客观唯心主义、相对主义。

与无情有性说不同,木石无性说多强调心神、自性之觉悟,此说以心神佛性论与迷凡悟圣说为最典型。心神佛性论可以梁武、宝亮等为代表,迷凡悟圣论则为天台、华严、禅宗所共同提倡,其中尤以祖师禅之直指人心、见性成佛更重一心之觉悟。宗密在《中华传心地禅门师资承袭图》中说:"然达磨西来,惟传心法,故自云:'我法以心传心,不立文字。'此心是一切众生清净本觉,亦名佛性。"①"欲求佛道,须悟此心。"②宗密这里所说之本觉之心,也就是前期禅宗所说之自心,意谓"一切有情,皆有本觉真心",在迷在悟,此心不异。欲求佛道,无须远寻外觅,悟此本觉真心本来是佛可矣。既然成佛须悟此心,墙壁木石等无情物本自无心,当然不可说木石有性。简单地说,这就是木石无性说的思想进程及理论根据。

三　六祖"革命"与心的宗教

禅宗千言万语,无非教人认识一个心。我们研究禅宗思想,也不得不在心上多下些功夫。谈六祖"革命",也得从心谈起。

所谓六祖"革命",是指慧能对佛教之宗教仪式、佛性说、修行方法等进行了一系列比较重大的改革,从而使禅宗成为最富有中国特点的佛教。因此,所谓六祖"革命",并不是佛教的革命化,而是佛教的中国化。

一如我们在本章开头所指出的:六祖"革命"主要表现在三个方面,即心即佛的佛性说,顿悟见性的修行方法,以及不离世间、自性自度的解脱论。这里先看看慧能即心即佛中"心"的具体内涵及其宗教意义。

---

① 《续藏经》第一辑第二编第一五函第五册。
② 同上。

在学术界、佛学界，有一种看法认为，禅宗所说的"心"是指"真心""如来藏自性清静心"，非指"肉团心""具体心"。笔者以为这种看法有一定的道理，但更以为对禅宗所说的"心"，不宜笼而统之，而应具体分析，具体对待。

其一，诚然，印度佛教经论中常常说及"心"，例如"三界唯心，万法唯识""心佛及众生，是三无差别""心如巧画师，能画诸世间"等等，这些经论中所说的"心"确实非指"肉团心""具体心"，而是指"真心""如来藏自性清净心"，但这并不意味着禅宗所说的"心"也非"真心"不可。相反，如果禅宗所说的"心"与印度佛教经论中所说的"心"竟然毫无差别，都是指"真心""清净心"，那么，禅宗之成为最具中国特色的中土佛教反是一件不可思议的事。

其二，在中国佛教中，并非只有禅宗才提倡唯心说。实际上，中国佛教在天台之后，就已出现唯心的倾向，华严宗更把法界真心视作万法之本原、一宗学说之归趣。如果禅宗所说之"心"亦纯属"真心"，那么，它不过在重弹天台、华严之老调，六祖"革命"又从何谈起呢？

其三，不容否认，后期禅宗黄花般若之谈、运水搬柴之说，确实是一种"万类之中，个个是佛"的无情有性论，他们所说的"心"无疑更接近于"真心""如来藏自性清净心"。但是，这丝毫不能排除前期禅宗的迷悟所依、直指见性的心是指当前现实之心。

其四，前期禅宗所说之"心"的具体内涵的最直接根据，是《坛经》对心的具体论述，这一点，我们在本章第一节的"佛性平等与心性本净"中已经列了《坛经》关于"内调心性，外敬他人""若怀不善之心，念佛往生难到""法无四乘，人心自有差等""常须下心，普行恭敬"等许多论述，说明这些心很难作为"真心""如来藏自性清净心"来理解。

其五，我们还从前期禅宗的即心即佛说与后期禅宗无情有性说的区别，说明何以前期禅宗仅限于众生有性、众生即佛，后期禅宗则主张

"万类之中,个个是佛",此中之关键,仅在于一个是直接诉诸当前现实之人心,另一个则在神秘主义的机锋、棒喝、话头、公案的背后,藏有一遍在万物的"真心"。

表面上看,慧能的直指人心、即心即佛说只是改变一下心的性质,实际上,这一改变,导致了禅宗思想一系列重大的变更。从思维形式上说,他是以一个具体的现实的人心去代替一个抽象玄奥的、经过佛教学说百般打扮的"如来藏自性清净心"。这一替换使得慧能实际上把一个外在的宗教变成一个内在的宗教,把对佛的崇拜变成对自心的崇拜,一句话,把释迦牟尼的佛教变成慧能的"心的宗教"。这种"心的宗教"的思想实质及其宗教意义,有点类似十六世纪欧洲马丁·路德对基督教所进行的改革:

> 他破除了对权威的信仰,却恢复了信仰的权威。他把僧侣变成了俗人,但又把俗人变成了僧侣。他把人从外在的宗教解放出来,但又把宗教变成了人的内在世界。他把肉体从锁链中解放出来,但又给心灵套上了锁链。①

---

① 《马克思恩格斯选集》第一卷,第 9 页。

第七章 顿悟与渐修

　　众生有没有佛性、能不能成佛，这是佛性学说的一个重要内容；但是，佛教以成佛解脱为最终目的，自然，它不会满足于诸如有没有佛性、能不能成佛等空泛的理论说明，而会更关心究竟在什么条件下成佛、如何成佛等实际问题。中国佛教在一定意义上说，是更富有实践色彩的佛教，因此在这个问题上表现得尤为突出。如果说，印度佛教的佛性理论相比之下较多地致力于众生有没有佛性、能不能成佛等理论问题的繁琐论证，那么，中国佛教则一直更关心如何成佛、在什么条件下成佛等实践问题。诚然，印度的佛性理论也不乏"初发心时，便成正觉"之类的说法，但这种说法多是从理论的角度去说明"心佛及众生，是三无差别"，至于宗教修行，则多主张历世渐修。中国佛教的佛性理论则不然，虽然主张渐修者不乏其人，但自竺道生首倡顿悟成佛之后，顿悟思想在中国佛教的修行理论中就一直占有十分重要的地位。至六祖慧能之禅宗，顿悟成佛的思想更上升为修行学说之主流。顿悟思想在中土佛教中所占的至关重要的地位，决定了我们对于中土佛性学说的研究，应该给顿悟思想以特别的重视。

第一节　顿悟见性与理不可分

　　顿悟思想始自道生，这种说法只有在特定意义上才是对的。因为在中国佛教史上，顿悟一说并非竺道生首先提出来的，在竺道生前，支通、道安、慧远、僧肇诸名僧已有顿悟的思想,但是,支、安等法师之顿悟说与竺道生之顿悟说,在具体思想上是不尽相同的,佛教史上把这两种顿悟说称为"小顿悟"与"大顿悟"。

一　小顿悟与大顿悟

所谓"小顿悟",其主要思想是主顿悟于七住,《祐录》卷七载南齐刘虬《无量义经序》曰:

> 寻得旨之匠,起自支、安。支公之论无生,以七住为道慧阴足,十住则群方与能,在迹斯异,语照则一。安公之辨异观,三乘者始赍之因称,定慧者终成之实录,此谓始求可随根三,入解则其慧不二。

《世说新语·文学篇注》亦云:

> 《支法师传》曰:法师研十地,则知顿悟于七住。

照这些说法,支、安二法师主张前六地非悟真性,至七地始悟无生。七地虽功行未满,但因道慧已具足,故般若观照与八、九、十地无异,因而可悟法性至理不可分。此中所说之七住、十住,亦即七地、十地。十地之说,有大小、一三之分,这里所说的十地,系指大乘菩萨十地。此十地,佛教学说中向来认为关键有三:初欢喜地,为隔凡入圣之始;十法云地,则功德圆满,得大法身;七远行地,断有漏,始证无漏,已远过一切世间及二乘,初得无生法忍。支、安二师就是抓住这关键之七地,认为七地以前,学有阶次,七地之后,便悟无生之理,由此立顿悟之义。

考中国佛教史上的顿渐之争,以七地为关键立顿悟义者,非仅支、

安二师,隋硕法师在《三论游意义》中也曾说:

> 用小顿悟师有六家也。一肇师,二支道林师,三真安埵师,四邪通师,五匡山远师,六道安师也。此师云七地以上悟无生法忍也。

可见,两晋时已有许多名僧主张顿悟于七住。至于他们怎样于七住立顿悟义,慧达的《肇论疏》有许多具体的转述与说明:

> 远法师云:二乘未得无生,始于七地,方能得也;埵法师云:三界诸结,七地初得无生,一时顿断,为菩萨见谛也。

意谓慧远以超出二乘之无生之理于七住始得,立顿悟于七地;埵法师则以七地得无生法忍,一切诸结一时顿断立七住顿悟。

与慧远、埵法师不同,僧肇以于七住始见不二之理立七住顿悟义。《肇论疏》曰:

> 肇法师亦同小顿悟义。何者?即二谛是用,无二为体;二谛是筌,不二为中。而六地以还,有无不并,无二之理,心未全一,故未悟理也。若七地以上,有无双涉,始名悟理。《释论》第四十九卷云:"舍有二种,一舍结行施,二舍结得道。此以舍结为舍,与第二舍结作因缘,至七地乃能舍结。"中代名德,执小顿悟者执此文。

此谓肇法师等以《释论》之"至七地乃能舍结"为根据,立七地以还,未见不二之理,不能兼取有无,七地以上,达不二之义,能有无并观,故知七地有顿悟。嘉祥之《二谛义》中也有同样的说法,他说:

又有小顿悟义,明七地悟生死无所有,此出《大论》。①

小顿悟义是否出自《大论》,这里可暂存而不论,不过,从思想内容上看,其顿悟义以不生不灭、有无双涉之无生理为立论根据,这与般若学之超世象,绝言表,言语道断,心行处灭的思想是相通的。

考小顿悟诸说,曾以七住具足道慧,诸结断尽,始见无生法忍,已悟不二之理,故谓顿悟于七住。然七住虽见理,但功行未满,尚未究竟证体;要究竟证得法身,仍须进修八、九、十这三地。对于这种说法,竺道生颇不以为然,并起而反对,其理由是,既须进修三地,则未见全法性之理体。既未见理,何名为悟?又,既须进修,则法性理体便属可分。至理若可分,则入理之慧亦可分而为二,这与理不可分之义不符。故在竺道生看来,支、安等师之顿悟义,仍属渐悟非顿悟。

竺道生认为,十住之内,无悟道之可能,皆是大梦之境,十住后之"金刚心",才能豁然大悟,把一切结惑断得干干净净,由此得正觉、证法身。嘉祥之《二谛义》说:

> 大顿悟义,此是竺道生所辨。彼云:"果报是变谢之场,生死是大梦之境,从生死至金刚心,皆是梦,金刚后心豁然大悟,无复所见也。"

考竺道生之大顿悟与支、安等法师之小顿悟之差别,盖在于一合悟理证体为一,一分悟理证体为二。支、安之小顿悟,认七住可顿悟,然于十住方能证体。竺道生之大顿悟,主张"理惟一极""穷理乃睹",故必至十地金刚心现方可言悟。慧达《肇论疏》述生公之义曰:

---

① 《二谛义》卷二下。

而顿悟者,两解不同。第一竺道生法师大顿悟云,夫称顿者,明理不可分,悟语极照。以不二之悟,符不分之理。理智惠释,谓之顿悟。

《大般涅槃经集解》卷一也引竺道生序文之言曰:

> 夫真理自然,悟亦冥符。真则无差,悟岂容易?不易之体,为湛然常照,但从迷乖之,事未在我耳。

此谓竺道生以法性理体,本有无差,涅槃佛性,湛然常照,以能悟之智,符不二之理,故为顿悟。理既不可分,故悟则全悟,不容阶级。

在《妙法莲华经注》中,竺道生从另一个角度说明既得无生法忍,则无须再进三地:

> 得无生法忍,实悟之徒,岂须言哉……夫未见理时,必须言津,既见于理,何用言为,其犹筌蹄以求鱼兔,鱼兔既获,筌蹄何施?

意谓既得无生,则超乎言象,此犹鱼兔既得,筌蹄可弃。如果于七住既得无生,后又须进修,此则是守指忘月,得筌忘鱼。佛教史上称道生之学为"象外之谈",此是一例。《高僧传》载有竺道生一段话:

> 夫象以尽意,得意则象忘。言以诠理,入理则言息。自经典东流,译人重阻,多守滞文,鲜见圆义。若忘筌取鱼,始可与言道矣。

可见,道生之学,入理言息,贵在得意。用佛教的语言说,叫依法不依人,依了义不依不了义,依义不依语,依智不依识。史上对道生有"四依菩萨"之称,此是其源之一。

据《高僧传》及宋史记载,自道生倡理超象外、顿悟成佛后,时人多"推服之"。《续高僧传》载僧旻的话说:"宋时重道生,顿悟以通经。"可见,道生之顿悟说于刘宋时已成为时代之风尚。

道生之后,弘扬竺道生顿悟说的,宋有道猷、法瑗等法师,齐有刘虬父子及法京等法师。据说宋文帝亦很推重道生顿悟说,他曾于道生逝世之后申述道生顿悟义,受到僧弼等人的诘难,帝乃叹曰"若使逝者可兴,岂为诸君所屈",遂召当时述道生顿悟义之道猷、法瑗入京,令其申述道生顿悟义。当时竞辩之徒,关责互起,猷以道生之顿悟义"乘机挫锐,往必摧锋",帝乃抚几称快。法瑗之述顿悟义,也不亚于道猷。据说何尚之在听了他讲述道生顿悟义后叹道:"常谓生公殁后,微言永绝,今日复闻象外之谈,可谓天未丧斯文也。"南齐刘虬也常述道生顿悟义。据称"世莫能屈"。他曾评当时顿渐二家之短长曰:渐乃"接诱之言,非称实之说","微文接粗,渐说或允",然"妙得非渐,理由必然","忘象得意,顿义为长"。

申述弘扬道生顿悟义的,除以上诸法师外,就影响说,最著名的当推南朝刘宋时的大诗人谢灵运。谢灵运著有《与诸道人辨宗论》一文,对道生之顿悟义极表推赞,而其特点则在于糅合孔、释之言,他说:

> 释氏之论,圣道虽远,积学能至,累尽鉴生,方应渐悟。孔氏之论,圣道既妙,虽颜殆庶,体无鉴周,理归一极。有新论道士,以为寂鉴微妙,不容阶级。积学无限,何为自绝?今去释氏之渐悟,而取其能至;去孔氏之殆庶,而取其一极。一极异渐悟,能至非殆庶。故理之所去,虽合各取,然其离孔、释矣。余谓二谈救物之言,道家之唱,得意之说,敢以折中自许。窃谓新论为然。

这段话主要意思是说,释教认为成佛虽遥,然通过渐修积学则可达到,故"闭其顿了,开其渐悟";儒教则认为圣人很难通过学习达到,即便如颜子也只是"殆庶",故"闭其累学,而开其一极"。今有新论道士(即竺道生)立"不容阶级"之说,反对渐修积学,私下颇以此说为是。盖释氏虽有渐悟之谈,然其有能至之旨,今可取其能至而去其渐悟;孔门虽有"殆庶"之说,然其有一极之论,今亦可去其"殆庶"而取其一极。如此折中而言,则既可成佛,又非渐悟,合而言之,则是顿悟成佛也。谢灵运此一顿悟成佛说,糅合孔、释,这是他的发明,也是《辨宗论》的价值所在,但仅就顿悟立言,则承道生之说。

谢灵运对道生顿悟义的申述与发挥,还表现在他对诸道人的答辩之中。在答僧维"若资无以尽有者,焉得不谓之渐悟"之问时,谢灵运说:

> 夫累既未尽,无不可得;尽累之弊,始可得无耳。累尽则无……在有之时,学而非悟,悟在有表,托学以至。但阶级教愚之谈,一悟得意之论矣。[1]

此谓未尽累,不可得"无",累尽之后,"无"乃可得。故悟在"有表"。"有表"者,道生"象外"之谓,亦即得意忘象之义。故说"阶级教愚之谈,一悟得意之论"。

针对谢"悟在有表"的"象外"之论,僧维再问:若"涉学希宗,当日进其明","若日进其明者,得非渐悟乎?"谢答道:

> 夫明非渐至,信由教发。何以言之?由教而信,则有日进之

---

[1] 《与诸道人辨宗论》。

功；非渐所明，则无入照之分。然向道善心起，损累出垢伏……非心本无累。至夫一悟，万滞同尽耳。①

意谓由教而信，乃有日进之功，但悟理得意，非渐修能至。由教日进之功，虽可损垢伏累，然这仅谓之学，只有"万滞同尽"，方可谓悟。此与道生之"见解名悟，闻解名信"的思想是相通的。

在三答僧维问中，谢灵运进一步阐发了学者为渐，为假，为权，悟者名照，乃顿，为真，为常，为智，为见理的思想。僧慧骃问真假二知何异？谢答道：

> 假知者累伏，故理暂为用；用暂在理，不恒其知。真知者照寂，故理常为用；用常在理，故永为真知。②

此谓假知者乃是伏累，寂照方为真知。当慧骃更问：理在心，累亦在心，将何以去之？谢答道：

> 累起因心，心触成累。累恒触者心日昏，教为用者心日伏。伏累弥久，至于灭累，然灭之时在累伏之后也。③

此谓信修仅是伏累，悟理方是灭累。

那么，伏累、灭累二者有什么区别呢？谢说：

> 伏累灭累，貌同实异，不可不察。灭累之体，物我同忘，有无一

---

① 《与诸道人辨宗论》。
② 同上。
③ 同上。

观。伏累之伏，他己异情，空实殊见。殊实空、异己他者，入于滞矣。一有无，同物我者，出于照也。①

此谓伏累有物我他己之分、空实有无之殊，入于滞碍，故非真悟；灭累乃达物我同忘、有无并观之境界，故万滞同尽，乃真悟也。这个思想与道生以见不二之理为顿悟相类。

谢灵运之顿悟说，虽然在具体表述上与道生的顿悟说不无差别，但其理论根据得自道生是很明显的。其与诸道人的往复辩难，千言万语在说明闻教信修可由积学渐悟，但悟理须在有表，得意则应在象外，此实是道生"象外之谈"的再唱。

道生顿悟说虽得到谢灵运、道猷、法瑗等名僧文士之推赞弘扬，但反对其说者，也大有其人。据有关资料记载，持渐以驳顿者，最早的当推僧肇的《涅槃无名论》。

《涅槃无名论》借"有名""无名"二氏之相互论难，通过九折十演的形式，把小顿驳大顿、大顿斥小顿俱悉陈列。文中"有名"表顿，"无名"示渐。九折中所斥之渐，则是支、安等七住顿悟说，十演中所驳之顿，则是大顿悟说。二者的基本观点，大体如前所述，此不复详陈，简撮一二，以窥大概。

《涅槃无名论》"责异第十"述有名氏以无为与我是一，一不应有三，证悟则全悟，不容阶级。"会异第十一"中无名氏则以三鸟出网，而鸟鸟各异驳有名氏，意谓三乘众生，无为虽同，而乘乘务异。"渐第十二"有名氏又答以不二之智，照不分之理，理智本是一体，照则圆观；持渐之无名氏则主理体是一，无名无形，言语道断，菩萨证此不二之无为理者，当次第入。因众生机根有深浅，故悟有三乘之区别。这实是持渐者之基

---

① 《与诸道人辨宗论》。

本观点,意谓理本无差,差别在人,因众生根机有深浅之异,故悟有三乘、阶次之别。

持渐驳顿者,除此无名氏外,还有谢灵运《辨宗论》中所列之法勖、僧维、慧骥、法纲诸僧。难宋文帝之僧弼也是持渐驳顿的代表人物之一。但是,在反对顿悟说的诸僧中,最著名的当推慧观。

慧观是中土第一个作判教的名僧,他把全体佛说分为"顿""渐"二教。其中,"顿教"指《华严》,于渐教中则更分五时:一是"三乘别教"(《阿含经》等),二是"三乘通教"(《般若经》等),三是抑扬教(《维摩诘经》等),四是同归教(《法华经》等),五是常住教(《涅槃经》等)。从慧观的判教看,他把大部分经典纳入渐教范围,此亦可以看出他对渐教之倚重。但是,就渐教思想言,则主要体现在《渐悟论》中。《渐悟论》曰:

> 问:三乘渐解实相曰,经云,三乘同悟实相而得道。为实相理有三耶? 以悟三而果三耶? 实相惟空而已,何应有三? 若实相理一,以悟一而果三者,悟一则不应成三。
>
> 答曰:实相乃无一可得,而有三缘。行者悟空有浅深,因行者而有三。

此是以"缘有三""行者而有三"说悟一而果三。意谓实相空而已,但因悟者根机有深浅之差别,故有三乘之异。当所设之顿者再问:"若实相无一可得,悟之则理尽,不悟则面墙,何应有深浅之异,因行者而有三?"慧观更答道:

> 若行人悟实相无相者,要先识其相,然后悟其无相……如来洞见因缘之始终,悟生死决定相毕竟不可得,如是识相非相,故谓之悟实相之上者;菩萨观生死十二因缘,惟见其终而不识其始,虽悟

相非相,而不识因缘之始,故谓之悟实相之中者;二乘之徒,惟总观生死之法是因缘而有,虽悟相非相,不著于生死,而不识因缘之始终,故谓之悟实相之下者。理实无二,因于行者照有明暗,观彼诸因缘,有尽与不尽,故于实相而有三乘之别。

此谓理虽无二,但因三乘观实相方法不同,或能洞见因缘始终,生死相不可得,或唯见其终不见其始,或不识因缘始终,总观生死之法是因缘而有,故于实相而有三乘之别。此系以实相观法而说有三乘之别,较之纯以根机深浅、于人有别说果有三似更进一层。

中土佛教于南北朝诸论师名僧竞争雄长之后,隋唐以降,就进入以统一之佛教宗派为标志的新阶段。由于隋唐各宗派对佛教学说多取兼容汇合之态度,故其时之顿渐思想,不像南北朝那样处于相互对立的两端,而往往借助于判教,把顿渐两种思想纳入同一学说体系之中,但二者的地位并非完全平等,而是有高低深浅之分。一般地说,都是以顿悟为深、为实、为了义,而以渐悟为浅、为权、为方便说。天台是这样,华严亦然。

天台有化法四教与化仪四教之分。其中化仪四教则是以众生机缘不一,从形式上分全部佛说为渐、顿、不定、秘密四教。所谓渐者,是次第行,次第学,次第入道;所谓顿者,则是从初发心,即坐道场。《摩诃止观》谓天台传南岳三种止观:一渐次,二不定,三圆顿。"渐则初浅后深,如彼梯登";"圆顿初后不二,如通者腾空"。"渐初亦知实相,实相难解,渐次而行",因此主张先修归戒,次修禅定,后修实相;"圆顿者,初缘实相,造境即中,无不真实。系缘法界,一念法界,一色一香,无非中道"①。非常明显,天台是以圆顿为究竟,以渐次为方便。但天台亦不废方便渐

---

① 均见《摩诃止观》卷一。

次,而主张大小顿渐相资。

> 问:云何相资?
>
> 答:小闻于大,耻小而慕大,是为顿资小;佛命善吉转教,大益菩萨,是为渐资顿。①
>
> 若带小明大,是顿渐相资,若会小归大,是顿渐泯合。②
>
> 当知即顿而渐,即渐而顿。③

这就是天台在渐顿问题上由以渐为权、以顿为实,而渐顿相资而渐顿泯合之圆融之思想路数。

华严宗吸取了天台的判教学说,以法分五教,曰"小乘教""大乘教""终教""顿教""圆教"。法藏有时又把中间的三教更分为渐、顿二教。

> 所谓渐教,以始终二教所有解行,并在言说,阶位次第,因果相承,从微至著,通名为渐。④
>
> 顿者,言说顿绝,理性顿显,解行顿成,一念不生,即是佛等。⑤

从法藏对渐顿二教位次的安排看,他无疑视顿教比渐教高出一头。澄观也有同样的思想,他在《大华严经略策》中说:

> 夫教有浅深,根有胜劣。从微至著,渐教诱于劣机;初心顿圆,

---

① 《法华玄义》卷一上。
② 同上。
③ 同上。
④ 《华严一乘数义分齐章》卷一。
⑤ 同上。

　　圆教拔于上士,既圆信圆解,万行圆修,顿悟顿成,万德圆备。

　　可见,澄观也是把渐教视作诱于劣根之浅教,而视顿圆为极致。这与法藏于顿后更立圆是一致的。因为在华严宗人看来,顿教也非最究竟了义之教,究竟了义者,当是圆教。因此他们于顿渐之上更立圆融之教。在他们看来,理无深浅,何有顿渐? 寄浅显理,渐入渐深,故名为渐;直就体明,理不可分,故名为顿。顿外无渐,渐即顿收,渐顿该罗,非一非异,如斯证悟,渐顿两亡,假以言说,强名顿渐。按照这一说法,渐顿均为方便设施,圆教才是究竟了义。

　　综观天台与华严对渐顿两种思想的论述,他们虽然也重视顿悟,但只是把它作为圆融理论中的一门,似还未把它作为创宗判教之纲骨,真正赋顿教以立宗之纲骨的,当推禅宗慧能的祖师禅法。

二　顿悟见性与祖师禅法

　　所谓祖师禅,是相对于传统禅学的一种禅法。传统之禅学,称为如来禅,此禅有两个主要特点:一是以佛教经典为根据,宗密目之为"教内禅",后人或称之为"借教悟宗";二是在修行方法上主渐修,慧能之前的楞伽师多属此列。祖师禅则反之:一是以教外别传为标志,宗密称之为"教外禅";二是在修行方法上立直指心源,顿悟成佛。六祖慧能是这种禅法的实际创始人。

　　佛教界、学术界一般都认为,慧能之前,有禅学而没有禅宗,禅宗始创于慧能。这种说法是有道理的。因为只有在慧能之后,禅宗才具有较严格的组织形式和自宗之理论纲骨,此理论纲骨除了我们在上一节已述及的即心即佛思想外,就是下面将要剖析论述的顿悟见性思想。

　　从顿悟思想的历史发展看,始创之功当然不能归诸慧能,但是,第一个把顿悟作为成佛的最根本方法的是慧能。诚然,慧能之前的天台、华严二宗都很重视顿悟，甚至早在晋宋之际的竺道生就已提倡顿悟，但是，考察各家所说之顿悟，其含义与慧能之顿悟说实不尽相同。以竺道生之顿悟为例，道生所说之顿悟，是于十住后，金刚心现，而豁然开朗，这与慧能直接诉诸自心之顿悟成佛实相去甚远。天台、华严也说顿悟，但就其修行理论说，则更重止观双修和离妄还源。慧能之前的楞伽师则多属渐修，《楞伽经》有一段佛答大慧菩萨问"如何除一切众生自心现流，为顿为渐"的话，佛告大慧：

> 渐净非顿，如庵罗果渐熟非顿，如来净除一切众生自心现流亦复如是，渐净非顿；譬如陶家造作诸器，渐成非顿……譬如大地渐生万物，非顿生也……譬如人学音乐书画种种技术，渐成非顿。如来净除一切众生自心现流亦复如是，渐净非顿。①

这段话主要是就修行立言；如果约成佛说，楞伽师亦不是不讲顿。就在这段渐修说之后，《楞伽经》又以"明镜顿现一切无相色像""日月轮顿照显示一切色像"等来喻如来净除"一切众生自心现流"。但这里所说之顿，乃约修行之后达到佛果之一刹那说。如宗密说："犹如伐木，片片渐砍，一时顿倒，亦如远诣都城，步步渐行，一日顿到。"②"上之四渐，约于修行，未证理故；下之四顿，约已证理故。"③从这些论述看，楞伽师所说之顿，与其说近于慧能之顿悟，毋宁说更类似"金刚心现，豁然大悟"的说法。具体地说，楞伽师从菩提达磨到五祖弘忍，都十分重视渐修。例如达磨禅法在一定意义上说，是以"壁观"为标志；弘忍则倡"念

---

① 《楞伽经》卷一。
② 《禅源诸诠集都序》卷三。
③ 《圆觉经大疏钞》卷三。

念磨炼","缓缓静心"①；神秀禅法则以"时时勤拂拭，莫使惹尘埃"为特点。这些都说明慧能之前的楞伽师虽亦讲顿悟，但就修行理论说，仍以渐修为主。慧能在禅学发展史上的重要作用之一，就是一反弘忍以前几代祖师的传统思想，在立即心即佛的基础上更立顿悟见性说。

慧能的佛性学说，在中国佛教思想史上是最为简约的。但是，读过《坛经》的人都知道，万把字的《坛经》，与其说言简意赅，不如说啰嗦反复。《坛经》千言万语，究其旨归，实不出"顿悟见性，即心即佛"八个字。如果说，舍去了自心，慧能的整个佛性学说将无所归依，那么，离开了顿悟，慧能的自心也将是混沌一团。顿悟见性，顿悟成佛，这是慧能乃至整个禅宗修行理论的灵魂所在。

在上一节中，我们指出了慧能把自心之迷悟看作是愚智凡圣的分野所在，自性迷则愚则凡则是众生，自性悟则智则圣则是佛。这个思想与天台、华严二宗的区别，不在于迷悟本身，而在迷悟之主体，亦即一个把迷悟之主体付诸"真心"，一个则就自心说迷悟。这里我们要进一步指出的是，禅宗所说之悟，又与以前诸家所说之悟不同。在《坛经》中，慧能论顿悟的话甚多，这里摘录几段，以窥其大概：

> 故知一切万法，尽在自身中，何不从于自心顿现真如本性。
>
> 我于忍和尚处，一闻言下大悟，顿见真如本性，是故将此教法流行后代，令学道者顿悟菩提，令自本性顿悟。
>
> 若悟无生顿法，见西方只在刹那。不悟顿教大乘，念佛往生路遥。
>
> 迷来经累劫，悟则刹那间。

---

① 《最上乘论》。

慧能在这里所说的悟、顿悟,当然不是指历尽诸多阶级,经过苦修证理之后的恍然大悟,而是人们当下之每一念心,都有可能从自心中顿现真如本性,都可以悟得无生顿法。此中之顿悟,与次第修习了不相关,关键在于悟与不悟。例如,慧能说:如有钝根愚者,不能自悟,可找善知识解最上乘法,直示正路。表面上看,这与其他宗派所说之修证无异,实际上,所谓找善知识示道见性中的"道"与"性","亦在人性中,本自具有","不假外求";若自心邪迷不悟,妄念颠倒,即使善知识有所教授,也不得解脱。此中之关键,不在于是否有善知识开示指导,而在于悟与不悟,此是其一。其二,所谓善知识,也不可外求,"若取外求善知识,望得解脱,无有是处","自真正善知识,即得解脱"。只要识自本心,刹那间妄念俱灭。这就是"识自心善知识",所谓"一悟则知佛也",一悟则知自心原是佛,其间无需任何阶级次第。其三,若自悟者,则更无须外求善知识,更无须历尽阶次,因为一念悟已是佛,又何须善知识示道见性,阶级次第更无从谈起。其四,禅宗之顿悟见性,不假修习,还表现在其功德观上。佛教多有以积善修福说功德的,禅宗则认为功德不在福田。慧能认为:"功德自心作,福与功德别。"按照这种观点,积善修行无疑纯属徒劳,与明心见性、顿悟成佛了不相关。有说"如来禅有修有证,祖师禅无证无修",此真可谓一语道出两种禅法在修行观上的根本区别所在。

不假修习的顿悟思想自慧能首倡之后,就成为禅宗佛性理论中的一条基本原则,其中,素有嫡传之称的荷泽一系对它弘扬最力。宗密说"荷泽宗者全是曹溪之法,无别教旨"[1],这固然无错,但曹溪之法,实假神会而光大发扬,这也是事实。据宗密之《承袭图》记载:"能和尚灭度后,北宗渐教大行,因成顿门弘传之障……二十年中宗教沉隐。天宝

---

[1] 《中华传心地禅门师资承袭图》。

初,荷泽入洛,大播斯门,方显秀门下师承是傍,法门是渐。"①可见,顿法重振之功,当归神会。

神会之说顿悟,曾有一形象的比喻,叫作"利剑斩束丝"。当一个叫无行的弟子问神会:"众生烦恼,无量无边,诸佛如来,菩萨摩诃萨历劫修行,由不能得,云何龙女刹那发心,便成正觉?"神会答道:

> 发心有顿渐,迷悟有迟疾。若迷即累劫,悟即须臾。此义难知,为汝先以作事喻,后明斯义,或可因此而得悟解。譬如一缫之丝,其数无量,若合为一绳,置于木上,利剑一斩,一时俱断。丝数虽多,不胜一剑。发菩提心,亦复如是。②

此谓丝数虽多,但不堪一剑,众生烦恼虽多,若悟无生之理,则一切烦恼妄念一时俱断。烦恼妄念俱断,故成佛之理皎然。

那么,顿悟成佛与信行修习又是什么关系呢?《神会语录》中有一段神会与智圆和尚的问答,很可代表荷泽系乃至南宗在这个问题上的看法:

> 智圆问:一切众生皆云修道,未审修道者一生得成佛不?和上答言:可得……又问:云何刹那顷修习即得成佛?愿断此疑。答:言修习即是有为诸法,计属无常,无常者离生灭。又问:一切诸佛,修习果满,得成佛道;今言不假修习,云何可言?答:夫所信行修习,不离于智觉,既有智觉,即有照用,如是因果宛然,生灭本无,何假修习。又问:诸佛成道,皆因智觉,今离智觉,何者是道?答:道

---

① 《中华传心地禅门师资承袭图》。
② 《荷泽神会禅师语录》。

体无物……亦无空名,无相、无念、无思,知见不及,无证者,道性俱无所得。①

这段引文长了一些,但因它关系到南宗对顿悟与修习这一重要问题上的根本看法及其理论根据,故摘录于上。这段话的基本思想有五:一是肯定修道者一生可成佛;二是认为只要消除妄念、性体无生,则刹那成佛,无需一生;三是主张成佛可以不假修习,因为修习是有为法,有为法是有生有灭的,而佛是无为,是离却生灭的;四是认为一切信行修习都得依于觉智,既然有觉智,即已有照用,佛果宛然,何假修习;五是认为道体无物,道性一无所得,既然一无所得,即应是无念、无思、无知,只要通达此理,即可得解脱。这第五点是神会这段答话的落点所在,也可以说是南宗顿悟成佛、不假修习思想的理论根据所在。就是说,所谓道者,本来就是无思无为、无物为体的,欲成道,何须多加造作,更远外求,只要体悟此无生之理,做到无相、无念、无思、无见,便可成佛得解脱了。神会这一段论述,表面上看较繁琐复杂,实际上其思想实质与慧能的"离相无念""明心见性"完全同出一辙。说神会唯传曹溪禅法与曹溪禅法假神会而弘传,这是其中的一个重要表现。

禅宗自慧能、神秀之后,出现了南北二系统,史称南能北秀、南顿北渐,并说"顿渐门下,相见如仇雠,南北宗中,相敌如楚汉"②。实际上,南北、顿渐对立一至于此,当是慧能之后的事,特别表现在神会"不惜身命"地弘扬南宗顿教,以同北宗渐教相抗衡、争正统的过程中。南宗顿教所以最后能取传统的渐教而代之,成为禅宗之正统,除了社会历史根源外,神会"不惜身命"的弘扬顿法活动,是起了重要作用的。神会亦因

① 《荷泽神会禅师语录》。
② 《禅源诸诠集都序》卷二。

此被推上禅宗七祖的宝座。

与南北二宗并立的,当时还有牛头、洪州等系统。牛头禅重于空处显示不空之理,宗密说它"以达空故,于顿悟门而半了,以忘情故,于渐修门而无亏"①。洪州禅则主张"起心动念,弹指动目,所作所为,皆是佛性全体之用"②。宗密评之曰:"彼宗于顿悟门虽近,而未得于渐修门"③,是"有误而全乖"。依宗密看,北宗主渐,洪州主顿,牛头顿渐兼半,南宗先顿后渐,先悟后修。此说有一定的道理,其具体内容,我们将在论述渐顿之相互关系时,再予以具体评述。

神会之后,南宗势力逐步扩大,顿悟法门也逐渐成为禅宗的基本思想,并且随着时间的推移,日益为佛教界所推重,进而衍为时代佛教之潮流。这种形势的造成,一方面是由于现实社会的需要,另一方面是由于禅宗后学的大力弘扬,其中,于顿悟禅法用力最勤、宣扬最着力的,又得算马祖门下的慧海与怀海的弟子希运。

慧海撰有《顿悟入道要门论》一文,该文通过问答的形式,对顿悟的一些基本思想作了较详尽的发挥。有问"欲修何法,即得解脱",他答道:"惟有顿悟一门,即得解脱。"当再问"云何为顿悟"时,他答道:"顿者顿除妄念,悟者悟无所得。"这样去解释顿悟,与慧能的"离相无念"、神会的"无相、无念、无思、无知见"的思想是相通的。对此,慧海在文中之往下部分已明文说及。当有人问"此顿悟门以何为宗,以何为旨"时,他答道:"无念为宗,妄心不起为旨。"④可见,慧海的顿悟说是以慧能、神会的"无念"思想为宗旨的。

慧海的《顿悟入道要门论》还从顿悟的角度,对佛性理论中的一个

---

①　《中华传心地禅门师资承袭图》。
②　同上。
③　同上。
④　《大珠禅师语录》卷上。

根本问题,亦即何时成佛问题作了明确的回答。他说:"顿悟者,不离此生,即得解脱。何以知之?譬如师子儿,初生之时,即真师子。修顿悟者,亦复如是,即修之时,即入佛位。如竹春生笋,不离于春,即与母齐,等无有异。何以故?为心空故。修顿悟者,亦复如是,为顿除妄念,永绝我人,毕竟空寂,即与佛齐,等无有异,故云即凡即圣也。"①此中之譬喻虽然十分牵强,但基本思想是明确的,亦即即修之时,已入佛位,毕竟空寂故,凡圣平等一如。基于这种思想,成佛当然可以不离此生。

弘扬顿悟法门的另一位重要禅师,则是被称为"曹溪六祖之嫡孙,西堂百丈之法侄"②的希运。希运顿悟的主要特点是"直下便是,运念即乖,然后为本佛"③。这种思想主要是以慧能之"即心即佛"与"离相无念"思想为根据的。他在反复论述了"诸佛与一切众生,惟是一心,更无别法"④的基本思想之后,便指出"直下顿了,自心本来是佛,无一法可得,无一行可修,此是真如佛"⑤。他认为:学道之人若要知道学道要诀,最重要的是"莫于心上著一物",若于心上著物,心外逐境,则是认贼为子,乖道背理。反之,若能直下顿了,心境一如,即心即佛,则是真出世人。基于这种思想,希运深入地论述了顿悟与渐修的相互关系。

希运认为,学道之人,若不悟此心体,便于心上生心,向外求佛,著相修行,此皆是恶法,非菩提道。他说,证心虽有迟疾,有闻法一念便得无心者,有至十信十住十行十回向乃得无心者,有至十地乃得无心者。但是一念而得与十地而得者,功用恰齐,更无深浅。十住十地苦修者,乃"只是历劫枉受辛苦耳"⑥,"纵使三祇精进修行,历诸地位,及一念证

① 《大珠禅师语录》卷上。
② 《筠州黄檗山断际禅师传心法要》。
③ 同上。
④ 同上。
⑤ 同上。
⑥ 同上。

时，只证元来是佛，向上更不添一物"①，"却观历劫功用，总是梦中妄为。"②因此，他认为学道之人，实无修证可言，直下无心便是，"供养十方诸佛，不如供养一个无心道人"③，但能无心，便是究竟，学道之人若不直下无心，累劫修行终不成佛。这种无修无证、直下顿了的思想，把慧能、神会的顿悟说推到了极致，其后的顿悟思想，从根本上说，再没有更多的发展，有的只是把它进一步神秘化罢了。

三　直下顿了与理不可分

考察顿悟思想的历史发展，从竺道生的一悟得意，到禅宗的直下顿了，尽管他们所说之顿悟含义不尽相同，但在入道成佛都是一刹那之豁然开朗、大彻大悟这一点上说是共通的。而造成这种相同处的根本原因，并不是互相抄袭或偶然的巧合，而是诸说都有一个相同的理论基础，都以理不可分为顿悟说的根据。

道生之顿悟说，其源盖出于般若实相义。所谓实相，乃无相之相、诸法本体。所谓佛者，则"得本称性"，"得本自然"。因为诸法本体是无相之相，故得本不可以形得，不可以言传，而贵在得意，因此，道生有"象外之谈"，"得意之说"；又因诸法实相超乎象外，乃是一纯粹抽象之本体，其理实不可分，理既不可分，则得本悟体之慧不容有阶级次第之差别，故道生倡以不二之悟，符不分之理。可见，道生"不二"之顿悟思想，实是以理不可分的思想为基础。

理不可分的思想，并非竺道生首先提出来的，竺道生在这个问题上的贡献，乃在于把他的"真理自然""得本称性"的佛性说与此一不可分割之理体联系起来，进一步创立对此纯全之理体的体悟不容阶级，而必

① 《筠州黄檗山断际禅师传心法要》。
② 同上。
③ 同上。

须顿悟的思想。例如,在竺道生之前,有一个为《首楞严经》作"注序"的无名作者,就明确提出过"至理非可分"的思想。他说:

> 所以寂者,未可得而分也。故其篇云,悉遍诸国,亦无所分,于法身不坏也……像可分哉? 若至理之可分,斯非至极也。可分则有亏,斯成则有散。所谓为法身者,绝成亏,遗合散。灵鉴与玄风齐踪,圆神与大阳俱畅。其明不分,万类殊观,法身全济,非亦宜乎。故曰不分无所坏也。

此谓法身不坏全济,至理不可分割。根据这种思想,本来可以进一步提出入理之悟,应一时顿了,不容阶次,但此文的作者没走完这一步,故顿悟首倡之功,史上往往归诸道生。

竺道生顿悟思想另有一个重要特点,即强调悟者自悟,这种思想与道生把涅槃学视为本性之学的思想是分不开的。在竺道生看来,佛性者乃含生类之本性,佛者则是反本得性之谓,故倡悟须自悟,与信修闻解不同。这种思想之进一步发展,为后来禅宗的心性之学开辟了道路。禅宗佛性说最核心的东西,是把实相、本性、真理,均诉诸一心。心、性、理等,名异而实同。即性即理即心,心外更无一物,所谓佛者,乃是本心本体本来是佛。能直下顿了自心本来是佛,无一法可得,此是真如佛。"性即是心,心即是佛,佛即是法","不可以心更求于心,不可以佛更求于佛,不可以法更求于法,故学道人直下无心,默契而已"。[①] 也就是说,所谓直下顿了,乃直指自心为本佛,心体乃一包罗万有之整体,不可于心上更著一物,亦不可于心外另有所求。这种直下顿了说与竺道生的顿悟说虽然说法有异,其思想实质则无大殊。都是以理体(心体)为一

---

① 《筠州黄檗山断际禅师传心法要》。

不可分之整体为基础,进而认为对此一不可分之理体(心体)之悟非渐
必顿。简单地说,这就是中土佛性论中顿悟说的思想路数。

第二节　拂尘看净与因缘见性

与顿悟相对的另一种修行方法是渐修。渐修的修行方法虽然在中
土佛性理论中不占主导地位,但多数中土僧人亦不主张完全废弃渐修,
且以渐修为入道成佛之基本方法者也不乏其人。因此,在谈过顿悟说
后,有必要对渐修的修行方法作一个简略的考察。

一　次第修行与三乘佛教

所谓渐修,指通过逐步的修行而转凡为圣,入道得解脱。在佛教
中,转凡入圣非仅只成佛一途,其修行,向来有阶段层次之别,例如,菩
萨一直与佛并称四圣,因此,在考察修行方法时,不应局限于成佛一途,
而应该顾及前三个阶段。

前三圣在佛教中也称为三乘果。阿罗汉为声闻乘果,辟支佛是缘
觉乘果,菩萨系菩萨乘果。关于三乘与三圣,印度佛教论述较多,中土
佛教则谈得很少。佛教东渐之初,因大小二乘并传,故其时常有三乘之
说;自小乘佛教衰微,道生弘扬一乘,特别在天台盛唱会三归一之后,中
土佛教成为大乘之天下,其中尤以一乘为盛。至唐方有玄奘之唯识宗
倡五种姓说,三乘教才出现复兴的势力。影响虽大,为时却很短。唯识
宗之后的华严宗又盛扬一乘,禅宗更以教外别传为标志,故三乘教在中
土的影响是很有限的。中土佛教之主流当归诸天台、华严之一乘教及
教外别传之禅宗。

弄清楚各乘在佛性理论上的种种差别,对于我们了解中土佛教与
印度佛教在修行理论上的区别,以及中土佛教的修行理论何以渐修方

法不占主导地位,无疑是有帮助的。盖小乘、三乘、一乘诸家在佛性理论上多有不同。在何人成佛问题上,小乘主唯菩萨一人次第作佛;三乘教则半成半不成,若直进及回心二人,修行满十千劫,住堪任地者,并皆作佛,若未至位,则与一阐提位同,皆不作佛;依一乘义,则一切众生,通依及正,并皆成佛。在成佛之空间性上,小乘教主张只有一人作佛,即便另有成佛者,亦前后不同时;若依三乘教,则有十方佛,同时于各处成佛;若依一乘,则念念中成佛,皆尽所化之有情众生。在成佛之时间性上,小乘教主张满三阿僧祇成佛;三乘教主张久修行善根;一乘则主张初发心便成正觉,一念始终俱足;等等。①

由于在印度佛教中,小乘佛教与三乘教一直占有相当的地位,因此,其佛性理论多主张历劫久修,成佛殊难自是理所当然的;反之,在中土佛教中,小乘教一直不成气候,三乘教的影响在时间及范围上都很受限制,而一乘教一直占据主流派的地位,故其修行理论的不重渐修而重顿悟也是顺理成章的。

二　闻教信修与因缘见性

上文说渐修思想在中土佛性理论中不占主导地位,并不等于说中土佛教中无渐修思想。相反,多数中土僧人还是主张必须修道,方能成佛的。不过,由于各家的佛性理论不尽相同,因此,在渐修说上说法也不尽相同。例如有安世高一派的小乘禅法,侧重于数息行观的精神修炼;有《四十二章经》所说的"为道如锻铁,渐深去垢,成器必好";有慧观的理本无殊,差别在人的渐悟说;有六朝时期诸僧人、论师所说的"已有正因,须待缘因";有禅宗北宗的"拂尘看净,方便通经"说;等等。从对中土佛性理论的影响程度着眼,这里打算着重谈谈六朝时诸涅槃师的

---

① 可参见智俨《华严五十要问答》《华严一乘十玄门》及法藏《华严一乘教义分齐章》。

因缘见性说,至于禅宗的拂尘看净思想,留待下节再谈。

　　涅槃师的因缘见性说,主要收集在《大般涅槃经集解》中。《大般涅槃经集解》涉及的问题虽多,但其中反复论述的一个主题是:"既有佛性,何须说十二部经","既有佛性,何须修道"。涅槃师们在回答这些问题过程中,具体论述了他们的修道观。

　　《涅槃经》中有一著名的"七人渡河喻",僧亮解之曰:"七人皆具手足,譬佛性,习浮者度,不习不度,譬修道也。"并说"众生亦尔,皆有佛性,不修圣道,不得涅槃"①。宝亮也说:"七人悉有手足,若不习浮,不能得度,众生虽有佛性,要久习缘因善,方乃得成佛。"②这是一个很通俗的比喻,意谓七人皆有手足,此如众生悉有佛性,然有佛性不等于能自然成佛,还须学道修行,这有如虽有手足,若不学习游泳,终渡不了河一样。

　　《集解》卷五十二还载有宝亮这样一段话:

　　　　凡夫愚痴,无有智慧。闻佛说众生身有佛性,谓言此五阴身即时已有一切种智、十力、无畏,不假修行,卧地自成,责佛现有,此不当是,无道用心。然众生之身,即时乃有正因,要须积德修道,灭无明障,暗黑都尽,佛性方显。缘具之时,尔乃有用。其事如箜篌,要须众缘具,故声方出耳。③

　　此谓众生虽有正因佛性,但不等于说五阴身即已具有一切种智,不假修行,卧地成佛,而必须积德修道,待众缘具足时,佛性方显,方可成佛。此亦是把积德修道视作成佛之助缘,只有因缘具足,方可见性成佛。

────────

① 《大般涅槃经集解》卷六一,《大正藏》册三七,第569页。
② 同上。
③ 《大正藏》册三七,第539页。

在宝亮此解之前，还载有僧宗答"何须说十二部经"之难。僧宗以箜篌虽有发声之功能，但若欲闻其音，"必须方便方得"，以说明"闻说十二部经，则为外缘之益也"①。此亦是以正因外缘说佛性与十二部经的相互关系。

诸涅槃师还常以当有现有、本有始有之相互关系来说明佛性虽本有、现有，但须借缘修道，方可见性成佛。他们谈得最多的是乳酪之喻。意谓乳须假醪暖，方可成酪，若不醪暖，乳还是乳，永不成酪。此譬佛性虽本具，但不假修道，则只是一种潜在的可能性，永远成不了佛。

诸涅槃师关于佛性为正因，为当有，而成佛还须助缘，必须修道，只有因缘具足，方可见性成佛的思想，其源盖出于《涅槃经》。《涅槃经》屡屡言及众生虽有正因佛性，"若言不须修圣道者，是义不然"②，"众生佛性亦复如是，无有住处，以善方便，故得可见"③，"假众缘故得成阿耨多罗三藐三菩提"④。《涅槃经》在这个问题上的基本思想是，众生悉有之正因佛性——第一义空，其本性是常住不变，并不能吸引众生去成佛，否则，一切众生同有佛性，早就都成佛了。众生要成佛，必须修行圣道，借助缘因，只有因缘具足，方可见性成佛。隋净影寺慧远也以《涅槃经》的这个思想为根据，得出与六朝涅槃师相近的看法：

> 要修圣道方得菩提……言不须修，违其缘因得果之义。⑤
> 　一约空喻明其理性，非内非外非因果性，是其理也。性非内故，假修方得，性非外故，修者必得；二约财喻明其果性非彼非此，性非此故假修方得，性非彼故修者必得；三约业喻明其因性非内非

---

①　《大正藏》册三七，第 539 页。
②　《大般涅槃经》卷三二，《大正藏》册一二，第 555 页。
③　《大般涅槃经》卷二六，《大正藏》册一二，第 519 页。
④　同上。
⑤　《大般涅槃经义记》卷九，《大正藏》册三七，第 854 页。

外非有无等，义意同前。初中先喻，后合显法，妄中无真名为非内，真不离妄说为非外，由非内外故假修方得。①

意谓第一义空的正因佛性，因其非内非此故，假修方得，因其非外非彼故，修者必得。须假修则是缘因得果义，不须假修，则违背由缘因得果之义。此仍是"因缘见性"的思想。

因缘见性的思想在南北朝时有讲阶级次第的倾向，如《弘明集》中常说"拔愚以四禅为始，进慧以十地为阶"②。论师们也常说及修道之阶级次第，如地论师以《十地经论》为依据，大讲修行之阶级地位。此一讲阶级重次第的现象至天台圆教出现便趋消沉。天台虽讲止观双修，但其即空即假即中的圆融理论决定了它不会把渐修置于顿悟之上。至华严唱"初发心已过牟尼"，渐修更被视为无足轻重之方便设施。至禅宗立不假修习之顿悟法门，渐修地位就更微不足道了。

三　拂尘看净与借教悟宗

与南宗不假修习之顿悟法门相对立的是北宗的渐修学说。神秀渐修说与慧能顿悟说的分歧，早在他们于弘忍门下共处时便显示出来了。慧能著名的得法偈使他得到禅宗传法衣钵，而神秀为争衣钵所作的偈颂，也奠定了他日后弘扬渐修法门的思想基础。

宗密在《中华传心地禅门师资承袭图》中，评述北宗的基本思想曰：

> 北宗意者，众生本有觉性，如镜有明性；烦恼覆之不见，如镜有尘暗。若依师言教，息灭妄念，念尽则心性觉悟，无所不知。如磨

---

① 《大般涅槃经义记》卷九，《大正藏》册三七，第854页。
② 《弘明集》卷八。

拂昏尘,尘尽则镜体明净,无所不照。故彼宗主神秀大师呈五祖偈云:身是菩提树,心如明镜台,时时勤拂拭,莫遣有尘埃。①

此谓北宗禅法盖以拂尘看净为基本特点。该文稍后,宗密更明确地说:

北宗但是渐修,全无顿悟,无顿悟故,修亦非真。②

意思是说,北宗全主渐修,毫无顿悟思想可言。此说也许有些偏颇,盖神秀禅法,亦非全然不讲顿悟。例如,神秀在《观心论》中说:

超凡证圣,目击非遥,悟在须臾,何须皓首。③

在《大乘无生方便门》中也说:

一念净心,顿超佛地。

这显然是顿悟思想。问题是神秀的顿悟,与南宗的单刀直入、直了见性不同,是通过种种方便后的恍然大悟;加之,从总体上说,神秀禅法是以“时时勤拂拭”为特点,故总的说,属渐修法门。

《坛经》中载有志诚说神秀的禅法是“住心静观,长坐不卧”;宗密在《圆觉经大疏钞》中也说神秀禅法的特点是“拂尘看净,方便通经”。这

---

① 《续藏经》第一辑,第二编,第一五函,第五册。
② 同上。
③ 《观心论》是否神秀所作,学界看法不一,现暂取侯外庐先生说,容日后有机会再作进一步考证。详见《中国思想通史》第四卷(上),第270页。

种说法是合乎实际的。考神秀之禅法,系以"住心静观""拂尘看净"为标志,其后学基本上循着这条路子走,具体的做法是十六个字:"凝心入定,住心看净,起心外照,摄心内证。"①这无疑均属渐修法门。

北宗之渐修,实承接楞伽师之余绪。楞伽师从达磨始,就倡舍伪归真,凝住壁观。《续高僧传·达磨传》曰:

> 入道多途,要惟二种,谓理、行也。借教悟宗,深信含生同一真性;客尘障故,令舍伪归真。凝住壁观,无自无他,凡圣等一,坚住不移,不随他教,与道冥符,寂然无为,名理入也。

此谓"理入"的内容是"借教悟宗""舍伪归真",具体的做法是"凝住壁观"。"壁观"者,实乃"安心"之术。宗密在《禅源诸诠集都序》中说:"达磨以壁观教人安心,外止诸缘,内心无喘,心如墙壁,可以入道。"②如果把神秀的思想拿来与达磨所说相比较,可以发现,神秀的"住心观静"与达磨的"凝住壁观"实在没有多大区别。

神秀的老师弘忍也是主渐修的,在《修心要论》中,弘忍说:

> 既体知众生佛性本来清净,如云底日,但了然守真心,妄念除尽,慧日即现……譬如磨镜,尘尽自然见性。

此磨镜说很容易使人想起神秀"时时勤拂拭"的偈句。二者说法有小异,思想无大殊,均有拂尘看净之义。

如果按思想渊源说,神秀及其北宗的渐修法门,实更近于"正统"。

---

① 《答崇远法师问》,《神会和尚遗集》卷三。
② 《禅源诸诠集都序》卷二。

但佛性思想的发展如同其他社会意识形态的发展一样,虽然有其相对的独立性,但归根到底还要受时代的制约,因此,神会有可能把神秀及其渐修法门推到"师承是傍"的境地。

第三节　顿悟渐修与鱼兔筌蹄

顿悟与渐修,从一定角度看,是相互对立的两种修行方法:一个讲因缘见性,学有阶渐;一个主一悟得意,不落阶级。但是,从另一个角度看,二者又不无可相统一的地方,因为它们同是佛教的修行方法,而且常常是同一个佛教思想家或佛教宗派同时并用的两种修行方法。因此,渐修与顿悟,有对立的一面,也有统一的一面。渐修与顿悟的这种既对立又统一的关系,决定了我们应该把这两种修行方法作为一个对立统一的整体来进行考察(至于那种完全不假渐修的纯直观的顿悟,则应另当别论)。

一　渐以成顿与顿不废渐

渐修与顿悟的统一关系,首先表现在二者的相资互济、相辅相成上,假渐修以成顿悟,虽顿悟不废渐修。以历史事实为例。

支道林是中土佛教史上倡顿悟之第一人,而他并不废渐修。在《大小品对比要钞序》中,支说:

> 神悟迟速,莫不缘分。分暗则功重,言积而后悟。

此谓悟之速在于众生根机之利钝,分暗根钝者,则用功德以渐进,既积至一定阶段而后可悟。实际上,不单支道林是这样,安、肇、远诸法师之小顿悟均然,所谓七住之前渐进,既至七住则悟无生法忍,此分明以渐修与顿悟为佛教认识的两个阶段。

竺道生以顿悟说著称于中土佛教界,而在竺道生的学说中,也不乏渐修的思想。慧达《肇论疏》引道生之论顿悟曰:

> 见解名悟,闻解名信。信解非真,悟发信谢。理数自然,如果熟自零。悟不自生,必借信渐。

此直言闻解之信修乃见解之顿悟的基础。基于这个思想,道生反对谢灵运以假知为不知的思想,指出:

> 以为苟若不知,焉能有信。然则由教而信,非不知也。但资彼之知,理在我表。资彼可以至我,庸得无功于日进?

此谓闻教信修虽非真知,但借助于此,则可达到自悟、顿悟,故闻教信修非无日进之功。

在《妙法莲华经疏》中,竺道生曰:

> 此经以大乘为宗。大乘者,谓平等大慧,始于一善,终于极慧是也。平等者,谓理无异趣,同归一极也。大慧者,就终为称耳。若统论始末者,一毫之善皆是也。此终极之大慧,乃是指照理体,顿悟之真智。然闻教信修,乃至一毫之善,是谓渐修。①

这段话有两层意思:一是说闻教信修属渐修,终极大慧是顿悟;二是认为就悟而言,唯有顿悟,不可有前后之阶渐,约修而说,则不妨

---

① 《妙法莲华经疏》卷一。

渐次。

全面地考察竺道生的佛性思想,其顿渐相资说与他整个思想体系是一致的。道生之佛性说除倡众生悉有佛性外,另有"应有缘"说,意谓仅有正因佛性还不能成佛,还须借缘修道,方能成佛。这种思想体现在修行方法上,就是其顿渐相资的学说。

禅宗南宗更是以顿悟为一宗修行理论之纲骨,但全面考察慧能、神会的佛性学说,亦非全然抛弃渐修。

《坛经》中曾载有慧能论及众生若不能自悟,须觅善知识示道见性的话,从特定的意义上说,寻觅善知识示道见性,亦可视为达到顿悟前之修行。当然,在慧能那里,这种修行仅是一种方便设施,这与支、安、道生顿渐相资说有所不同。

神会说顿悟不假修习的话很多,但说顿悟不废渐修的话也不少。例如,在答蒋山义法师问"一切众生,皆有真如佛性,及至中间,或有见者,或有不见者,云何有如是差别"时,神会说:

> 众生虽有真如佛性,亦如大摩尼之宝,虽含光性,若无人摩冶,终不明净。差别之相,亦复如是,一切众生,不遇菩萨知识教令发心,终不能见。①

此说近于神秀之"拂尘看净"说,区别仅在于神会并没把磨冶见性作为修行的主要方法。神会对于渐顿二者相互关系的较全面的看法是:

> 我六代大师,一一皆言单刀直入,直了见性,不言阶渐。夫学

---

① 《荷泽神会禅师语录》。

道者顿悟渐修,不离是□□得解脱。譬如母顿生子,与乳,渐渐养育,其子智慧自然增长,顿悟见佛性者,亦复如是。①

神会此说与其他僧人之谈渐顿关系大异其趣。以往僧人一般都说先渐后顿,神会于此却反其道而行,谓先顿后渐。宗密曰:"荷泽则必先顿悟,依悟而修。"②

那么,何谓先顿悟后渐修呢? 宗密对此也有解释。他说:虽然顿悟法身真心,全同诸佛,而多劫妄执四大为我,习与性成,很难顿除,故必须依悟而修,损之又损,乃至无损,即名成佛。③

虽然神会也有顿悟如登九层之台的说法,但其所说的登九层之台,与平常所说由阶渐而登不同。例如,当志德法师问:"禅师,今教众生,惟令顿悟,何故不从小乘而渐修? 未有升九层之台不由阶渐而登者也。"神会答道:

只恐畏所登者不是九层之台,恐畏漫登者土墱胡冢。若是实登九层之台,此即顿悟义也。今于顿中而立渐者,即如登九层之台也。要借阶渐,终不向渐中而立渐义。事须理智兼释,谓之顿悟。并不由阶渐,自然是顿悟义。自心从本已来空寂者是顿悟,即心为无所得者为顿悟,即心是道为顿悟。④

神会此说与志德法师所问的差别在于,在神会看来,若是已知所登实是九层之台,而非土墱胡冢,这就是顿悟义,至于此后之登,乃是顿中

---

① 《答崇远法师问》,《神会和尚遗集》卷三。
② 《中华传心地禅门师资承袭图》。
③ 同上。
④ 《荷泽神会禅师语录》。

立渐义,此与先登而后知是九层之台截然不同,后者是于渐中立渐义。神会此一先识九层之台而后登的说法,与先顿悟而后渐修的思想是一致的。

对于渐修顿悟、顿修渐悟、渐修渐悟、顿悟渐修诸说,宗密在《禅源诸诠集都序》中有几个形象的比喻。他说:以前许多僧人所说的先因渐修功成,而后豁然顿悟,此犹伐木,片片渐斫,一时顿倒;亦如远诣都城,步步渐行,一日顿到也。另有云顿修而渐悟,此如人学射,顿者箭箭直注意在中的,渐者久方始渐亲渐中。又有云因渐修而渐悟,此如登九层之台,足履渐高,所见渐远。还有云先须顿悟,方可渐修者,此如日顿出,霜露渐消,这是约断障说;若约成德说,则如孩子生,即顿具四肢六根,长大后即渐成志气功业。再有云顿悟顿修者,此如利剑斩束丝,一时俱断。① 其中,后两说较接近南宗之顿悟义。慧能神会之谈顿悟,有时是指顿悟顿修,有时则于顿中立渐义,即先顿悟后渐修。

宗密是一个擅糅合之术的名僧能匠,如同他对禅、教乃至儒、释、道三教均取调和融合的态度一样,在对待以上所说的各种修行方法上,他也采取一种糅合的态度。他指出:以上诸说,"言以反者,谓既悟即成佛,本无烦恼,名为顿者,即不应修断,何得复云渐修?渐修即是烦恼未尽,因行未圆,果德未满,何名为顿? 顿即非渐,渐即非顿,故云相反"②。实际上,这只是事情之一面,如果集而言之,则诸说并不相乖,"乃互相资也"。他以伊字三点为例,三点各别,既不成伊,三宗若乖,焉能作佛。他认为当务之急,"务在伊圆三点",这是宗密对整个佛教的修行方法采取大糅合态度的又一个重要表现。

---

① 详见《禅源诸诠集都序》卷三。
② 《禅源诸诠集都序》卷一。

二　顿悟渐修与鱼兔筌蹄

　　说渐修顿悟两种修行方法在中土僧人的修行理论中往往相资为用,相辅相成,这丝毫不意味着中土的佛教思想家是把二者等量齐观的。实际上,由于中土的佛性理论自晋宋之后一直是以一乘说为主流(法相唯识宗在短时间内的风行、得势,并没能改变这一潮流),因此,在修行理论上多重顿悟,而视渐修方法为权便。用他们的话说,渐修与顿悟的关系犹如筌蹄之与鱼兔,假筌蹄以求鱼兔,鱼兔既得,则筌蹄可弃。

　　据《高僧传》记载,竺道生有感于当时佛教界的阐提无性说与渐修说,潜思日久,遂彻悟言外,乃喟然叹曰:

　　　　夫象以尽意,得意则象忘。言以诠理,入理则言息。自经典东流,译人重阻,多守滞文,鲜见圆义。若忘筌取鱼,始可与言道矣。①

慧琳诔文也引述了竺道生的一段话:

　　　　象者,理之所假,执象则迷理;教者,化之所因,束教则愚化。是以征名责实,惑于虚诞。求心应事,茫昧格言。

　　这二段引文字句虽不尽同,思想却没有什么差别,均谓道生以言象声教为入理之筌蹄。未见理时,必须言津,既见乎理,何用言为! 此犹假筌蹄以求鱼兔,鱼兔既得,筌蹄何施! 这里所说的言象声教与见理入理,犹若慧达《肇论疏》所说的"闻解"与"见解"。意谓闻教信修,虽不无日进之功,但入理见理,还得靠一悟得意。道生这种得意忘象、入理言

――――――――――――――

　　① 《高僧传·竺道生传》。

息的思想,对整个中国的佛性理论,特别是禅宗的佛性学说,产生了深刻的影响。

　　禅宗在顿悟渐修的相互关系上,无疑是重顿悟,但又不是全然废弃渐修。但若把二者作为一个整体来考察,渐修充其量只是一种假借之筌蹄。在这个问题上,禅宗比道生走得更远,渐修之筌蹄作用在禅宗那里更显得微不足道,他们往往认为,渐修只是枉受历劫之苦,即便是三世精进修行,到头来也只证自心元来的佛,丝毫不添个物。他们以阿难侍佛三十年到头也只得个多闻智慧为例,说明千日闻教信修,不如一日学道顿悟。作为结论,则是"得意者越于浮言,悟理者超于文字"①,"得意而忘言,悟理而遗教"②。这与道生"得鱼忘筌""入理言息"之旨是遥相契合的。

　　当然,如果从理论根据上看,禅宗与道生"得鱼忘筌"说是不无差别的。在道生那里,顿悟说是从本体、本性之学出发的。因为佛性是一种抽象的本体、本性,因此,欲入欲见此本体、本性之理,非言教信修可及,唯有靠顿悟;在禅宗那里,从他们的有关论述看,是从"经是佛语,禅是佛意"入手,因为禅是佛意,故非闻教言传可得,而须忘言会意,遗教悟理。当然,这种区别也只是在极其有限的范围内才有意义,因为所谓佛意者,实则指本心本体本来是佛,不可于心体之外更求别佛,这种佛意背后,实隐藏着心为本体的思想,因此,归极而言,禅宗之顿悟说也是以本体说为根据的。实际上,不仅道生、禅宗是这样,考诸中国佛性理论,举凡佛性思想属本体论的,修行理论上多重顿悟,天台宗是这样,华严宗也是这样。天台之实相、华严之一真法界,如果不经过最后的顿悟,是无法从整体上去把握的,因而也就不能超凡入圣,成佛得解脱。可见,本体、本性之学乃是顿悟说之根据所在。

---

　　①　《大珠禅师语录》卷下。
　　②　同上。

三 教无顿渐与人有利钝

以上所说之顿悟渐修既相资为用，又有方便究竟之分，主要是从二者之间的相互关系立说。如果进一步考察造成这种区分的原因，人们又会发现，中土僧人之谈顿渐，并非指佛教本身有顿渐之分，而是指学佛之人的根机有利钝之别，因此修行方法有顿悟渐修二途。以晋宋时之顿渐之争为例，当时之顿渐二家，有一个共同的思想，即都认为就理而言，本无殊异，约人而说，有三乘之别，所谓"理本无殊，差别在人"是也。此中实已含有约人说顿渐的思想。晋宋之后，这种思想就逐渐明朗化，陈文帝就有"法雨一味，得之者参差"的说法。在《妙法莲华经忏文》中，陈文帝说：

> 前佛后佛，种种因缘，已说当说，各各方便。莫非真语，悉为妙法。理无二极，趣必同归。但因业因心，禀万类之识，随见随著，异群生之相，品位分浅深，觉悟有迟速。法雨一味，得之者参差。法雷一音，闻之者差别。是以小乘顿教，由此各名声闻菩萨，因斯分路。①

此谓小乘与顿教之扬镳分道，非在于佛法之殊异，而在于"得之者"的参差不一。当然，陈文帝此说，也不是他的发明创见，实是佛经中屡屡言及的"佛以一音演说法，众生随类各得解"的另一种表达方式。如果说有区别的话，那就是对经文的"众生随类各得解"，着重从渐顿方面去解释，且把此顿渐之分路，归诸"得之者"的差别。

晋宋时"差别在人"的思想，至隋唐之后被进一步具体化，亦即把人

---

① 《广弘明集》卷二八下。

的差别明确地归结为根性、根机的差别,从而完全以根机、根性说顿渐。例如,灌顶在《大般涅槃经玄义》中说:

> 此(指涅槃)则三德之义宛然,不纵不横,妙等伊字;但众生利钝不同,是以大圣赴缘之教,亦有顿渐之别。顿则譬于忍辱之草,牛食则得醍醐;渐则五味阶级,次第圆满。或有不定根缘,为赴此机,所说教门,非顿非渐,喻之置毒于乳也。皆是能仁妙穷权实,巧赴机缘,化他利物,馨无乖爽。①

此谓顿、渐、不定等法门,纯约众生根机而说,至于涅槃之德,则是不纵不横、妙等伊字。

唐李师政对佛学颇有造诣,他在《内德论》中也说:

> 良以众生之根,有利有钝,是故圣人之教,或渐或顿。或致之于深远,或进之以尺寸。虽百虑而一致,非异道而乖论。②

此也说顿渐乃圣人因众生根机之利钝而施教。

在中国佛教史上,对"教无顿渐,人有利钝"谈得最多的是禅宗。禅宗从慧能开始就对此反复叮咛,《坛经》曰:

> 本来正教无有顿渐,人性自有利钝。迷人渐契,悟人顿修。自识本心,自见本性,即无差别。所以立顿渐之假名。
>
> 何以渐顿?法即一种,见有迟疾。见迟即渐,见疾即顿。法无

---

① 《大般涅槃经玄义》卷上。
② 《广弘明集》卷一四。

顿渐,人有利钝,故名顿渐。

　教即无顿渐,迷悟有迟疾。若学顿教法,愚人不可悉。

此谓钝根之人,见迟渐契为渐;利根之人,见速顿悟为顿。非佛法本有渐顿之分。禅宗后学多承袭慧能的这种说法,例如玄觉有"一河包三兽,河未曾三,兽未尝一"之说:

　一河独包三兽,而河未曾三;三兽共履一河,而兽未尝一。兽之非一,明其足有短长;河之不三,知其水无深浅。水无深浅,譬法之无差;足有短长,类智之有明昧。如是则法本无三,而人自三耳。①

此以河之无三喻法之不差,以足有短长喻智有明昧,亦即法无三而人自三。其大意与慧能所说无异。

禅宗教无顿渐、人有利钝的思想,实是其即心即佛迷凡悟圣理论在修行观上的体现。在禅宗人看来,所谓佛法,乃是诸佛所传之本心,学佛者,就是悟此本心本体本来是佛。但是,由于众生根机有利钝之不同,故见此即心即佛之理有迟疾渐顿之别。迷者则迟入渐契,悟者则疾登顿得。入道虽有迟入渐契与疾登顿得之差别,但即心即佛之理本无殊异。只要能悟此即心即佛之理,渐修也罢,顿得也罢,都是无关紧要之"假名"。《坛经》所说的"迷人渐契,悟者顿修,自识本心,自见本性,即无差别,所以立顿渐之假名"就是这个意思。就这个意义上说,顿渐又都成为入道之筌蹄。这种思想较诸以渐修为筌蹄,以顿悟为了义又更进一步。

---

① 《永嘉集·三乘渐次第七》。

第八章　自力与他力

　　禅宗倡明心见性、顿悟成佛,这比以往佛教学说主张成佛须累劫修行,学佛讲繁文缛节,无疑简便易行得多。因此,自中唐之后,禅宗势力迅速发展,至晚唐五代,唯识、华严等佛教宗派相继式微,中土佛教几成禅宗之天下。其时,于禅宗之外,在社会上流传较广、影响较大的有净土一宗。

　　净土宗的最大特点是"下手易而成功高,用力少而得效速"。由于它符合中土佛教由博而约、由繁而简的发展趋势,因此,自善导正式创立净土教之后,很快就蔚为大宗。

　　净土宗之简易,较诸禅宗为甚。禅宗之简易,归诸一心之觉悟,但此一心之觉悟,说起来简单,真要能大彻大悟,诚属不易。故此净土宗视之为"竖出"之"难行道"。与禅宗之"竖出三界"不同,净土宗倡"横出三界"。净宗"横出"之简易,一至于累世造业,临终前念几声"阿弥陀佛"便可往生。这种一本万利甚至是无本万利的简便行当,不唯对于那些辛劳一生而又困苦一生的普通百姓是一种安定剂,而且对于那些恶贯满盈、罪孽深重的剥削者也是一件救生衣。因此,净土宗出现之后,大受社会的欢迎,很快就发展成一个较有影响的佛教宗派。

　　净土宗既然以简约见长,以易行取胜,其佛教理论自然多致力此,从成佛的根据到解脱的方式,净土宗都提出了自己的一套主张。与禅宗提倡自心觉悟、自性自度正好相反,净土宗强调"乘佛愿力",仰仗于菩萨的慈悲普救;与禅宗的生死即涅槃、解脱不离世间的主张不同,净土宗宣扬"三品九级往生"。而其中之种种差别,最后又归结到"唯心净土"与"西方净土"说之不同。

第一节　唯心净土与西方净土

禅宗倡即心即佛,心外无别佛,"唯心净土"是其思想发展的合乎逻辑的结果。净土宗人对此种说法很不以为然,认为"唯心净土"的说法,是把真俗混为一谈。依净土宗人看来,六祖之否定西方,乃是依常住真心立说,不是约俗谛言。就真不碍俗说,佛国在心,不碍十方净土宛然。他们认为,对于内证功夫很深的利根之人,说佛国在心自无不可,但是对广大凡俗众生,不可妄唱"唯心净土""自性弥陀"之高调,而应把西方净土作为追求的目标,只要能进此极乐世界,成佛便指日可待。因此,净土宗以劝人往生西方乐土为一宗思想之归趣。

一　西方净土与自性弥陀

所谓西方净土,亦称西方极乐,又称极乐世界或极乐净土。它是"净土三经"及净土宗所着力宣扬的一块毫无苦疾杂染、唯有法性之乐的"无上殊胜"的清净乐土。据佛经记载,此极乐净土,位于"阎浮提"或"娑婆世界"(均指众生居住之尘俗世界)以西十万亿佛刹:"现在西方,去阎浮提十万亿佛刹,有世界名极乐"[①];"从是西方过十万亿佛土,有世界名极乐"[②]。其土有佛,号阿弥陀。该佛本是国王,名法藏,因在世自在王如来处听佛法,决心向道,故弃王捐国,行作沙门,后于世自在王佛

---

① 《无量寿经》。
② 《阿弥陀经》。

所发了二十四愿①,宣称"设我得佛,国中无三恶道之名","设我得佛,国中天人,纯是化生,无有胎生,亦无女人","设我得佛,国中天人"都可得"天眼""天耳""广长舌""无量寿",云云。极乐净土,实际上就是根据阿弥陀佛在因位时所发之宏愿虚构出来的一个宗教境界。

西方净土除去阿弥陀佛为教主外,还有两大菩萨,他们分别是阿弥陀佛之左右胁侍。左胁侍为观世音菩萨,右胁侍为大势至菩萨。观世音是专主救苦救难、济度众生之大慈大悲菩萨,大势至则智慧普照、威力无边。此三者合称"阿弥陀三尊"或"西方三圣"。如果说,此"阿弥陀三尊"是净土宗人所崇拜的偶像,那么,西方净土则是净土教精心构筑的一个彼岸世界。正如一切宗教的彼岸世界无一不是现实世界的颠倒的反映一样,净土的极乐,有时正好是尘世苦难的倒影。人们既然对物质的解放感到绝望,自然会去寻找精神上的解脱;而无力摆脱由社会阶级压迫造成的痛苦命运的广大劳苦大众,产生对死后幸福生活的憧憬,乃是一种带有某种必然性的普遍现象。净土教正是看准并充分利用这一点,一方面大力宣扬"娑婆苦,娑婆之苦谁能数……百劫千生受凄楚",另一方面又大说"西方乐,西方乐,西方之乐谁能觉……了无寒暑并三恶……金银众宝成楼阁",进而劝人"及早念弥陀,舍此娑婆苦","及早念弥陀,取彼西方乐"。②

但是,西方净土何以是一个极乐世界? 它是一个怎样的极乐世界? 这是净土学说的一个重要内容,所有净土经典都富有想象力地把西方净土描绘成一个七宝奇丽、超十方界的极乐之邦,以借此广招徕。《阿弥陀经》曰:

---

　　①　详见《无量寿经》。又,中土几个译本对发愿数量说法不一,魏译四十八愿,宋译三十六愿,汉吴二译均为二十四愿。

　　②　《中峰和尚劝念佛诗》,《西斋净土诗》卷四。

　　舍利弗，彼土何故名极乐？其国众生，无有众苦，但受诸乐，故
名极乐；又，舍利弗，极乐国土，七重栏循，七重罗网，七重行树，皆
是四宝，周匝围绕，是故彼国名为极乐；又，舍利弗，极乐国土，有七
宝池，八功德水，充满其中，池底纯以金沙布地，四边阶道，金银、琉
璃、玻璃合成，上有楼阁，亦以金银、琉璃、玻璃、砗磲、赤珠、玛瑙而
严饰之。

西斋和尚的《净土诗》则把极乐世界描绘成富有诗意的清净乐土：

　　此邦萧洒乐无厌，遥羡诸人智养恬。
　　座用真珠为映饰，台将妙宝作庄严。
　　纯金细砾铺渠底，软玉新梢出树尖。
　　眉相古今描不尽，晚来天际月纤纤。

　　总之，世俗之人视为奇珍异宝的珍珠玛瑙等，在那里有如瓦片土
石，现实世界梦寐以求但永远得不到的东西，在那里都唾手可得；此岸
世界的三灾八难之患、生死轮回之苦，在那里都云消雾散，化为乌有。
而且与世俗之乐往往会乐极生悲不同，净土之乐永不复生悲。何以故？
净土之乐非是世俗之五欲乐，而是一种法性之常乐、寂静无为乐。一句
话，一旦进入西方净土，众苦尽除，但享诸乐。

　　西方净土既然是这样一个极乐之邦，那么，什么样的人以及应该怎
么做才能进入此极乐世界呢？净土教认为，净土以信愿行为宗。所谓
信，亦即信心，就是要对西方乐土之实有和念佛必定往生等，要有坚定
的信念。此中包括笃信佛之愿力，亦即阿弥陀佛在因位时曾发了二十
四大愿，说若有念其佛号者，必定往生；相信因必感果，在此土念佛，亦
即种下净因，有因必感果，将来一定能够往生。二是愿，亦即发愿往生

西方。有了信心之后,加上有明确的誓愿,临终前阿弥陀佛就会前来接引去西方。如果有信无愿,也不能往生,因为这有如虽知道有个好去处,但不愿去也是枉然。三是行,即真实依教起行,如念佛、积德、修禅等。净土教认为"行山填愿海",此谓有愿无行,犹如开空头支票,说食数宝,无济于事。只有依愿起行,才能达到往生净土的目的。此信愿行向来被称作净土三资粮,亦即往生净土必须具备的三个条件,只要能做到这三点,不管是王公贵族还是平民百姓,不管是富者还是穷人,不管是终生修行的善男信女还是罪孽深重的劣种恶棍,净土的大门对他们都是平等地敞开着,他们死后都可以往生西方极乐世界。正是由于具有这种贫富咸宜,无本万利,下手易而成功高、用力少而得效速的特点,净土宗因而在中国历史上曾一度相当流行,以至于中国佛教史上有"家家阿弥陀,户户观世音"之说。

以简便易行为自己的发展铺平道路的中土佛教宗派,除净土法门外,还有禅宗。禅净二宗虽有此共同点,但在佛性学说的思想内容及解脱方式上,二者却迥异其趣。净土法门之西方净土说,是以在承认现实世界之外还存在一个彼岸世界为特点。这个思想从一定意义上说,与传统佛教,特别是与作为整个佛教基础理论的佛教般若学的"诸法性空"的思想,是不尽一致的。与此不同,从般若思想发展过来的禅宗的佛性学说,把由般若实相说发展过来的佛性,完全归之于自心自性,从而得出弥陀在自性,自性之外别无弥陀,佛国在心,心之外别无佛土的自性弥陀的唯心净土说。

在中国佛教史上,唯心净土、自性弥陀的思想虽非禅宗一家之独唱,但就整个思想体系说,可以把唯心净土的思想作为禅宗佛性学说的一个重要组成部分来对待。

禅宗自慧能之后,就把即心即佛作为一宗思想之标志。在此即心即佛思想的基础上,禅宗建立了一整套自家的佛性理论。在对待净土问题上,禅宗也以其即心即佛的思想为依据,把净土归结为净心、净意。在《坛经》中载有这样一段记述,当有人问慧能,常念阿弥陀佛能否往生西方时,慧能答道:

> 世尊在舍卫国,说西方引化,经文分明,去此不远。只为下根说近,说远只缘上智。人有两种,法无不一。迷悟有殊,见有迟疾。迷人念佛生彼,悟者自净其心。所以佛言,随其心净则佛土净……心但无不净,西方去此不远;心起不净之心,念佛往生难到……使君但行十善,何须更愿往生? 不断十恶之心,何佛即来迎请? 若悟无生顿法,见西方只在刹那。不悟顿教大乘,念佛往生路遥,如何得达?

从这段话看,慧能表面上似没有完全否定西方净土,且引经文佛说为证,说明西方去此不远。但从思想内容看,慧能否定了离开顿悟、心净能往生西方的说法。按照慧能的理论,人有两种而法无不一,迷者念佛往生,悟者自净其心。迷者念佛能否往生西方呢? 慧能认为,如果执迷不悟,不净其心,即便念佛,西方亦路遥、难到。因此,对于下根人,对于迷者,尽管经文分明说有西方净土,对他们而言也是可望而不可即的。至于悟者、上智之人,西方净土是否存在,能不能往生呢? 按照慧能的说法,即便真有净土,亦只是一种方便设施,并非终极目的。因为,在慧能看来,能否成佛的关键在于迷或者悟,只要开悟,见西方则在刹那。而所谓净土,并非如净土教所说的位于婆婆世界以西之极乐世界,而是众生自净其心、大彻大悟之后的一种神秘境界。这种清净佛土,只要随其心净,便即现前,无须往东往西,四外寻觅,向外寻觅只能是大痴人,永远成不了佛。慧能为了让大家理解他所说的净土的思想,表示愿意为大家显示西方净土,正当众门徒欣喜雀跃、仰首以待的时候,慧能即说:大家应当都看见了吧! 一时间"大众愕然,莫知何是"。于是慧能便借题发挥说:所谓佛者,并非于自心自性外别有他佛,佛乃是自性作,自心即是佛,切莫向外寻求。自性若迷,佛即是众生;自性一悟,众生即是佛。因此,不能于自性外去寻找弥陀,于自心外去寻找净土,弥陀不离自性,净土即在自心。

自慧能之后,唯心净土、自性弥陀的思想就成了禅宗佛性学说中的基本思想。佛教史上有"一宿觉"之称的玄觉在其著名的《永嘉证道歌》中唱道:"法身觉了无一物,本源自性天真佛","但自怀中解垢衣,谁能向外夸精进"。意谓佛乃自性之佛,因此,一切修行于自心自性上用力足矣,用不着向外四处寻觅。

马祖道一的弟子,在阐扬禅宗即心即佛、顿悟见性思想方面多有建树的大珠禅师慧海,对于禅宗的唯心净土说也有许多发挥。当有人问:愿生净土,未审实有净土否? 慧海曰:

> 经云,欲得净土,当净其心,随其心净,即佛土净。若心清净,所在之处,皆为净土……其心若不净,在所生处,皆是秽土。净秽在心,不在国土。①

此一"净秽在心,不在国土"说,把禅宗的唯心净土思想表述得更加明白了。

百丈怀海的弟子希运对于阐扬禅宗自性弥陀的思想也用力至勤。他的佛性理论,主要就是在宣扬禅宗即心即佛、直指见性的思想。希运不仅对于念佛往生颇不以为然,而且认为佛法"非关六度万行",最重要的是心悟,"若不向自心中悟,虽至成佛,亦谓之声闻佛。学道人多于教

---

① 《大珠禅师语录》卷下。

法上悟，不于心法上悟，虽历劫修行，终不是本佛……故但契本心，不用求法，心即法也"。① 希运还为那种不于自心上悟，而向外求佛的人打了一个比方：

> 如痴人山上叫一声，响从谷出，便走下山趁，及寻觅不得，又叫一声，山上响又应，亦走上山趁。如是千生万劫，只是寻声逐响人，虚生浪死汉。②

比喻的用意也在于说明所谓佛者，本心本体本来是佛，不可于心外另寻别佛。弥陀者，自心自性即是，不可于自心自性外更寻弥陀。

唯心净土、自性弥陀的思想在中土的弘扬传布虽多得力于禅宗，但如果从思想之渊源流变及发展过程看，这种思想并不纯属禅宗的发明。它或源于印度佛教的有关经论，或承绪于中土佛教史上先前一些名僧的有关思想。例如，对于中国佛性思想，特别是禅宗思想有着深刻影响的《维摩诘经》中，就有明确的唯心净土的说法。《维摩诘经》曰：

> 菩萨欲使佛国清净，当以净意作如应行。所以者何？菩萨以净意故得佛国清净。
>
> 若菩萨欲得净土，当净其心。随其心净，则佛土净。
>
> 若人意清净者，便自见诸佛佛国清净。

这些话十分明显地把净土系之于"净心""净意"，主张随其心净则佛土净，"直心是菩萨净土"。禅宗的"净秽在心，不在国土"的思想，从

---

① 《筠州黄檗山断际禅师传心法要》。
② 《黄檗断际禅师宛陵录》。

学说渊源说,无疑是出自《维摩诘经》。实际上,不仅禅宗的唯心净土说在思想上源于《维摩诘经》,就连慧能在《坛经》中为徒众显示西方净土的表演,也是模仿《维摩诘经》的。该经也载有这样一段记述。据说作为小乘代表人物的舍利弗当时对于心净则佛土净的思想不甚理解,便于私下作如是念:若菩萨心净则佛土净者,那么,当佛为菩萨时,其意难道不净吗?当时之国土何以"丘陵坑坎,荆棘沙砾,土石诸山,秽恶充满"?佛看出了舍利弗的心思,便对舍利弗说:日月难道不干净吗?但盲者不见。佛土亦然,本自清净,而汝不见。其时在旁的一位梵志插话说:人心有高下,不依佛意,所以见此土不净,若依佛智慧,则能见此佛土清净。随后佛为大众当场显现清净佛土,并对舍利弗说:"我佛国土,常净若此……若人心净,便见此土功德庄严。"如果把慧能的表演与这段记述略加比较,不难看出,除了《维摩诘经》的记述更富有神话色彩外,不论从思想内容还是从表现手法看,慧能都是从《维摩诘经》学来的。当然,慧能佛性思想的中国特色是不容否认的,如他把佛经中所说之"净心""净意"进一步归之于迷悟,进而倡迷凡悟圣、净秽在心。

除了受《维摩诘经》的影响外,禅宗的唯心净土说还深受中国佛性学说史上"唯心净土"思想的影响。例如,早在东晋时期,僧肇在其《维摩诘经注》中,就明确地把"土之净秽系之于众生",指出"众生即佛土,佛土者,即众生之影响"。进而把众生净归结于"行净",曰:"夫行净则众生净,众生净则佛土净,此必然之数,不可差也。"最后又把众生净、行净与佛土净归结于心直、心净,认为"欲弘大道,要先直其心。心既真直,然后入行能深,入行既深,则能广运无涯","心既净,则无德不净"。最后的结论是"净土盖心之影响耳"①。

晋宋之际的竺道生在《注维摩诘经》中也阐明了同样的思想。在

---

① 《维摩诘经注·佛国品第一》。

《维摩诘经》之"菩萨于一切众生悉皆平等,深心清净,依佛智慧则能见此佛土清净"文下,道生注曰:

> 心有高下者,据石沙致疑,则就众生之优劣也。又是不依佛慧为应之趣在乎必悟之处,故唯见不净耳。若取出恶之理,则石沙众生与夫净土之人等无有异。[①]

道生此说值得注意的地方,是他把"悟"与"理"的范畴引入净土论。后来禅宗以迷悟说净土之远近,当与道生此举不无关系。

总之,唯心净土的思想在中国实源远流长,到了禅宗,又进一步从理论上把它系统化,从而使唯心净土、自性弥陀的思想成为一种完整的佛性学说。

二 极乐世界与兜率净土

必须指出,我们在上面所说的净土信仰,完全以宣扬西方净土的弥陀信仰为代表,这在一定意义上说是对的。因为中国的净土信仰,不论就其流行之广泛,还是就其传布时间之久长而言,都非西方净土信仰莫属,以至于人们几乎可以把西方净土信仰作为净土法门的代名词。这种现象到近现代尤甚,阿弥陀佛不但成为净土教的教主,而且成为佛法的总代表。因此,研究中国净土教的佛性思想首先抓住西方净土信仰,不但是对的,而且是必要的。

但是,当人们所要考察的不仅仅是中国净土教的主流或某一个流派,而且企图对中国净土教的佛性思想作一个较全面的考察,特别是当人们要把中国净土教的佛性思想的研究与对印度佛教有关经论的考察

---

① 《大正藏》册三八,第 338 页。

联系起来的时候,把净土教仅仅归结为西方净土信仰,就无疑是以偏概全了。因为,姑不论在许多佛教经论中曾屡屡言及有多少佛就有多少净土,有十方佛就有十方净土,有无量佛就有无量净土;就以在中土流传较广的几部佛教经论说,在《药师琉璃光如来本愿功德经》中有药师佛的琉璃净土,在《大宝积经》中有不动如来的妙喜净土,在《弥勒上生经》中有兜率净土,等等。可见,不能把净土教(即便是中国的净土教)仅仅归结为西方净土信仰。

在中国佛教史上,有一个值得注意的现象是,如果说阿弥陀佛在一定的历史时期内曾经是一个家喻户晓的佛号,那么,作为兜率净土教主的笑口常开的胖弥勒雕像也曾在一定历史时期内是随处可见的。这个现象说明,弥勒信仰在中国这块土地上也曾经有广泛的流传。

就净土思想之渊源流变及历史发展看,中国的弥勒信仰可以从慧远的老师道安算起。据《高僧传》记载,道安常与弟子法遇、道愿、昙戒等八人在弥勒像前"立誓愿往生兜率"。昙戒在病重时曾不断称诵弥勒佛号,弟子问他为何不愿往生西方极乐世界,他答道:"吾与和上(指道安)等八人同愿生兜率,和上及道愿等皆已往生,吾未得去,是故有愿耳。"[①]道安之友竺僧辅也是一个弥勒信仰者,也曾发愿"誓生兜率,仰瞻慈氏"[②]。此外,如南朝宋初之比丘尼云藻、光静,梁比丘尼净秀,北魏北齐的统法上、僧昙衍等,也都常诵念弥勒佛号,发愿往生兜率净土。可见,弥勒信仰在中国不但历史久远,而且流传也较广泛。

与弥陀信仰有一个西方极乐世界一样,弥勒信仰也有一个兜率净土。据佛经记载,此兜率净土属佛教所说之"六欲天"[③]的第四天,其美妙殊胜并不亚于极乐世界。《弥勒上生经》云,当弥勒上生兜率陀天时,

---

① 《高僧传·昙戒传》。
② 《高僧传·竺僧辅传》。
③ 六欲天即四天王天、三十三天、焰摩天、兜率天、化乐天、他化自在天。

天上有五百亿天子以"天福力"为他造作宫殿,各各以梅檀摩尼宝冠化作五百亿宝宫:

> ——宝宫有七重垣……诸垣中有八色琉璃渠,一一渠有五百亿宝珠而用合成。一一渠中有八味水,八色具足,其水上涌,绕梁栋间,于四门外化生四华,水出华中,如宝华流。一一华上有二十四天女,身色微妙,如诸菩萨庄严身相,手中自然化五百亿宝器,一一器中天诸甘露自然盈满……若有往生兜率天上,自然得此天女侍御。

真是一个珠宝交映、鸟语花香、栏楯重重、法音缭绕的奇妙乐园。但如果把此奇妙乐园与极乐世界作一比较,可以发现二者有一个差别,亦即极乐世界"纯是化生,无有胎生,亦无女人,其他国女人,有愿生我国者,命终即化男身",而此兜率净土则有众多"诸天宝女"。虽然这种宝女与世俗女人不尽相同,但这与兜率净土是六欲天之一,属于欲界不无关系,因而生此天者,可以充分享受五欲之乐。西方极乐世界则不然,彼土之乐,非五欲之乐,而是不思议法性乐、寂静无为乐。此是二者的区别之一。

兜率净土与极乐世界又有一个相同的地方,即二者都具有"候补佛"的性质。行者往生到极乐世界,并非立即成佛,而是取得了成佛的保证。近代杨仁山居士曾把它比作一个大课堂,说:"弥陀接引十方众生,往彼就学,供给饮食衣服,不需学费,不定人数,不限年时,其地界廓彻无边,其建立长远无极。入其校者,无论何等根器,至证入无生忍时,为初次毕业,或在彼土进修,或往他方教化,均随其愿。自此以后,历十住、十行、十回向,三贤位满,将入初地时,为二次毕业。再从初地以去,至等觉后心,证入妙觉果海,为第三次毕业。此论次第门。若论圆顿门，一修一切修，一证一切证，圆顿次第，互摄互融。极而言之，十方三世，种种教法，无一不备，是故一切诸佛，莫不赞叹。"可见至极乐世界后，还须修道，才会成佛。只是那里环境优越，无有恶秽，所有障碍，悉已排除，故此万修万成。而兜率净土所供养的是"一生补处菩萨"，也就是过一生即成佛。佛教中也称弥勒为未来佛。意谓弥勒先于释迦入灭，上生兜率天内院，经四千岁（"阎浮提岁数五十六亿万岁"）当下生世间成佛。只是到了兜率净土之后，既可尽情享受五欲之乐，又不妨碍其时数一到，便可下生成佛而已。

在什么人可往生、如何往生问题上，弥勒信仰与弥陀信仰则是又异又同。就往生都必须以信、愿、行为宗、由信发愿、由愿起行这一点上说，二者是相同的。此外，在修行方法上的简便易行，二者也有共同之处。《弥勒上生经》曰：

> 佛灭度后，我诸弟子，若有精修诸功德，威仪不缺，扫塔涂地，以众名香妙华供养，行众三昧，深入正受，读诵经典，如是等人应当至心，虽不断结，如得六通，应当系念，念佛形象，称弥勒号，如是等辈，若一念顷，受八戒斋，修诸净业，发弘誓愿，命终之后，誓如壮士屈伸臂倾，即得往生兜率陀天。

如此修行，算是较难的，《弥勒上生经》中还谈到有更简便的方法：

> 若有得闻弥勒菩萨摩诃萨名者，闻已欢喜，恭敬礼拜，此人命终，如弹指顷，即得往生。

不但如此，对于那些"犯诸禁戒，造众恶业"者，如果"闻是菩萨大悲名字，五体投地，诚心忏悔，是诸恶业速得清净"。更有甚者，经中还说

"若一念顷称弥勒名,此人除却千二百劫生死之罪;但闻弥勒名合掌恭敬,此人除却五十劫生死之罪;若有礼敬弥勒者,除去百亿劫生死之罪"。总之,从勤修诸功德,精行众三昧,到持佛戒,行十善,从称诵弥勒号,到礼敬未来佛,都可以除罪净业,往生兜率。也许正是这种修行简易而功德无量的特点,才使得弥勒信仰在一个时期内得到较广泛的流行。当然,如果就流传之久远及广泛程度看,弥勒信仰当然赶不上弥陀信仰,此中之原因也许是多方面的,但两种信仰自身的特点应该说是最主要的原因。例如,虽然两者的修行方法都十分简便易行,但往生之具体条件却不尽相同。弥陀信仰的一个最大特点是"乘佛愿力",谓阿弥陀佛在因位时发了誓愿,若不尽度国中天人为佛者,不取正觉。此愿使那些信徒们觉得进西方净土比较保险,亦即"生极乐可万修万成";其次,弥陀信仰的另一个特点,是弥陀曾发愿凡是称念其佛号者,临终前他定前来接引(阿弥陀佛也因此而有"接引佛"之称号)。这样,往生极乐世界便可主要依靠佛之愿力了。而弥勒却没有此种誓愿,往生兜率主要得靠自力,这就使弥勒信徒们因怀疑自力而丧失信心。弥陀信仰比弥勒信仰流行更广、时间更长,也许还有其他方面的原因,但上面所说二点应该是其中主要的原因。

当然,在中国佛教史上,也有认兜率净土比西方净土更为殊胜的主张。此种主张的主要观点是认为兜率与现实世间同在欲界之中,因此,与此娑婆世界之众生较有缘。而且弥勒信仰所说之上生,主要是修习十善福德所感,这有利于现实社会之净化与进化,加之,弥勒信仰最后还要下生世间成佛,广度众生,建立人间佛国,这更符合佛经中所说的"佛为一大因缘出现于世"的初衷。基于这种种理由,有些弥勒信徒主张兜率净土比西方净土更为殊胜,并批评弥陀信仰忽略了人间净土,使社会误解"佛教专为度死人的,非为活人谋幸福",造成社会与佛教相隔日远,众生自众生,佛教自佛教,把佛教之救世救人的现实精神给埋没了。关于两种净土究竟孰优孰劣的问题,在中国佛教史上曾多有聚讼。这对于广大佛教徒说是至关重要的,但对于今天的佛学研究者来说,他们则主要把它作为宗教史去了解,弄清楚二者思想之异同,并进一步揭示它们借以产生、流传、发展的社会历史原因,把握佛教思想的产生与发展的某些规律。

三 理即佛与究竟即佛

兜率净土与西方净土虽然有以上种种差别,但如果把它们放到一个较大的范围里去考察,二者又同属一类。

在佛教学说中,对净土的说法很多,除去上面语及的三种净土外,中土佛教之不同时期,不同宗派对净土有许多不同的分类法:智者大师有四类净土说,亦即凡圣同居净土、方便有余净土、实报无障碍净土、常寂光净土。上面所说之西方净土及兜率净土,同归凡圣同居净土。唯识学者约法佛、报佛、化佛三身立三种净土:一是法性佛土,亦即自性身之土,天台所说之常寂光净土与实报无障碍净土与此相当;二是受用佛土,即报身受用之土,此是佛为十地菩萨所现之净土,天台所说之实报净土属此;以上二土非是凡夫及外道二乘所能达到的;三是变化土,天台所说之凡圣同居净土属此类,其中包括西方、兜率净土。① 此外还有嘉祥的五类净土说,隋净影寺慧远的事、相、真三净土说,道绰之报土、化土说,等等。由于各家各派对于净土之分类所取的角度不同,因此常有一土多说或一说多土的现象。例如同是西方净土,就有许多不同说法,或谓之报土,或谓之化土:天台、净影寺慧远谓之化土,道绰、善导谓之报土;慈恩大师时谓之报土,时谓之化土;诸宗多有异义,向来聚讼纷纭。由于这些问题不是本文的主要考察对象,因此不详陈赘述。这里

---

① 详见《大乘法苑义林章》卷七。

所要做的,主要是把唯心净土与西方、兜率净土的有关思想作一个简要的比较,并力求探明二者之间的相互关系。

以法佛、报佛、化佛三身所立之三种净土言,西方净土、兜率净土属报土、化土已如上述,现在我们再来看唯心净土属于哪一类?

唯心净土之核心思想是即心即佛,离心无别佛,随其心净而佛土净,心性之外更无净土,这无疑是指自身、自性佛,因此,唯心净土应当属于法性土、自受用土。

实际上,如果按照佛教的理论,所谓即心即佛,主要是从理上立言,亦即从理上说,无一众生,无不本具佛性、自性弥陀。而净土教是一种重行重事的佛教宗派,因此,在净土教看来,唯心净土所说之即心即佛、自性弥陀只是一种"理即佛"。"理即佛"虽然从本体上说与佛同俦,但如果一味昧理废事,不修不行,那就有如一个饿急之人却拼命研究各种美味佳肴之烹调法,把馆子里的菜单背得滚瓜烂熟,而摆着现成的饭菜不动筷子,整天挨饿。因此,仅仅停留于"理即佛",成佛将遥遥无期。

净土教以行路喻理事,曰:理如知路线,事如会行肯行,理事兼备,如既知路线又会行肯行,当然可以达到目的地;如果自身智慧浅薄,不知路线,但是只要会行肯行,再加上有指路碑,也可以达到目的地;而佛教经论、前贤古德之著述或事迹,就是这种指路碑。只要潜心修行,沿着佛教经论所指引的路线走,同样可达到成佛的目的。何况阿弥陀佛曾发愿要来迎接他们去西方乐土。因此,即便无理,不足为患。相反,如果只有理而不会行不肯行,这就有如整天坐谈而不举寸步一样,永远达不到目的地。他们举例说:周利槃陀伽极钝,佛只教念"扫帚"二字,尚且记了"扫",忘了"帚",记了"帚",忘了"扫",但他始终坚持念这两个字,不稍放松,终至情息惑尽,证阿罗汉果;相反,提婆达多聪明慧敏,曾学过各种神通,能诵六万法藏,却不免生堕地狱。最后,他们得出结论,佛法能度一字不识之愚夫愚妇,不能度心智聪慧而不肯修行之人。如果我们把这种思想与禅宗之"道在心悟,不关六度万行"等思想加以比较,就可发现二者截然不同:一个重信仰,一个重智慧;一个重悟解,一个重实行。而造成这种差别的根本原因之一,是禅宗所说之即心即佛之"佛",是指"理即佛",而净土教所说之佛,是指因圆果满之"究竟佛"。

当然,说净土教重行,这只是从总体上说。实际上,多数提倡净土教的名僧,并不全然废理,也不完全否定唯心净土说。他们一般都主张真俗兼举,理事并重。他们认为,所谓唯心净土,是依真谛立言,而如果依真而说,则一法不立,佛且无着落处,哪里有极乐世界;但从真不碍俗说,净土不乖唯心之理,唯心并不否定西方净土。生亦即无生,无生亦即生,只有知道这个真空妙有之绝对中道,才能体会到弥陀净土之本来面目。因此有些净土教以秽心转净心释众生生净土。从这一点上说,西方净土说与唯心净土说又不无其契合处。

第二节　自性自度与慈悲普救

唯心净土说与西方净土说由于它们各自的特点,导致了二者在解脱的根据、解脱的方式和途径等问题上的种种差别。唯心净土说倡即心即佛,心外无净土,因此注重自心之觉悟,强调自性自度;相反,西方净土说视极乐世界乃佛为济度众生而以愿力化成之清净乐土,因而提倡以信、愿、行为宗,强调"乘佛愿力",仰仗于菩萨的慈悲普救。与此相联系,主唯心净土说之禅宗,主张解脱不离世间,提倡人间佛教;宣扬西方极乐的净土教则主张出离秽土,往生净土,强调三品九级往生。在解脱途径上,禅宗所讲的修行,侧重于修禅;而净土教之修行,则强调念佛。当然,禅净二宗的这种种差别,也不是绝对的,更不是一成不变的,而常常是异中有同,同中有异,相互包含,相互渗透;而就其发展趋势看,又日趋合流,最后,终于走上禅净统一的道路。

一　自度与佛度

禅宗强调自性自度,从慧能之后就形成传统。收入《大正藏》的元代宗宝改编的《六祖大师法宝坛经》、唐僧慧昕改编的《六祖坛经》,以及宋初契嵩改编的《六祖大师法宝坛经曹溪原本》都载有慧能主张自度的一则故事。据说弘忍把衣钵传给慧能之后,恐人害他,故连夜把他送到九江驿边。上船后,五祖弘忍把橹自摇,慧能说:请和尚坐,弟子来摇橹。五祖说:应是吾渡你,不可你却渡我。慧能便说:弟子迷时,须和尚渡,今我已悟矣,理应自渡。渡名虽一,用处不同。慧能生在偏处,语又不正,蒙师教旨传法,今已得悟,应该自性自度。五祖忙说:如是如是。从这段对话看,慧能是借过江自渡来比喻学佛求解脱应该自度,而不可一味依靠佛度、师度。这个思想,在日后的弘法活动中,慧能作了进一步的发挥。在对众弟子说法时,慧能曰:

> 善知识,大家岂不道"众生无边誓愿度",怎么道,且不是慧能度;善知识,心中众生,所谓邪迷心、狂妄心、不善心、嫉妒心、恶毒心,如是等心,尽是众生,各须自性自度,是名真度。何名自性自度,即自心中邪见烦恼愚痴众生,将正见度,既有正见,使般若智打破愚痴迷妄众生,各各自度。邪来正度,迷来悟度,愚来智度,恶来善度。如是度者,名为真度……常念修行,是愿力法。①

此谓众生普度,非佛度,亦非师度,乃是众生自性自度。而所谓自性自度者,则是靠智慧悟解,而不是靠念佛修行,靠念佛修行,那是强调

① 《坛经》。

"乘佛愿力"之净土法门。慧能这个自性自度的思想,后来一直为禅门后学所继承,成为禅宗佛性学说中的一个重要思想。

在《楞伽师资记》中,净觉认为,要成佛,必须靠精诚内发,若精诚不内发,即使有恒沙诸佛,也不能济度众生。他由此得出结论:"是知众生识心自度,佛不度众生。"①并说:"佛若能度众生,过去逢无量恒沙诸佛,何故我等不成佛?"慧海在《顿悟入道要门论》中阐发了与此相类似的思想,他说:

> 众生自度,佛不能度,若佛能度众生时,过去诸佛,如微尘数,一切众生,总应度尽,何故我等至今,流浪生死,不得成佛。当知众生自度,佛不能度,努力努力。自修,莫倚他佛力。②

被称为黄檗禅师的希运则从另一个角度阐发了众生自度,佛不能度众生的思想。当裴休问希运:佛度众生否? 希运答道:

> 实无众生如来度者。我尚不可得,非我何可得。佛与众生皆不可得。云:现有三十二相及度众生,何得言无? 师云:凡所有相,皆是虚妄。若见诸相非相,即见如来,佛与众生,尽是汝作妄见。只为不识本心,谩作见解。③

这是以诸法性空,众生与佛皆不可得,说明没有众生如来度。此外,希运还从"一切法本空,心即不灭,不灭即妙有",众生心本是佛,

---

① 《楞伽师资记》卷一。
② 《大珠禅师语录》卷上。
③ 《黄檗断际禅师宛陵录》。

佛即是众生之本心,说明"众生即佛,佛即众生,众生与佛,元同一体"①。"何处有佛度众生?何处有众生受佛度?"②希运这是从真空、妙有两个方面说明众生与佛本来不异,否定佛度众生,主张众生自度。

自性自度的思想到了后期禅宗有了更进一步的发展。后期禅宗所说之佛,多指本源自性天真佛。因此多主张纯任自然,不加造作,反对读经坐禅,甚至发展到呵佛骂祖。后期禅宗的许多说法,诸如"宁可永劫受沉沦,不从诸圣求解脱""闻念佛声,饬人以水洗禅堂""念佛一声,漱口三日""求佛即被佛魔摄,求祖却被祖魔摄"等等,说明此时之禅宗,已由超佛而越祖,完全打破一切外在的偶像,把解脱完全付诸自心自性。这一方面说明禅宗的自尊与自信,另一方面也说明传统佛教之偶像崇拜已趋于末日。

与禅宗之自尊自信、强调自度正好相反,净土教是一个最缺乏自信,而完全仰仗于诸佛菩萨之慈悲普救的佛教宗派。现实生活中无数残酷的事实,使得当时无能靠自力去摆脱苦难命运的普通百姓,对于靠自力去获得解脱已丧失了信心,因此,只好仰望上苍,祈求于诸佛菩萨的大慈大悲。净土教正是迎合了这样一种心理需要,而得到广泛的传布与发展。根据净土教的思想,现实世界的苦难是客观存在而且是不可避免的,人们想在现世得到解脱是不可能的。而且由于众生生死业重,靠自力求得解脱也是不可能的。因此,欲求得解脱,最好而且最简单的办法是先往生净土而后作佛。而要往生净土,无须依靠自力,也不必历世苦修,只要信仰弥陀,然后发愿,加上念几声阿弥陀佛,阿弥陀佛就会来迎接他到西方极乐净土去。善根成熟的,固然可以速得佛果,恶业深重者,亦可以预入圣流。所以能这样,是因为阿弥陀佛在因位时曾

---

① 《黄檗断际禅师宛陵录》。
② 同上。

立了宏愿,誓济度一切愿意往生净土之人。因此众生可以乘此愿力,往生西土。

是自度还是佛度?是依靠自力还是仰仗佛力?这是禅净二宗在佛性思想上的一个带根本性的区别。这个区别所以带有根本的性质,是因为它乃是解脱之根据所在。禅宗所以倡自性自度,是因为禅宗所说之佛,非心性之外别有他佛,而是自性是佛、本心即佛,若能悟此本心本体本来是佛,即与佛无异。而净宗所以仰仗佛度,是因为他们所说之往生、成佛,完全根据阿弥陀之愿力,若失此愿力,众生则无往生、成佛之望。因此,众生如果想得到解脱,只好完全仰仗于诸佛菩萨之慈悲普救。

禅净二宗除了在解脱之根据上有此根本性之差别外,在解脱之形式上,也有明显的不同。禅宗主张生死即涅槃、解脱不离世间,净宗则宣扬死后往生,而往生又有三品九级之殊。

二　解脱不离世间与三品九级往生

禅宗之由出世而入世,也是以慧能为转折点。玄觉之《永嘉证道歌》唱道:

> 游江海,涉山川,寻师访道为参禅。自从认得曹溪路,了知生死不相关。

这说明由慧能之后,生死与涅槃、出世与入世已逐渐被融为一片。《坛经》中载有慧能关于这方面的许多论述。他说:

> 若欲修行,在家亦得,不由在寺。自家修清净,即是西方。

法海本《坛经》载有这么一个偈颂,曰:

> 法元在世间,于世出世间,勿离世间上,外出求世间。

惠昕、契嵩、宗宝等三个改编本把此偈改为:

> 佛法在世间,不离世间觉,离世觅菩提,恰如求兔角。

两种说法,字眼有异,思想无殊,都是主张于世间求出世间,反对远离世间而求解脱。如果把慧能这种入世精神与禅宗初几祖的思想略加比较,可以看出,二者之间是存在着差别的。

禅宗初几祖的作风,从总体上说,比较重林谷而远人间。他们提倡独处幽栖,潜形山谷,泯迹人间,杜绝交往。有人问弘忍为什么要这么做:"学问何故不向城邑聚落,要在山居?"弘忍答道:

> 大厦之材,本出幽谷,不向人间有也。以远离人故,不被刀斧损斫——长成大物,后乃堪为栋梁之用。故知栖神山谷,远避嚣尘,养性山中,长辞俗事,目前无物,心自安宁,从此道树花开,禅林果出也。①

此说与庄子之"不材之材,无用而大用"说相类似,都以远离人间不被刀斧故,而终成稀世之大材、栋梁之大用。据说弘忍就是本着这种精神,"自出家处幽居寺,住度弘愍,怀抱贞纯,缄口于是非之场,融心于色

---

① 《楞伽师资记》卷一。

空之境,役力以申供养,法侣资其足焉"①。在《修心要论》中,弘忍还说:"但能着破衣,餐粗食,了然守本真心,佯痴不解语,最省气力而能有功。"

弘忍之重林谷、远人间的朴素作风,亦非他自己的发明,而是达磨以来几代祖师的风格的继续。达磨之禅,以壁观而著称,而慧可禅师则以注重坐禅而闻名,三祖僧璨禅法的特点是"隐思空山,萧然静坐"②,四祖道信更以山林是托,提倡"闭门坐",教诫门人"努力勤坐为根本"。总之,慧能之前的几代祖师均以独宿孤峰、端居树下、终朝寂寂、静坐修禅为特点。这种现象自慧能之后,就发生了明显的变化,由原来的岩居穴处,潜心修行,慢慢发展到先识道,后居山,进而衍化为既在红尘浪里,又在孤峰顶上的人间佛教,最后又流于运水搬柴皆神通妙用的泛化宗教。

玄觉在《答友人书第九》中曰:

> 夫欲采妙探玄,实非容易……其或心径未通,瞩物成壅,而欲避喧求静者,尽世未有其方。况乎郁郁长林,峨峨耸峭,鸟兽鸣咽,松竹森梢,水石峥嵘,风枝萧索……岂非喧杂耶。故知见惑尚纤,触途成滞耳。是以先须识道,后乃居山。尚未识道而先居山,但见其山,必忘其道……忘道则山形眩目。是以见道忘山者,人间亦寂也;见山忘道者,山中乃喧也。必能了阴无我,无我谁在人间。③

此一先识道后居山说,标志着禅宗已向佛教世俗化、社会化迈进了一大步。他认为,修道的地点在闹市或在林谷,并不是最重要的,重要的是能否识道开悟。只要识道开悟,人间乃寂;若不识道,山中亦喧。

---

① 《楞伽师资记》卷一。
② 同上。
③ 《大珠禅师语录》卷下。

作为曹溪禅法嫡传之神会,在把禅宗推向人间化的问题上,也是循着慧能的规定的道路走的。他不止一次地指出:"若在世间即有佛,若无世间即无佛。""不动意念而超彼岸,不舍生死而证泥洹。"①神会之后,禅宗后学大多都沿着慧能所开拓的人间佛教的路线走。慧海也一再强调解脱不离世间,"非离世间而求解脱"②;希运则反复指出,世间与出世间、众生与佛"元同一体";进一步把世间与出世间打成一片。

到了后期禅宗,佛教的世俗化、社会化进一步发展为佛性的物化与泛化。所谓一花一叶,无不从佛性中自然流出,一色一香,皆能指示心要,妙悟禅机。此时之禅宗,不但淡化了世间与出世间的界限,而且混淆了有情物与无情物之间的差别,不但不提倡出世苦修,而且大力宣扬法法是心,尘尘是道,直指便是,运念即乖。所谓"无明空性即佛性,幻化空身即法身,法身觉了无一物,本源自性天真佛"。"土面灰头不染尘,华街柳巷乐天真。金鸡唱晓琼楼梦,一树花开浩劫春。"所有这些都说明此时之禅宗不但倡即世间求出世间,而且主张混俗和光,做一个本源自性天真佛,宣扬佛处污泥而不染,做一个三恶道中的解脱人。

必须指出的是,法法是心、尘尘是道、无明实性即法性的思想虽为禅宗所盛倡弘扬,但这种思想也不全属禅宗的创造。不论是印度佛教经论还是禅宗之前的中土僧人的佛性学说中,这种思想并非全然不存在。例如《维摩诘经》中所说之"入不二法门",就是一种连接世间与出世间的理论;《大般涅槃经》中所说的"入淫女舍,然无贪淫之想,清净不污,犹如莲花""入诸酒会、博弈之处……而实无如是恶业"③等,就已在宣扬贪欲之性即佛法性、三毒十恶为如来种;而在中土,晋宋之际的竺道生,也早已明确地指出涅槃不舍生死而他求,大圣"触事皆是法之良

---

① 《荷泽神会禅师语录》。

② 《大珠禅师语录》卷下。

③ 《大正藏》册一二,第389页。

药"；之后的一乘家亦多主张烦恼即菩提，生死即涅槃。可见无明实性即法性的思想非禅宗一家之独唱。但是，同样应该指出的是，在印度佛教经论及禅宗以前各佛教宗派中，即世间而出世间的思想在他们整个佛性思想体系结构中所占的地位，远远没有像禅宗那样成为一宗思想之纲骨。特别是后期禅宗，不论是佛陀还是祖师，不管是三藏十二部经还是一切造作修行，都成为证真成佛之障碍；所谓佛性者，则完全被诉诸天然之本性，平常之日用，佛国与世间的界限已完全不存在了。中国佛教的人间化至此而登峰造极。

与禅宗消除世间出世间的界限、强调即世间求解脱不同，净土教佛性思想的特点之一是严分世间与出世间、此岸与彼岸；在解脱方式上提倡往生，亦即凭借阿弥陀佛之愿力，先往生净土，然后依靠极乐世界的优越条件，根据往生时品级之不同，渐次成佛。

关于往生的品级，在"净土三经"中，《观无量寿佛经》说之最详，该经分往生之品级为三品九级。三品是上品、中品、下品，各品更分上、中、下三级，遂为九级。三品九级各依不同的条件而定，据《观无量寿佛经》记载，各品的条件大体是这样：

上品上生者，有两大类。一是发三种心的众生得上品上生。此三种心是"一者至诚心，二者深心，三者回向发愿心"①。二是有三种众生可得上品上生："一者慈心不杀，具诸戒行；二者读诵大乘方等经典；三者修行六念，回向发愿。"只要具此功德，一日乃至七日，即可往生。此品上生者，生彼国后，闻法即得无生法忍，经须臾间即可"历事诸佛"，"于诸佛前次第受记"成佛。

上品中生与上品下生都以深信因果、不谤大乘为重要条件。上品

---

①　此三种心，善导有进一步的解释，谓至诚心者，即是身业专礼、口业专称、意业专信阿弥陀佛；深心者，即是真实起信，专念佛号，誓生净土，终不再疑；回向发愿心者，亦即所有礼念功德，唯愿往生净土。详见道镜、善道同集《念佛镜》。

中生者"经一小劫得无生忍,现前受记",上品下生须"经三小劫得百法门,住欢喜地"。

中品三级的条件主要是持戒、行善、不造诸恶。其中中品上生者可得阿罗汉;中品中生者先得须陀洹,经半劫后成阿罗汉;中品下生者先得须陀洹,经一小劫成阿罗汉。

下品之三级往生者,大多在世时遍造诸恶,临终向道,称念阿弥陀佛名,乘佛愿力,得以往生净土。此品上生者,到净土后,闻法起信,经十小劫得入初地;中生者,须先于莲花内经六劫,后乃闻法起信,发无上道心;下生者,则须先在莲花里待上十二大劫,观音、大势至为其说法除罪,后才能发菩提之心。

这三品九级之谈,对于一个虔诚的佛教徒说,无疑是至关重要的。因为他们孜孜以求的,无非是想得到一个好的归宿。能得到上品,那自然是再好不过的。但是,对于佛学研究者来说,这三品九级的意义,却在于使我们看到了极乐世界等级之森严、待遇之悬殊,并不亚于现实世界。如果说,天堂佛国之极乐往往是尘世苦难的倒影,那么,西方净土的这种品位分明的等级性,却是现实世界等级制度的真实反映。

本来,传统佛教区别于其他宗教的地方正在于,它表面上否认有一个彼岸世界的存在,可是净土教却以宣扬往生净土为特点,对于这个矛盾,净土教除了以真俗、体用的相互关系来说明外,还提出一个往生即无生的理论以自圆其说。在《往生论注》中,当有人问昙鸾:"大乘经论中,处处说众生毕竟无生如虚空,云何天亲菩萨言愿生耶?"昙鸾答道:

> 说众生无生如虚空有二种。一者如凡夫所谓实众生,如凡夫所见实生死。此所见事毕竟无所有,如龟毛,如虚空。二者谓诸法因缘生故,即是不生,无所有如虚空,天亲菩萨所愿生者,是因缘义,因缘义故假名生。

此谓往生之生,非凡夫俗子所说所见之实有之生死,而是因缘生,因此所谓往生,亦即不生、无生。

道绰也以因缘生释往生,指出往生即是无生。他说:

> 今言生者是因缘生,因缘生故是假名生,假名生即是无生,不违大道理也,非如凡夫谓有实众生、实生死也。①

当有人问:"夫生为有本,乃是众累之元,若知此过,舍生求无生者可有脱期,今既劝生净土,即是弃生求生,生何可净?"道绰答道:

> 然彼净土乃是阿弥陀如来清净本愿无生之生,非如三有众生爱染虚妄执著生也。何以故? 夫法性清净,毕竟无生,而言生者,得生者之情耳。

此说与上说思想相同,只是表述略有差别而已。上说以因缘生释往生,因缘性空,故生即无生;此说以法性清净释往生,法性清净亦即一无滞碍,不生不灭,因此生净土亦即无生。净土教就是运用这种真俗并举、体用相即的手法,来调和往生与无生、西方净土与唯心净土之间的矛盾。

净土教宣扬往生,还有一个与现实需要相矛盾的问题。天堂佛国之极乐,对于备受现实苦难的众生固然具有很大的诱惑力,但是,自隋唐之后,人们越来越不满足于死后佛国、天堂的安慰,而更迫切地希望能在现世即得到解脱。与之相应,佛教也逐渐向人间化方向发展。但是,净土教宣扬往生,把一切安慰与快乐都付诸后世,成为一种"专属送

---

① 《安乐集》卷上。

死之教",这无疑会因不适应现实的需要而妨碍自身的发展。有鉴于此,后来的净土宗人,就力图调和今生与后世、此岸与彼岸、世法与出世法的隔绝与矛盾。他们一方面极力宣扬往生净土不应离开世法,只有把世法干得停停当当,毫无欠缺,以作出世之基本,才有成功之希望,因此强调广修十善作基本,包括孝养父母、奉事师长、慈心不杀等,以作出世之资粮。另一方面又大力宣扬"要将秽土三千界,尽种西方九品莲",强调生他方净土,要从建立人间净土开始。这种宣传虽然具有一定的效果,但从理论上看,仍是把人间与净土视为二物。真正把二者统一起来,只有在禅净二宗日趋合流,西方净土与唯心净土被统一起来之后才有可能。

三 修禅与念佛

禅净二宗佛性思想的差异,还表现在二者的修行方法不同。质言之,前者注重修禅,而后者则强调念佛。

本来,修禅与念佛并非为任何一个佛教宗派所专有,它们是两种最通用的修行方法,几乎所有的佛教宗派都是二者兼而有之。但是,正如任何一个佛教宗派都有自己特别强调的修行方法一样,修禅与念佛,分别为禅宗和净土宗所特别提倡。

禅宗本以"禅那"为宗而得名("禅那",意为"静虑"或"思维修"),毫无疑问,修禅是禅宗一种最根本的修行方法。但是,这种说法只具有特定的意义,因为如果考察一下禅宗发展的历史,人们就可以发现,自从慧能倡"即心即佛"之后,与其说禅宗是以禅为宗,毋宁说禅宗是以"心"为宗。至于提倡纯任自然、反对一切修行造作的后期禅宗,读经也罢,修禅也罢,都与他们无缘。因此,说禅宗强调修禅,在一定意义上说,那是指慧能以前的禅宗。

禅宗先祖之重修禅,是无可置疑的。初祖菩提达磨以"壁观"著称于禅史。所谓壁观者,即凝心入定之谓。通俗点说,也就是禅定。达磨之后,坐禅的修行方法一直为历代祖师所提倡,"若有一人,不因坐禅而成佛者,无有是处"①,这几乎是慧能之前的几位祖师的共同看法。可见,禅宗一开始就十分重视修禅,而且在其往后的发展过程中,除了那些反对任何修证者外,凡主张成佛必须修行的,都以修禅为基本的修行方法。

与禅宗注重修禅不同,净土信仰从它在中土出现之日起,就提倡念佛,就把念佛作为一种最基本的修行方法。慧远早在东晋就建庐结社念佛,"共期西方"。虽然严格地说,慧远的思想并非纯属净教,而是禅净并进,但念佛已开始作为往生西方净土的一个重要的修行方法。对净土信仰在中国的传布起过很大作用的南北朝僧人昙鸾也明确主张"持名念佛,即得往生"。至于净土宗的实际创始人道绰、善导,则更是念佛法门的积极倡导者。

所谓念佛,一般是指持名念。但是念佛法门非止持名念一种,还有观想念、实相念等等。所谓持名念者,亦即"口诵佛名";而所谓观想念者即是《观无量寿经》中所说的,对极乐世界的种种庄严作观想;实相念者即是观诸佛法身实相。严格地说,前两种念佛属净土法门,后一种念佛,亦即实相念,由于它所念之法身实相,实是众生心中本源自性天真佛,故净土法中一般不提倡,而把它归于禅门。如果说这也是净土法门的话,当非属西方净土法门,而是属于唯心净土法门。就前两种念佛方法言,在净土宗中也不是始终并举的。根据中国净土信仰发展的历史,在道绰之前,修净土者,多偏重观想念,自道绰之后,持名念则成为一种最基本的修行方法。

---

① 《楞伽师资记》卷一。

　　道绰在《安乐集》中引述了《大集月藏经》所说的"四种法度众生"①后指出："计今时众生,即当佛去世后第四五百年,正是忏悔修福,应称佛名号时者。若一念称阿弥陀佛,即能除却八十亿劫生死之罪。"②也就是说,众生求解脱的路虽有多条,方法有多种,但就道绰所处的时候说,应以名号度为上。道绰不但这样提倡,而且身体力行。据《高僧传》记载,"自绰宗净业,坐常面西,晨宵一服,鲜洁为体……口诵佛名,日以七万为限,声声相注,宏于净业"③。

　　道绰之时的念佛方法,或口念佛号,以珠记数。若无珠,则代之以豆子,念一声佛号,放一粒豆子。据载,道绰本人所数之珠,"量如七宝大山"。其所在之处,亦"人各掐珠,口同佛号,每时散席,响弥林谷"④。可见,在道绰的影响下,当时念佛之风甚盛。

　　道绰之后,积极倡导持名念佛的是善导。当有人问他:"何故不令作观,直遣专称名号者,有何意耶?"他答道:

　　　　众生障重,境细心粗,识扬神飞,观难成就,是以大圣悲怜,直劝专称名字,正由称名易故。⑤

　　此谓观想念很难成功,故佛劝大家采用较简易的持名念。持名念虽简易,其功效却甚高。善导说:

　　　　惟专念佛,一日七日,即生净土。位居不退,速成无上菩提。

---

　　① 亦即法施度、身业度、神通力度、名号度。
　　② 《安乐集》卷上。
　　③ 《续高僧传·道绰传》。
　　④ 同上。
　　⑤ 《净业专杂二修说》。

乘阿弥陀本愿力故。①

这里所说的"一日七日"念,还是属于上品上生之念法。还有更简易的一念十念的下品下生法。总之,不管是一生还是百劫千生造业,也不管罪业如何深重,只要信仰皈依弥陀,称念一声阿弥陀佛,便可众罪俱消,往生净土。真是"百亿劫中生死罪,才称名号尽消除"②。既不费气力而功效又那样显著,佛国大门洞开而入门之后又可以享乐无穷,正是凭着这一点,净土教赢得了许多信徒,得到迅速的发展。

当然,说念佛是净土宗最基本的修行方法,并不否认他们在提倡念佛之外,也主张兼学经论教理。净土宗人认为,对于上根之人,亦可兼学大乘经论、佛教义理。因为《观无量寿佛经》中就把"诵读大乘经典"作为往生净土的一个条件。即便是下根之凡夫,在力所能及的条件下,亦不妨兼学。他们认为,研习教理与持名念佛,二者并不矛盾,而是可以相辅相成,相得益彰,只是由于下根人根机迟钝,对于经论义理难以信受,故诸佛菩萨才另辟蹊径,创立持名念佛这一简便易行的方法,以达到普度众生之目的。

同样,念佛与修禅作为佛教的两种修行方法,二者亦非绝然对立,而是经常相通互融的。例如,禅宗虽重修禅,也不全然排斥念佛;而净宗之实相念佛本身,与禅宗之无念为宗实没有什么区别。虽然在有唐一代,由于道绰、善导之倡"不必禅观即可往生",曾一度摒禅于净土教之外,但是至宋之后,由于禅净日益走上合流的道路,修禅与念佛作为两种修行方法又逐渐被融为一体。宋永明寺延寿禅师的"有禅有净土,犹如戴角虎"的四句偈颂,就是当时名僧多主禅净兼修的集中表现。当

① 道镜、善道同集:《念佛镜·劝念佛之门》。
② 《西斋净土诗》卷一。

时的佛教,多有如《净土诗》所说的"若非念佛便参禅","教口禅心两不差,青黄赤白总莲花",念佛与参禅已被巧妙地融为一体。

修禅与念佛在中国佛教史上所以会呈现"合—分—合"的发展过程,这与这两种修行方法自身的特点有密切的关系。首先,念佛与修禅有其殊异之处:一者,所谓念佛,其意在欣取乐邦,厌舍秽土,而禅则反对欣厌取舍;二者,念佛则心境对待,能所宛然,而禅则心不着境,着境便失本来面目;三者念佛均作死此生彼想,而禅心则不取生死。凡此等等,都是禅净互异处。但是,禅净又可以在一定条件下互通。例如,按照佛教的说法,念佛念到一定程度,即可以"入定","入定"之后所得之念佛三昧境界,是虚空粉碎,大地平沉,当前一念心性,与十方诸佛法身融为一体,这时便离开一切生死取舍、分别执著,而与禅门之真如三昧无二无别了。由此可见,禅净又有其契合处。正是禅净自身这种既同又异、既异又同、同中有异、异中有同的特点,才使二者在其发展过程中有"合—分—合"的可能。

第三节　难行道与易行道

净土法门的种种特点,若一言以蔽之,则是简便易行。基于这一点,净土宗人把净土教称为易行道,而把净土教之外的其他法门称为难行道。他们认为,净土法门之成为易行道,主要表现在它不但下手易,往生易,而且成佛易。它无须皓首穷经,而只要持名念佛,也无须崇高的师资、明利的根器,而只要起信发愿,则愚智咸宜。另外,它无须历劫苦修、累世功德,而只要一心向西,口诵佛号,则可顿超三界,上品固可速得佛果,下品亦可预入圣流。而造成净土法门如此易行简便而又那样效速功高的根本原因,是净土教不依靠自力而全仗佛力——而佛的威力是无可限量的。

一　自力有限与佛力无边

自力他力之说,难行易行之分,肇始于龙树的《十住毗婆沙论》。龙树在该论的"易行品"中,按靠自力与依他力把佛教的一切法门分为难行道与易行道两种:

> 难行道者……惟有自力,无他力持,譬如跛人步行,一日不过数里,极大辛苦,谓自力也。易行道者,谓信佛语,修佛三昧,愿生净土,乘阿弥陀佛愿力摄持,决定往生不疑也。如人水路行,借船力故,须臾即至千里,谓他力也。

此谓凡依经教,靠自力在此土修行积德,断惑证真,修因得果者,皆属难行道;凡依念佛法门,乘佛愿力往生净土,仗佛威神,终成正觉者,则属易行道。

道绰在《安乐集》中论述了龙树的这个思想,并作了进一步的发挥。他说:

> 是故龙树菩萨云:求阿毗跋致,有两种道,一者难行道,二者易行道。言难行道者,谓在五浊之世,于无佛时,求阿毗跋致为难。此难乃有多途,略述有五……五者惟有自力,无他力持。如斯等事,触目皆是,譬如陆路,步行则苦,故曰难行道。言易行道者,谓以信佛因缘,愿生净土,起心立德,修诸行业,佛愿力故,即便往生,以佛力住持,即入大乘正定聚……譬如水路,乘船则乐,故名易行道也。①

---

① 《安乐集》卷上。

道绰以五义说难行道之难,其中第五点,就是唯有自力,不依他力,故如陆路步行,既辛苦且难到达目的地。反之,净土信仰之所以易行,在于它以信愿为宗,依仗佛力则可往生,故如水路凭借船力,既轻松快乐,又可迅速到达目的地。

依自力他力分难行易行,那么,在诸多佛教宗派中,哪些属自力,哪些属他力? 道绰与善导对这个问题是这样说的:

> 如来虽说八万四千法门,惟有念佛一门是他力,余门修道,总为自力。①

也就是说,在一切法门、诸多宗派中,唯有净土法门是凭借他力,其他法门、宗派均属自力。

对于自力与他力力量大小之悬殊,道绰与善导借助于种种比喻,作了详细的论述。或曰,自力犹若小孩年幼,其家离京城又远,欲靠自己步行至京以求官做,是办不到的:"余门修道,亦复如是⋯⋯犹如小儿自力向京,不可得到,由自力故。"②反之,如果小孩随父母乘坐车船,则很容易抵达京城。"何以故? 由他力故。"③"念佛修道,临命终时,乘阿弥陀佛愿力于一念顷往生西方",这与小孩随父母乘车船至京的道理是一样的。

道绰、善导还把他力比作蚁子寄在鸟翅之上,乘鸟翅顷刻之间上须弥山,而自力犹如蚁子自行上须弥山,不可得到;把自力比作蛤蟆,把他力比作大龙;把自力视为跛足凡夫,把他力视为转轮圣飞腾虚空;等等。总之,单凭自己的力量,是很难修行成佛的,只有凭借威力无比之佛力,

---

① 道镜、善道同集:《念佛镜·自力他力门》。
② 同上。
③ 同上。

才能既用力少，且早证菩提，得成佛果。

二　三学难修与佛号易念

佛教三学之难修，本是件众所周知的事。净土宗人就利用这一点，大讲三学之难修、净土之易行，以期使更多的佛徒归依净土法门。

净土宗人认为，三学之难修，主要表现在这么几个方面：首先，若从教入，则经典浩繁，义理幽微。若不熟读经典，自难理解其中之义理；若要读诵经典，即便毕其一生之精力，要浏览一遍三藏十二部经，也未必能够做到，若欲选择要典，撷其精英，非有几十年苦功不行。故从经入，殊属不易；若从律入，则须出家，且佛教之戒条，名相繁琐，戒规细密严格，没有坚忍精神，耐苦毅力，也办不到；若从禅入，不论见性、止观，非得有上等根器不可，而且往往得借助于高明的师资，方能有成功之望，否则易入歧途，反误终生。因此，不论从教从禅还是从戒从定、慧入，都不是一件容易的事。

其次，净土宗人还认为，三学之难修，不仅表现在下手难，而且表现为修行难。他们以《华严》为例，认为若依《华严》而修，且不说经之大本有"十大千微尘偈""一四天下微尘数品"，就以晋唐两译之略本言，也有三四万偈，那么，应依何偈修行？如何修？如何出三界？如何成佛？如何趣入事事无碍境界？如何证得毗卢遮那佛？这一切都是能言谈而难实践，可望而不可即的。又如，若学唯识，唯识佛性说的要义是转识成智，那么，如何转呢？如何从实践的角度去体证呢？再说禅宗，禅宗重悟，倡"见性成佛"，且不说要顿悟见性非有上等根器不可，从实践的角度看，又有哪位禅师见性成佛了呢？可见禅宗虽可见性，但事实上却未成佛。可见，难行道不但下手难，而且实际修行也难。

最后，单凭自力，倡修三学之难行道之难，还表现为成佛难。净土信徒认为，根据佛经的说法，走单凭自力的难行道，从初发心到初地，须经过一大僧祇劫。从初地再经过一大僧祇劫才到八地。如此漫长的岁月,这对于急切求解脱的苦难众生无异于可望而不可即。基于这种种理由,净土宗人认为修难行道有如急惊风遇到慢郎中,无补于众生眼前之实际,用力多而功效少,是一条漫长而艰苦的道路,因而是不可取的。

与难行道相反,上述之种种弊端,在净土法门中,却从另一个角度作为优越性表现出来。第一,净土法门不论智愚,不讲根机,不必皓首穷经,无须洞烛幽微,心信弥陀,口诵佛号,就算归依净门。此谓下手易。第二,易往生。只要由信而起愿,愿死后往生西方极乐世界,临终时阿弥陀佛就会来接他去西方净土。根据《观无量寿经》,下品下生者,临终十念,即得往生。《观无量寿经》第九十愿曰,十方众生,十念称名,即得往生;《阿弥陀经》则说,只要执持名号,速则一日,迟则七日亦得往生。第三,成佛易。既至净土,由于环境的熏陶与佛力的感化,上品者可顿成佛果,下品者亦可预入圣流。所有这些,都是易行道之所易也。净土宗信徒根据净土法门的这些特点,自诩净土教为"出苦之妙门,成真之捷径"。明僧智旭云:"执持名号,既简易直捷,仍至顿至圆,以念念即佛故。不劳观想,不必参究,当下圆明,无余无欠。上上根不能逾其阃,下下根亦能臻其域。"

综上所述,净土法门确实是以简易取胜,但是,单纯讲简易,又有一个偏弊,即容易使人产生净土教是一种只讲信仰、毫无义理的浅薄法门。净土宗信徒为了弥补净土教的这个缺陷,就解释说:净土教所以不说义理,是因为义理太多。任凭你怎么讲,都是挂一漏万,所以索性不讲。他们认为,佛教三藏十二部经,全在"南无阿弥陀佛"六字之内。为什么呢?因为教理之旨趣,在于生信解,启行证,而念佛的作用,正所以息妄心,得正念,实已超过信解,而直达行证。所以学者若能念佛,则无须研教,而一切教义已自具足。在这个意义上说,净即是教。至于戒律,戒律的作用,本在于防身、口、意三业,使之生善去恶。而修净土法时,身礼佛,口念佛,意思佛,三业既已集中,六根自然皆净,还有何恶可去,何善可生?因此,亦可以说,净即是律。而所谓禅者,如前所述,当念佛念到"入定"之后,与禅门之真如三昧时根本没什么区别。因此,也可以说,净即是禅。也就是说,净土法门虽然简便易行,但其实质却包括教、律、禅,甚至可以说,是包括了全部佛法。因此不能说净土法门是没有义理之浅薄法门。他们以印度的文殊、普贤、马鸣、龙树等大菩萨都念佛,中土的雷次宗、白居易、文彦博等也都念佛为例,说明净土法门是凡圣皆修、愚智咸宜之普门大法,以此招徕徒众,扩大净宗。

三　净土法门与末法时代

净土宗为了求发展,还用了一个绝招,亦即极力贬低他教,尽量抬高本宗。尽管中国佛教各宗派在其发展过程中大多采用过这种手法,但他们多是通过判教的形式,将他宗的教义贬为方便说,而把自家的理论奉为究竟义,以显示自家比他宗高出一头。净土宗在这个问题上则采取一种更彻底的做法。他们在贬低其他佛教宗派时把它们说得几无可是之处,而在抬高自己时则尽量把自宗说成是唯一可行的法门。他们大力宣扬这样一种说法,即释迦佛灭度后,佛教的发展将经历三个时期,由正法而像法而末法。正法住五百年,其时,佛法隆盛,众生障轻福重,故任修一法皆可成就;像法住一千年,此时去圣渐远,人心渐渐不古,思虑亦日杂,故十人修行罕有一人得道;降及末法,则去圣愈远,世道日浊,众生业障充满,助缘少,碍缘多,若专靠自力,走难行道,则亿万人修道亦罕一得道。末法时中,唯有仰仗佛力,配以自力,走易行道,修净土门,才有获得解脱的希望。也就是说,其他法门,不管是禅是教,是律是密,都已不合时宜而将被淘汰,唯有念佛往生之净土法门将独步末法时代。对于这种说法,净土宗人引经典为根据,道绰在《安乐集》中引

《大乘月藏经》的经文曰：

> 佛灭度后第一五百年，我诸弟子学慧得坚固；第二五百年，学定得坚固；第三五百年，学多闻读诵得坚固；第四五百年，建立塔寺修福忏悔得坚固；第五五百年，百法隐滞，多有诤讼，微有善法得坚固。

又，彼经又云：

> 诸佛出世，有四种法度众生。何等为四？一者……法施度众生；二者……身业度众生；三者……神通力度众生；四者……名号度众生。
>
> 我末法时中，亿亿众生起行修道，未有一人得道者。当今末法，现是五浊恶世，惟有净土一门可通入路。

引完这几段经文后，道绰曰：

> 计今时众生，即当佛去世后第四五百年，正是忏悔修福，应称佛名号时者。若一念称阿弥陀佛，能除却八十亿劫生死之罪。①

此谓道绰所处的时代，正是佛灭度后第四个五百年。此时适值佛法末世，唯有持名念佛之净土一门，可以救度众生出生死苦海，其他法门都无能为力。为什么这样呢？道绰进一步论证道：大乘佛法，可依难行、易行分为二门——一是圣道门，二是净土门。圣道一门，由于末法

---

① 《安乐集》卷上。

时代"去大圣遥远",加之"理深解微",而众生"机解浮浅暗钝",故"今时难证";而易行道之净土门,只要一念称阿弥陀佛,即能众罪尽消,永离生死。因此末法时代赖以支撑法运的,唯有简便易行而功高效速的净土一门。

按照佛教的传统说法,唯有断惑,始能证真,要破一分无明,方可证一分法身。但是,根据净土法门,一念即可去百年业障、生死之罪,这是净土法门区别于其他法门的一大特点。这个特点在佛教叫带业往生,亦即不管众生生前作何种业,罪孽多重,但只要念佛,即可往生,而只要往生,便登不退。这就是净土法门之不断惑业便可预入圣流之大便宜处,而且往生之后,依仗极乐世界的所谓优越环境,众障自然消除,终归功德圆满。

对于带业往生之易行道,净土宗人又把它称作"横出三界法"。魏承贯在《无量寿经》的序文及"净土四经"的总序中,把佛教其他法门称作"竖出三界法",而把净土法门称作"横出三界法",并说,诸佛菩萨因知"竖出三界"之难,复创"横出三界"之法,而"横出三界,较竖出三界,其难易远近,有霄壤之分"。近代的印光亦说:"若论竖出,非力修戒、定、慧道,断尽烦恼惑不可。倘烦恼惑稍有未尽,则三界依旧莫出。况末法众生,善根浅薄,寿命短促,修者纵有亿亿,出者惟得一二,以其惟仗自力,是故难得实益。若论横超,则净土法门,生信发愿,念佛名号,求生西方,兼以敦笃伦常,恪尽自分,诸恶莫作,众善奉行,则万不漏一,咸得往生。既往生已,则了生脱死,超凡入圣,永离众苦,但受诸乐矣。功大成熟者,固登上品,临时方念者,亦预末流,此则全仗佛力,其利益与惟仗自力者,天渊悬殊。"印光法师这段话,可以说是对净土法门自身的特点及其与其他法门不同之处的一个概括,亦即专靠自力、苦修三学、唯有断尽烦恼业障方可了却生死的竖出三界法,已不适合于末法时代了,值此末法之世,唯有仰仗佛力、念佛往生的横出三界法,方可救众生出生死苦海,渡众生于极乐彼岸。

　　出生死苦海,到极乐彼岸,这对那些虔诚的佛教徒来说,当然是梦寐以求的,因此,净土法门从唐宋之后得到较广泛的流行,直至近代仍有一定的影响。但是,净土教流行这件事本身,却说明佛教已进入末法时代。如果说,中唐之后的禅宗是以注重心性悟解,提倡超佛越祖的自尊自信去否定印度的传统佛教,那么,净土教正好从相反的方向,即以信、愿、行为宗本,以自悲为特点,把传统佛教注重三学兼修的传统修行方法扫地出门。净土教与禅宗两面夹击,把传统的佛教与佛教的传统扫除殆尽。隋唐之后逐步加快了的佛教中国化进程,至唐宋进一步衍化为中国化佛教,而唐宋之后的中国化佛教与中国的传统思想进一步交融汇合,导致了冶儒释道三教于一炉的宋明理学的诞生。至此,中国佛性思想的发展进入了一个新的历史时期。

第九章　中土佛性与汉唐社会

　　在本书的"绪论"中,我们指出了佛性思想是中国佛学的主流,是中土佛教的特点所在,之后的各章,我们对此进行了具体的论证。一方面,通过资料与观点的结合,剖析和论述了各家佛性学说的具体内容及其在整个佛教学说中的地位;另一方面,通过对一系列范畴的分析比较,揭示了各种佛性思想之间的内在联系及其源流变迁。这双重的努力,旨在从纵横两个方面阐释与说明中土佛性思想的主流性质及其历史发展。这样做的必要性在于,中土佛性思想本身不但是一个整体,而且是一个不断发展的过程,而对一个处于不断发展过程中的事物作整体考察,"抽象—具体"的方法才是一种"科学上的正确方法"。如果说,我们在文章的开头所提出的佛性学说是中国佛学的主流的说法只是一个抽象的论断,那么,我们在往后各章所做的努力,则是力图通过中国佛教史上一些重要思想家与佛教宗派佛性思想的展开,使这个抽象的论断不断得以充实、丰富与具体。

　　采用抽象—具体的方法,揭示中土佛性思想的主流性质及其历史发展,虽然是研究中土佛性学说重要的不可或缺的一步,但这并不等于说,对中土佛性思想的研究就可以到此止步。从某种意义上说,指出佛性学说的主流性质及其历史发展,只是从逻辑上去再现佛性学说的历史进程,至于这种学说为什么是这样发展而不是那样发展,在中国佛学中所以是这种学说成为主流而不是其他学说占统治地位等等问题,这里均未涉及。因此,如果对中土佛性思想的研究不满足于现象及其发展过程的描述,而决意深入现象背后,进一步去探究现象及其历史发展的动因,那么,人们就必须找出中土佛性思想的主流性质及其发展的社会历史根据。

第一节 佛性学说的繁荣与汉唐社会的苦难

涅槃佛性学在中土的传布与兴盛,是晋宋之后的事。在此之前,中国佛教是大小二乘兼有,空有二宗并存。在魏晋时期,借助于玉柄麈尾之玄风和得力于罗什、僧肇等高僧的弘扬,性空般若学曾一度风靡佛学界,成为当时佛学界的统治思想。但是,自晋宋之际传入涅槃佛性学说之后,性空般若学在佛学界的主导地位就不断受到挑战,经过一番较量,性空般若学终于被赶下台来,走上了日趋消沉衰落的道路。作为一个独立的思想体系,性空般若学除了在吉藏及其三论宗那里有过短暂的复兴外,其后就一蹶不振了。相反,涅槃佛性学自晋宋之际兴起之后,就渐渐入主佛学界,最后终于占据了佛学界的统治地位。中土佛学界这种易主现象,我们在上面的具体论述中已经指出过,现在的问题是,如何解释这种现象?

马克思在《论犹太人问题》中曾经指出:"我们不是到犹太人的宗教里去寻找犹太人的秘密,而是到现实的犹太人里去寻找犹太教的秘密。"①"我们不把世俗问题化为神学问题。我们要把神学问题化为世俗问题。"②马克思的这些思想,对于我们探讨佛教学说的潜显兴衰的奥秘是同样适用的。我们不能到佛教自身中去寻找各种宗教学说兴衰的原

---

① 《马克思恩格斯全集》第一卷,人民出版社,1956年,第446页。
② 同上。

因,也不能以宗教学说的迁流衍变去说明当时社会,相反,应该到当时社会的经济状况、政治形势乃至整个社会历史条件中,去寻找宗教的产生、发展乃至各种宗教学说兴衰潜显的奥秘。

那么,从东汉至隋唐这个历史时期里,为什么佛教能在中国这块土地上广泛流传?为什么佛教学说自晋宋之后转一新方向,由主性空的佛教般若学一变而为倡妙有的涅槃佛性说呢?晋宋之后,中国的经济、政治形势究竟怎样?当时社会的现实需要到底是什么?中土佛教学说的转向与当时社会的现实需要又有什么关系?凡此种种,都是我们在这里所要探讨的问题。

第一,中土自汉末之后,由于外戚宦官干预朝政,政治每况愈下,降至魏晋时期,政治上的清议发展到学术上的清谈,随之出现儒学衰、玄学盛的局面,以玄学的清谈为契机接引进来的佛教性空般若学,由于符合了当时名士清流说空谈玄的需要,一时间得到迅速而广泛的传播。但是,进入魏晋之后,由于战乱频仍,干戈不息,篡乱相继,背叛四起,一时九州分崩,天下沸腾。一般小民或死于干戈,或毙于饥馑,幸存者十无一二,庶族下品也难逃战祸,只希苟全性命于乱世,不求闻达于诸侯,统治层内部也互相倾轧,人人自危。这一切,使得人间充满着世事无常、人生如寄之悲戚。既然佛教的般若学不能渡人出此生死无常之苦海,说空谈玄也不能使人避免朝不保夕的厄运,涅槃佛性说的解脱思想就成为陷于绝境时的一线希望。人们对现世既然已经毫无信心,自然会产生对死后幸福生活的憧憬,现实人生的绝望又使他们对彼岸世界倾注了全部的热情。社会的苦难就是这样为涅槃佛性说的繁荣创造了必要的条件,提供了充分的社会历史根据。

据史书记载,汉魏两晋时期皇室篡乱、诸侯混战的情景,有如一幅群魔狂斗图。以历史上著名的"八王之乱"为例,《晋书》云,这次战乱"数十万众,并垂饵于豺狼,三十六王,咸殒身于锋刃。祸难之极,振古未闻"①。仅赵王伦之乱"自兵兴六十余日,战及杀害近十万人"②;长沙王乂屡败成都王颖,斩获六七万人;东海王越攻河间王颙时,越部将祈弘等所领鲜卑兵"大掠长安,杀二万余人"③。皇室及诸王内部也互相残杀,甚至父子、兄弟之间也兵刃相向,毫不留情。这种狂斗滥杀的结果,是"流尸满河,白骨蔽野"④,"中国萧条,百里无烟"⑤,"名都空而不居,百里绝而无民"⑥,"父母不能保其赤子,夫妻相弃于匡床"⑦。昔日的皇亲贵族、公子王孙今日也成为阶下囚、刀下鬼,旧时的名都闹市、雕梁玉栋,今日也只剩下一堆瓦砾、一片废墟。真是"狐眠败砌,兔走荒台,尽是当年歌舞之地;露冷黄花,烟迷衰草,悉属旧时争战之场"。什么富贵荣华,完全不过是石火电光、过眼烟云,什么功名利禄,亦纯属南柯一梦,实是黄粱。这些破落罹难的王公贵族,名门富家,他们抚今追昔,真会有万端的感慨、无限的哀愁,瞻念前程,更是祸福未卜,不寒而栗。正是在这种时候,涅槃佛性说给他们指出了一条通向佛国的"光明大道",这真如一群被逐之兽、惊弓之鸟,忽然找到了一个避难处、安乐地,他们怎能不疾起劲奔,趋之若鹜呢?

第二,战乱的另一个后果,是田野荒芜,经济凋敝,民不聊生,州里萧条。据《晋书》记载:"及惠帝之后,政教凌夷,至于永嘉,丧乱弥甚,雍州以东,人多饥乏,更相鬻卖,奔迸迁移,不可胜数。幽、并、司、冀、秦、雍六州大蝗,草木及牛马毛皆尽。"⑧《魏书·食货志》也说:"晋末天下大乱,生民道尽,或死于干戈,或毙于饥馑,其幸而自存者,盖十五焉。"加

---

① 《晋书·传论》。
② 《太平御览·赵王伦》。
③ 《晋书·惠帝纪》。
④ 《晋书·食货志》。
⑤ 《三国志·朱治传》。
⑥ 《全后汉文》卷八八。
⑦ 《旧唐书·李密传》。
⑧ 《晋书·食货志》。

之,当时的统治者极端腐败,一方面骄奢淫逸,竞以豪侈相尚,"帝族王公,外戚公主,擅山海之富,居川林之饶,争修园宅,互相夸竞"①。河间王琛最为豪首,他和高阳王雍比富,家有名马,用银为槽,金为锁环。至于各种珍宝器具更是不计其数。高阳王雍"富兼山海",有僮仆六千、妓女五百,一餐要花数万钱,"隋珠照日,罗衣从风,自汉晋以来,诸王豪侈,未之有也"②。另一方面,统治者为了满足他们骄奢淫逸的需要,又横征暴敛,赋税之外更设苛捐,田租之上兼抽杂役,致使平民百姓衣不蔽体,食不果腹,或饿死于原野,或呼号于道路。天灾、人祸、战乱、饥馑,众多苦难,一时并至,劳苦大众,完全陷入了绝境。他们先是迁徙,成了流民,继之"流民起义",进行过斗争,但都很快失败了,他们再也没有别的路可走了,对现实生活完全丧失了信心,剩下的只有对死后幸福生活的憧憬。这对涅槃佛性说的传布与发展真是一个天赐良机。这种情况正如马克思主义经典作家所指出的:"在各阶级中必然有一些人,他们既然对物质上的解放感到绝望,就去追寻精神上的解放来代替,就去追寻思想上的安慰,以摆脱完全的绝望处境。"③"被剥削阶级由于没有力量同剥削者进行斗争,必然会产生对死后的幸福生活的憧憬,正如野蛮人由于没有力量同大自然搏斗而产生对上帝、魔鬼、奇迹等的信仰一样。"④

　　第三,涅槃佛性说所以能取代性空般若学而成为中土佛学的统治思想,还由于这种学说更适合中土统治者的需要。中国历史上的一切意识形态有一个重要特点,就是与现实政治联系较紧,不唯文学艺术、社会伦理思想是这样,哲学与宗教也是这样。而在为现实政治服务方

---

①　《洛阳伽蓝记》卷四。
②　《洛阳伽蓝记》卷三。
③　《马克思恩格斯全集》第十九卷,人民出版社,1963 年,第 334 页。
④　《列宁全集》第十卷,第 62 页。

面,涅槃佛性说比起性空般若学无疑具有更大的"优越性"。因为般若学的基本思想是主张诸法因缘和合,毫无自性,说到底都是一无所有,空空如也。既然这样,又何必在别人的压迫下,带着沉重的桎梏,苦苦经营,孜孜作业呢?这种思想对于维护剥削者的反动统治的作用有较明显的局限性。因此,从长远来看,统治者是不会长期采用和宣扬它的。相反,主"妙有"的涅槃佛性说常常一方面怖以三界火宅,使怯者寒心,另一方面诱以佛国净土,使愚者希企。这就能很好地发挥宗教的牧师职能,使人各安其分,以期来日能转凡入圣,出生死苦海。

第四,中国历史上一些根深蒂固的传统观念和思想文化的特点,也是涅槃佛性说能够取代性空般若学的一个重要因素。性空般若学的一个根本思想是以无自性去说诸法性空,从而否定一切诸法的真实性。这种思想按其逻辑的发展,势必走上否定鬼神实体性的道路,这与中国传统的灵魂观念、鬼神思想是格格不入的。因此,对于一般的平民百姓,较难理解,较难接受。这就大大限制了自己的地盘。相反,灵魂观念与鬼神思想很容易与佛性说沟通融合起来。例如,南北朝时期的佛性说就曾以"真神论"的形式出现并广泛流行过——尽管两种思想本来是根本不同的。

另外,按中华民族的思想传统,在空与有、思辨与实践之间,往往更倾向于后者——尽管说空谈玄的纯思辨在特定的历史条件下也曾风行一时,但不能说它是中华民族思想方式的主要倾向——因此,主"妙有"的涅槃佛性说在思维方式、心理特点等方面较之倡性空的般若学占有一定的优势。

普列汉诺夫在《论一元论历史观之发展》一书中曾指出:"为着理解每一特定的批判的时代的'智慧状态',为着理解为什么在这一时代正是这些学说,而不是另一些学说胜利,那就应该预先了解前一时代的'智慧状态';应该知道,哪些学说和学派曾经统治过。如果没有这一点,则不管我们怎样好地通晓它的经济,也完全不能理解特定时代的智慧状态的。"①这段话虽不是专门就宗教学说而言,但它同样适合于说明宗教说的盛衰潜显与思想文化背景的关系。因为任何一个时代的人去接受宗教学说,都不能不受特定的思维方式、心理特点、民族习俗的影响——当然,这种思维方式、心理特点、民族习俗,从"归根到底"的意义上说,又是特定的生产方式、特定的物质生活条件的反映。但是,这种影响往往不表现为直接的、立竿见影的形式,而是以历史的沉淀物的形式保存下来。

总之,涅槃佛性说自晋宋之后所以能在中国这块土地上广泛流传,所以能取代性空般若学而成为中国佛学的主流,原因是多方面的。如果仅仅从表面现象看,人们可以把涅槃佛性论的流行归结为这种学说自身的特点,但从更根本的意义上说,则应该从晋宋之后中国社会历史状况、经济政治形势、思想文化背景等方面去寻找根据。当然,完整地说,是二者的一致与统一。也就是说,涅槃佛性说适合了当时的社会现实需要,或者说,当时社会的现实情况需要这种学说。正如马克思在《〈黑格尔法哲学批判〉导言》中所指出的:"理论在一个国家的实现程度,决定于理论满足这个国家的需要程度。"②

第二节　中土佛性论的特点与宗教学说的现实品格

上一节,我们着重从社会历史根据方面论证了佛性学说为什么能在中国这块土地上长期地广泛流传,这一节我们所要论述的则是在中土流行的佛性学说究竟是一种什么样的佛性学说,它具有一些什么特

---

① 《论一元论历史观之发展》,第 165 页。
② 《马克思恩格斯选集》第一卷,第 10 页。

点,这些特点是怎样造成的,它同中国的经济政治制度、思想文化传统、民族的心理特点究竟有些什么关系,从而探讨一下宗教学说的现实品格问题。

在具体论述中土佛性学说的特点之前,有两个相互联系的问题有必要首先提出来,这就是:第一,我们在上节中由于分析论证的需要,曾经在特定的意义上把涅槃佛性说与性空般若学分别开来,甚或对立起来论述,这样做丝毫不表示这两种思想在佛教学说中是截然对立的。诚然,真空、妙有作为佛教学说中的两种思想体系,二者之间并不是没有互相对立、互相矛盾的地方,但佛教学说的圆通之处正在于,常常可以把两种或几种相互对立的思想巧妙地统一起来。例如,我们在本文的第二章就曾具体地论述了涅槃佛性说是如何通过实相说把自己与性空般若学沟通起来、统一起来,性空般若学又怎样成为涅槃佛性说的最主要理论根据之一,以至于在一定意义上可以说,不了解般若学,就不懂得涅槃佛性说。第二,正如魏晋时期中土的僧人文士由于常常以玄释佛,从而造成当时佛教界对"空"的理解与印度佛教般若学关于"空"的含义不尽相同一样,中土佛性理论所说的"妙有""佛性"与印度佛教中关于"佛性"的含义,也常常迥异其趣,从而造成中土佛性理论具有许多中国的特色。

但是,从更根本的意义上说,对于"佛性"释义的差别,与其说是造成中土佛性学说区别于印度佛性学说的原因,毋宁说是两国不同的社会的经济政治制度、思想文化传统的结果。因为,在对佛性释义的问题上,重要的不是如何释义,而是为什么会这样去理解佛性而不那样去理解佛性。而要搞清楚这个问题,就必须具体地去看看中国佛性理论究竟有一些什么特点,以及这些特点是怎样形成的。

第一,中国佛性说的头一个显著特点是注重心、性,而不像印度佛教那样更倾向于把佛性作为一种抽象的本体。

在印度佛教中,佛性说主要是从般若学的实相说衍化而来的。根据佛教的理论,一切诸法,无不是真如的体现,此真如在宇宙本体曰实相、法性,在如来法身曰佛或佛性,在具体事物曰法或万法。实相、法性、佛、佛性乃至一切诸法,虽然说法各异,实际上是同一个东西,亦即"万法虽殊,一如是同"。因此,印度佛教中的所谓佛、佛性,与实相、法性等概念往往是相通或相近的,富有抽象本体的意义。与此不同,中国佛教的佛性说,就其主要倾向看,更注重心性。且不论作为中土佛教代表之禅宗,由于把一切完全归诸心性,其佛性说之注重心性自不待言,就以较富有中土色彩之天台、华严等宗的佛性思想说,也表现出一种明显的唯心倾向。他们往往以一心之迷悟染净说生佛凡圣。

在天台宗人的著述中,虽然他们常常以中道实相说佛性,但最后又把诸法实相归结为一念心,认为"心是诸法之本,心即总也"[1]。他们对《华严经》中所说之"心佛及众生,是三无差别"作了大量阐述,认为己心、众生心与佛心是平等互具的,己心具众生心佛心,佛心亦具己心众生心,而所谓佛性者,即是"觉心",即在于能"反观心源","反观心性"。[2]慧思曰:"佛名为觉,性名为心。"[3]智颛说:"上定者谓佛性,能观心性名为上定。"[4]灌顶也说:"观一念心,即是中道如来宝藏,常乐我净、佛之知见。"[5]也就是说,心之本体,亦即是正因佛性,能反照心源,即是了因佛性,资之以五度功德等缘因,即是三因具足,了了作佛。在这里,天台宗人把能否成佛归结于是否觉悟和能否反观自心。其佛性说之唯心倾向自毋庸置疑。

与天台宗相比,华严宗佛性说的唯心色彩更浓。本来,华严宗是以

①　《法华玄义》卷一上,《大正藏》册三三,第 685 页。
②　《续高僧传》卷十七。
③　《大乘止观法门》卷二。
④　《止观大意》,《大正藏》册四六,第 406 页。
⑤　《观心论疏》卷二。

《华严经》为宗本的,《华严经》的基本思想之一,是在"法性本净"的传统看法上,进一步阐明一切诸法乃至众生诸佛是平等互具、圆融无碍的。可是,当华严宗人以十玄、六相、四法界等理论去解释法界缘起、生佛关系时,就侧重于以"各唯心现故"去解释万事万物乃至众生与佛的相入相即,指出:"一切法皆唯心现,无别自体,是故大小随心回转,即入无碍。"①他们认为,一切万法乃至诸佛,"总在众生心中,以离众生心无别佛德故"②。"心心作佛,无一心而非佛心。"③"离佛心外无所化众生……是故众生举体总在佛智之中。"④总之,心佛与众生,是平等一体、相即互融的。从这个思想出发,华严宗侧重于从心之迷悟去说生佛之异同,指出"特由迷悟不同,遂有众生及佛"⑤。

这里有一个问题,亦即在印度佛教诸经论中,也有"心佛及众生,是三无差别""三界无别法,惟是一心作"等说法。那么,为什么说注重心性的唯心倾向,是中土佛性思想的一个特点呢? 此中之关键,在于如何看待中土佛教所说之"心"。毋庸讳言,由于中土佛教源于印度佛教,其思想内容乃至著述用语,多有沿用印度佛教者在,但是,作为中土佛教,它又多是通过中土僧人,根据自己的思维方法、心理习惯去理解、去接受、去表达的。这就常常导致外来宗教的走样与变形。中国历史上的"以玄解佛""佛教与黄老方技相通"的现象,都说明了这一点。天台与华严在对待"心"的问题上,亦有类似情况。他们所说的"心"虽然含有作为诸法本体的"真心""清净心"的意思,但是,不能否认亦在一定程度上指具体心。例如,天台所说的"觉心""众生心""一念心",就很难说丝毫不含有具体心的成分;至于华严宗,常常于理、事、本、末之外更立一

---

① 《华严经旨归》。
② 同上。
③ 《华严经探玄记》卷一。
④ 《答顺宗心要法门》。
⑤ 《大华严经略策》。

"心"，并且屡屡以"各唯心现""随心回转"说诸法相入相即、混融无碍，此"心"与"法性""真心"当有所区别。也就是说，华严宗所说的"心"既指"真心"又含有"具体心"的意思。虽然后来法藏曾把十玄中之"随心回转善成门"改为"主伴圆明具德门"，此中用心，也许是为了避免由于唯心倾向所造成的理论上的矛盾。但这正好从反面说明在法藏的思想中，唯心的倾向达到了相当的程度。澄观的这种唯心倾向则更进一步，他更倡"一心法界无尽缘起"，把世界万有归诸一心，曰"总统万有，即是一心"，并且用"灵知之心"来解释"本觉"，这就使"心"更具有具体心的意义。

　　如果说，天台、华严二宗把心具体化主要表现为一种倾向，那么，至禅宗倡"即心即佛"，把一切归诸自心、自性，心的具体化就被发展到一个新的阶段。也就是说，在天台、华严宗那里，心的双重性质主要表现为"真心"的基本内涵与具体心的倾向性的糅合，而在禅宗的佛性思想里，"心"虽然也有时被作为"真心"来使用，但就其基本内涵说，多指当前现实之人心。这一点我们在本文的第六章已作了具体论述，此不赘述。不过，有一个问题，在这里想顺便说及，亦即佛学界、学术界对这个问题一直有不同的看法，有人认为禅宗所说的心，主要指当前现实之人心，因而在论述禅宗的哲学思想时，认为其世界观归属是主观唯心主义；有人则认为慧能乃至禅宗所说的心，主要是指"真心"，而主张慧能的哲学思想属客观唯心主义。这里无意也不可能去评判两种说法孰是孰非，只是认为当前最主要的不是去评判讨论各种看法的是非得失本身，而是应该让各种看法及其根据充分地发表出来，共同把这个问题的研究不断推向深入。

　　在概括地描述了中土佛性理论如何通过天台、华严和禅宗把印度佛教性说的抽象本体属性逐步地转向当前现实之人心，进而倡自性菩提、体悟自心的基本线索之后，我们有必要进一步探讨一下造成这种转变的某些历史根据。这里着重看看中国传统的思想文化是如何影响中土佛性理论的。

相对于西方的思想文化更侧重于知识体系言,中国的思想文化自秦汉之后便注重人伦哲学、道德主体。而这与儒家思想在西汉被定为一尊又有直接关系。儒家学说在一定意义上可以被归结为道德哲学,它所研究的,正是作为道德主体的人以及人与人之间的相互关系,而当它研究作为道德主体的人以及人的道德的时候,则往往归之于心性。从《孟子》的"尽其心者知其性,知其性,则知天",到《中庸》的"天命之谓性,率性之谓道",从荀子的"心者道之工宰",到《大学》之"正心""诚意",无不由尽心见性以上达天道,由修心养性而转凡入圣。后来的中土佛性思想,从强调"真常唯心"到禅宗直接把抽象之本体诉诸当前现实之人心,抛弃纯思辨的系统探求而强调返回自我存在之主体,主张"明心见性"、追求自我之"主人翁",不论其思想内容或表达方式都无不打上儒家注重心性、强调道德主体的印记,从而把自己与印度佛教的强调抽象本体的佛性理论区别开来。

第二,中土佛性论的另一个显著特点是以"众生悉有佛性"的平等理论作为佛性学说的主流,这既与长期在印度流行的小乘佛教的否认众生有佛性的思想不同,又与大乘空宗的依空无我得解脱不同,而且与大乘有宗的五种性说有明显的区别。而造成这种差别的根本原因,则是当时中国的社会政治制度与思想文化背景。

中土佛性说自晋宋之际的竺道生首倡"人人悉有佛性",再经《大般涅槃经》的广泛流传之后,就进入一个以"众生悉有佛性"的思想为主流的新阶段。值得注意的是,晋宋之后的中国社会,正是等级森严的门阀制度兴盛的南北朝时期。在门第森严的现实社会制度下,却盛行"人人悉有佛性"的平等的佛性理论,从表面上看,这是一种反常现象,实际上,它不但合情,而且合理。说它合情,是因为人们在现实生活中饱尝等级森严的门阀制度之苦,自然会产生一种渴望平等的反面欲求,"众生悉有佛性"的理论恰恰迎合了这种欲求,给人一种虚幻的出路平等的精神慰藉,因此二者一拍即合,有情众生从平等佛性说中得到精神上的满足,平等佛性理论从备受等级之苦的众生那里获得了大量的信徒。说它合理,按照马克思主义的宗教学说,一切宗教理论都是现实生活的一个歪曲的反映,从不平等的社会现实中产生平等的宗教理论,这是完全合乎马克思主义的宗教学说的。

　　另外,平等的佛性理论在中国还有其传统的思想根据,中国历史上早有"涂人可以为禹""人人皆可以为舜尧"等说法,这种说法使人虽为涂人布衣,也不失去成贤作圣的信心和希望。表现在宗教上,则是虽为凡夫俗子,也想成菩萨作佛。他们热切希望佛国的大门能对一切众生敞开,地不分南北,人不分贵贱,对一切人悉皆平等。这种思想使得他们对佛经中关于"一切众生悉有佛性"之类的说法,不但容易信受,而且极表赞叹。实际上,即使佛经中原来没有"众生悉有佛性"的说法,他们也会千方百计地去创造,甚至采用微言大义的方法去发挥、编造出与此相类似的说法来。《大本涅槃经》传布之前,竺道生首倡"一阐提可以成佛"就是一例。可见,中土佛教中关于"众生有性"的思想,与其说来自印度佛教经论,毋宁说是源于中土僧徒的现实需要。

　　第三,与印度佛教修行讲繁琐仪式、解脱重历劫苦修不同,中土佛性思想在修行方法上多主简便易行。这也是中土佛性思想的一个重要特点,这个特点在中国化色彩更浓的天台、华严和禅宗比基本照搬印度佛教的法相唯识宗表现得更为突出。而从时间上看,越是往后的宗派,越提倡简易。禅宗以顿悟成佛见长,净土宗更以"易行道"自诩,把简易视为一宗思想之标识,而晚唐之后的中土佛教几乎是禅、净二宗之天下,这一史实又说明,简便易行的修行方法更适合中国的国情及中国人的思想方法,更富有生命力。

其实,中国人崇尚简易,在著述方面早已表现得非常明显。中国古代史上的多数思想家完全不像西方著作家那样喜欢有理论构架之鸿篇巨著,而是习惯于以语录、散文乃至诗句的形式去表达人生哲理。这种现象的普遍性,使得以抽象的理论思辨著称的德国古典哲学家黑格尔把中国古代哲学摒于世界哲学思想之外,这种看法无疑有其片面性,但从中可以看出古代中国人的思维方法。

从历史渊源看,中国很早就有"知简行易,以简则易知,易知则易能"和"乾以易知,坤以简能,易则易知,简则易从"等说法,这也说明崇尚简易的思维方法在中国有着悠久的历史。

除去思维方法的因素外,中国的晚唐五代之后的社会经济状况,也是以简易为特点的中国佛性思想所以能取胜的一个重要原因。怀则在《天台传佛心印记》中曾经指出:"始则安史作难,中因会昌废除,后因五代兵火,教藏灭绝,几至不传。"①也就是说,经过了安史之难,唐武宗、后周世宗灭佛,特别是五代的战乱,寺院经济遭受到严重破坏,佛教的经典文物也散灭殆尽,佛法几乎不传。在这种情况下,那种注重繁文缛节的修行方法已失去其客观的物质条件,因此,很难再有什么发展。于是,念几声阿弥陀佛便可往生极乐世界的净土信仰,但悟自心、直指便是的简便易行的修行方法,便取而代之。

第四,在修行方法上,中土佛性思想还有一个注重顿悟的特点。这个特点与中国古代注重直观的传统思想有关。中国古代的思想家,不像西方古代的思想家那样偏重于逻辑分析,而习惯作直观体会。早在我国战国时期的《庄子》就有"得鱼忘筌""得兔忘蹄"②之谈,至魏晋时期,此种"得鱼忘筌"的本体体会更成为一代风气,时僧竺道生因之而有

---

① 《大正藏》册四六,第 935 页。
② 《庄子·外物篇》。

"若忘筌取鱼,始可与言道"①的说法。到了禅宗,顿悟见性更成为一种最根本的修行方法。按宗密的说法,"经教是佛语,禅是佛意"。中土佛教之特点实在于禅,故自然多重会意顿悟,所谓阶级教愚之说、一悟得意之论,乃是中土佛性理论的一大特色。

第五,中土佛性理论还有一个突出的特点,就是注重现实,淡化世间与出世间的界限,以致最后把出世之佛教变成世俗化的宗教。

中土佛教从一开始就很注意中国的历史传统与政治现实。早在两晋时期,道安就敏感地意识到并明确地指出:"不依国主,则法事难立。"②其后的中土佛教就是基本上沿着"依靠国主"的道路走的,一方面接受统治者的支持和保护,另一方面为他们辩护和祝福。皇帝给他们寺院和庄园,他们为皇帝授菩萨戒;天子曰"我兴由佛法",佛教则把天子视为与佛并列之"至尊";现实政治给了佛教种种世外的特权,佛教寺院每烧香咒愿,先必为现实的政治制度祝福。马克思和恩格斯曾经指出:现实的封建国家制度是宗教的世俗基础,而宗教的教会组织则把"世俗的封建国家制度神圣化"③。中土佛性理论在这个问题上,比起遵从佛陀"不应参预世事……好结贵人"④遗训的印度佛教来,无疑前进了一大步。

在模糊世间与出世间界限,不断把佛教世俗化方面,中土佛性理论的特点表现得尤为突出。如果说禅宗的佛性理论是中土佛性理论的重要代表,那么,即世间而出世间则是禅宗佛性理论的一个重要特点。这个问题,我们在本文的第六章与第八章已有专文论述,此处不赘。这里所要做的,是进一步弄清楚这种思想借以产生和流传的社会历史背景。

① 《高僧传·竺道生传》。
② 《禅源诸诠集都序》卷一。
③ 《马克思恩格斯全集》第二十一卷,人民出版社,1965年,第545页。
④ 《佛遗教经》。

　　与西方文化相比,中国古代历史上的一切意识形态,都带有更浓的政治色彩。这种政治色彩主要体现为各种意识形态都与王道政治有密切的联系,即隶属于王道政治并为王道政治服务,而不是凌驾于王道政治之上。佛教亦是这样,其兴衰往往取决于王道政治的需要。当封建统治者觉得佛教学说对维护他们的反动统治有利的时候,他们可以不惜民力财力大兴佛教;当他们觉得佛教的发展影响或危及王道政治时,他们也可以毫不犹豫地通过政治的力量废而除之。这种社会背景,决定了中土的佛教徒们对当时帝王的服从,有时超过了对释迦牟尼的崇敬,其佛性理论也自然地要更多地考虑当时的现实政治的需要,而对佛教经论的有关思想采取"六经注我"的态度。

　　从中国的思想文化传统看,儒家从一开始就有一种重生轻死、重人间远鬼神的倾向,孔子就说过:"未知生,焉知死","未能事人,焉能事鬼"。道家也有"六合之外,圣人存而不论,六合之内,圣人论而不议"的说法。这种思想倾向使得中土人士对那种"专属死后"的"送死之教"很不以为然。他们指出:"要天堂以就善,曷若服义而蹈道? 惧地狱以敕身,孰与从理以端心?""是以周孔敦俗,弗关视听之外;老庄陶风,谨守性分而已。"[①]为适合中华民族的这种思想传统与心理习惯,中土佛性理论也不断地从出世间求解脱向不离世间求解脱方向发展,最后衍化为净宗的"要将秽土三千界,尽种西方九品莲"和禅宗的"一花一叶,无不从佛性中自然流出;一色一香,皆能指示心要,妙悟禅机"。

　　中土佛性理论的特点,除了以上所论列之外,还有与道家"物我齐一"相类似的无情有性思想,与"诚者天之道,诚之者人之道""太极混融""天人一合"等思想相近似的混融无碍思想,以"极高明而道中庸"以变通佛教,大力弘扬中道佛性说,等等。这一切都充分说明,中土的佛

---

　　① 《白黑论》。

性理论虽然所谈论的多属"高高在上"的佛国、虚无缥缈的佛性，但它的根源却在中国这块土地上，深受中国的政治制度、经济状况和思想文化传统、社会心理习惯的制约。恩格斯曾经指出："更高的即更远离物质经济基础的意识形态，采取了哲学和宗教的形式。在这里，观念同自己的物质存在条件的联系，愈来愈混乱，愈来愈被一些中间环节弄模糊了。但是这一联系是存在着的。"[1]

第三节　印度佛教的中国化与儒释道三教归一

我们在上面所论列的那些体现宗教学说现实品格的中土佛性论的特点，实际上都是印度佛性理论中国化的具体表现。但是，印度佛性理论的中国化，却远远不止这些，例如，我们并没有把慧远的法性论与梁武的真神论作为中土佛性论的一个重要特点来谈，但是六朝时代所流行的以神不灭义为佛法的根本义的思想，不仅是印度佛性理论中国化的表现，而且完全是一种中国化了的佛性理论。只是我们在"外来宗教与传统思想"一节中已作了专文论述，故于此不复赘言。

对于印度佛教中国化的问题，如果我们把它放到更大的范围内去考察，就会发现，佛教中国化的进程，实际上从佛教传入中土之后就开始了。东汉人之看佛教，多视之为神仙方术。本来与升仙羽化格格不入的涅槃，被说成"炼精神而不已，以至于无为，而得为佛"[2]；以空、无我等为根本义而立教的佛陀自身，被描绘成"项中佩日月光，变化无方，无所不入"[3]，"能小能大，能圆能方，能老能少，能隐能彰，蹈火不烧，履刀

---

[1] 《马克思恩格斯选集》第四卷，第249页。
[2] 《后汉纪》。
[3] 同上。

不伤"①的神人。阿罗汉也成为"能飞行变化，旷劫寿命，住动天地"②之仙家者流。进入魏晋之后，以智求度的般若学，成为清谈家游神玄谈之助资，在时代精神之影响下，均以保全性命、向往山林为旨趣。以"济度众生"为宗旨的大乘出世精神，一变而为避世幽栖，林谷是托，以求"苟全性命于乱世"的极端利己主义。当时有些僧徒们表面上淡泊清高，"门前扰扰，我且安眠；巷里云云，余无警色"③，"凭怪石而为枕，因沧浪而洗足"④，实际上却"身在山林，心存魏阙"，至隋唐更一反释迦"不应参预世事，好结贵人"之遗训而直接投靠朝廷，以求得"国王"之保护，并借此振兴宗派。在对待佛教义理方面，自宗派佛教出现之后，各宗多另辟蹊径，自造家风，以"六经注我"之精神"说己心中所行之法门"。天台宗以"性具善恶"的佛性理论和止观并重的修行方法，一改佛教关于佛性至善的传统说法和南尚义理、北重禅定的分裂局面，建立了第一个具有中国特色的统一的佛教宗派。其"五时""八教"说更是别出心裁，自成系统，以自家的理解，对释迦一代说法进行重新编排，天台宗之不依经教精神，使得有人责备它改变了印度佛教的本来面目。华严宗在糅合百家、兼收并蓄方面比天台宗走得更远，它以"圆融无碍"理论为法宝，调和了中土佛教史上"众生有性"说与"一分无性"说的尖锐对立，使它们各得其所。根据《大乘起信论》"心造诸如来"及心具真如、生灭二门，真如具不变、随缘二义，阿赖耶识有觉与不觉二重含义等思想，华严宗改变了《华严经》以"法性清净"为基础说一切诸法乃至生佛之平等无碍，从而使中土佛性论的唯心论倾向更加明朗，为以心为宗本的禅宗的产生与发展铺平了道路。而作为中土佛教之代表的禅宗，更是把佛陀

---

① 《牟子理惑论》。
② 《四十二章经》。
③ 《广弘明集》卷二四。
④ 《广弘明集》卷二九。

的本怀与儒家的心性学说直接结合起来,倡直探心源,由超佛之祖师禅、越祖之分灯禅,对传统的佛教与佛教之传统进行革命性的改造。至此,印度佛教的中国化已发展成中国化的佛教。

以上所说印度佛教的中国化,从特定的角度看,是中土对佛教采取一种"积极"态度的结果。所谓"积极"亦即对佛教采取接受、吸取、融合、消化的做法。但是,佛教输入中土后,所碰到的却并非尽是礼遇,而是经常遭到抵制、敌视、排斥乃至取缔。历史上反佛事件不胜枚举,统治当局出面沙汰僧尼、消减寺院的事屡屡发生。佛教史上更有"三被诛除,五令致拜"①一说,这一切都说明佛教在中土的流行传布并不是一帆风顺的。由于这个问题不是本书主要探讨对象,故不拟详述。这里主要想通过佛教传至中土后,与中国的儒家思想及土生土长的道教之间的相互关系,看看宗教思想的现实品格,以及隋唐之后中国思想文化的发展趋势。

儒、释、道三教之间的相互关系,是既互相排斥,又互相吸收,既互相斗争,又日趋融合。具体点说,佛对于儒,力求靠拢、迎合;释、道之间有排斥,有吸收。

从三教的思想内容看,儒以人伦五常为根本,故常常站在维护封建伦理纲常的立场上,指责佛教"脱略父母,遗蔑帝王,捐六亲,舍礼义"②,从而使得"父子之亲隔,君臣之义乖,夫妇之和旷,友朋之信绝"③,把佛教视作"入国而破国,入家而破家,入身而破身"④的洪水猛兽。

其次,儒家还从维护王道政治的立场出发,指责"浮屠害政""桑门蠹俗"。他们力陈佛教对王道政治之危害,或曰,唐虞无佛图而国安,齐

---

①　详见《广弘明集》卷二五。
②　《广弘明集》卷七、卷一五。
③　《广弘明集》卷一五。
④　《弘明集》卷八。

梁有寺舍而祚失①，或曰"三王无佛而年永，二石有僧而政虐"②，"天皇地皇之世，无佛而祚延；后赵后魏已来，有僧而运促"③，指出沙门"无益于时政，有损于治道"④，是五横之一，认为"损化由于奉佛，益国在于废僧"⑤。

另外，儒家还从夷夏之防、华戎之辨的角度，指出佛生西域，教在戎方，化非华俗，故应尽退天竺，或放归桑梓。他们认为，华戎二个民族禀性不同，华人"禀气清和，合仁抢义，故周孔明性习之教；外域之徒，禀性刚强，贪欲忿戾，故释氏严五戒之科"⑥。《三破论》更视佛教为三破之法，认为此三破之法"不施中国，本正西域"，因为"胡人刚强无礼，不异禽兽"，故兴此教"欲断其恶种"⑦。这些说法，显然带有民族偏见，但儒家正是利用中国历史上有夷夏之防的传统，达到他们抵制、排斥佛教的目的。

总之，儒家之反佛，多以上述三个方面，亦即伦理道德、王道政治、夷夏之辨为根据，而这三个方面实正是中华民族之社会政治制度、思想文化传统、民族心理习惯之特点所在，因此，迫使佛教徒必须对这些根本问题作出较圆满的解释和回答，才能避免被摒弃之命运。释对儒之斗争，大多表现为这种自卫性的辩白与辩白性的自卫，同时在自卫中伺机反击。其反击手段又多采用以儒家之经籍典故为武器，回敬儒家之诘难指责，最后又以儒典系济俗为治、止及一世之方便说，而释教乃关无穷之业、探性灵之幽奥、显性命之本原之究竟义之划分，判儒为权便

---

① 《广弘明集》卷一五。
② 同上。
③ 《广弘明集》卷一二。
④ 《弘明集》卷六。
⑤ 《广弘明集》卷一五。
⑥ 《弘明集》卷八。
⑦ 同上。

而释为真实,以显释教比儒教高出一头。

对于儒家关于佛教有乖人伦五常的指责,佛教以在家出家、方内方外分而辨之,曰,在家处俗"则是顺化之民,情未变俗,迹同方内,故有天属之爱,奉主之礼","出家则是方外之宾,迹绝于物。其为教也,达患累缘于有身,不存身以息患;知生生由于禀化,不顺化以求宗"。因此"皆遁世以求其志,变俗以达其道。变俗则服章不得与世典同礼,遁世则宜高尚其迹"①。也就是说,在家奉法,乃是顺化之俗民,故应有父子之亲、君臣之礼,出家乃方外之宾,其旨在体极求宗,而求宗则不应存身顺化,故应遁世变俗,去世俗之恩爱礼义。他们还常常以释典也有奉亲尊师敬君之教,说明在家处俗,自不妨事亲奉主,尽孝致敬,并说:"孔以致孝为首,则仁被四海;释以大慈为务,则化周五道。"②认为儒教重孝与释教大慈乃殊途而同归。另一方面,他们又以出家修道如能有成,则"道洽六亲,泽流天下,虽不处王侯之位,亦已协契皇极,在宥生民"③,说明"内乖天属之重,而不违其孝;外阙奉主之恭,而不失其敬"④,把在家出家、方内方外给统一起来。

对于儒家关于佛教"有损国治"的指责,佛徒多以释教之去杀劝善等教义,将使民淳政和,有以佐教化,可以利国治来说明。对于"有僧政虐"等说法,他们多引用历史典故以驳斥,如指出"周斩纣首,岂见佛经,秦坑儒士,非关释化,礼崩乐坏,未睹浮图,战国无主,何关僧伪"⑤等等。在夷夏之辨问题上,佛教徒多用儒家所推崇之圣贤不乏出自外族之人,以反击儒家。如指出:"禹生西羌,舜生东夷,孰云地

---

① 《弘明集》卷五。
② 《广弘明集》卷一八。
③ 《弘明集》卷五。
④ 同上。
⑤ 《广弘明集》卷七。

贱而弃其圣？丘欲居夷，聊适西戎，道之所在，宁选于地？"①"由余出自西戎，辅秦穆以开霸业；日碑生于北狄，侍汉武而除危害……何必取其同俗而舍于异方乎？师以道大为尊，无论于彼此；法以善高为胜，不计于遐迩。"就地域而言，佛教徒还以中国历史上之伊洛本夏、吴楚翻成华邑为例，说明夷之与夏并非一成不变，指出："四海之内，方三千里，中夏所据，亦已不旷。伊洛本夏，而鞠为戎墟；吴楚本夷，而翻成华邑。造有运流而地无恒化。"②佛教徒的这些反驳，显然具有一定的说服力，而且在一定程度上还纠正了以地理论法之高下，以种族论人之优劣的偏见，这对于扫清佛教在中土流行传布道路上的障碍无疑起了一定的作用。

完成了对儒家责难的答辩之后，佛教徒们更起而反击。他们认为，儒家学说本在济世治俗，未能探性灵之真奥，只是世间之善，不能革凡成圣。因此，儒家与佛教相比，有如萤烛之与日月，燕鸟之与凤凰。慧琳的《白黑论》引释者之话说："周孔为教，正及一世，不见来生无穷之缘……视听之外，冥然不知，良可悲矣。释迦关无穷之业，拔重关之险，陶方寸之虑，宇宙不足盈其明；设一慈之教，群生不足胜其化……先觉翻翔于上世，后悟腾骞而不绍，坎井之局，何以识大方之家乎！"③南朝宋文帝也引范泰、谢灵运的话说："六经典文，本在济俗为治耳，必求性灵真奥，岂得不以佛经为指南邪！"④三度舍身入寺为奴的梁武帝也说："道有九十六种，惟佛一道为正道……老子、周公、孔子……止是世间之善，不能革凡成圣。"⑤《弘明集》《广弘明集》中收

---

① 《弘明集后序》。
② 同上。
③ 选自《宋书·天竺迦毗黎传》。
④ 《弘明集》卷一一。
⑤ 《敕舍道事佛》。

集了许多佛教徒对于儒家的驳斥与批评。他们或者明言声称："劝善进德之广，七经所不逮，戒恶防患之深，九流莫之比"①；"孔老设教，法天以制，不敢违天，诸佛说教，诸天奉行，不敢违佛"②；或者嘲笑孔子之逝川之叹是"不悟迁流"，乃"方内之至谈，非逾方之巨唱"③。总之，周孔之教乃方内济俗之方便说，唯有佛教，才是直探性灵幽奥之真实说、革凡成圣之究竟义。

　　与儒释的相互关系比，佛教与道教之间的对立和斗争更为激烈。这一方面由于道教不像儒家学说那样是一种根深蒂固的民族思想传统，因此，与之对立，并不会直接危及佛教在中土的存在和发展；另一方面，在思想内容上，佛教与道教在许多基本观点上是直接对立的。例如："佛法以有形为空幻"，"道法以吾我为真实"④；"释氏即物为空，空物为一，老氏有无两行，空有为异"⑤；道"有外张义"，释"即色图空"⑥；老"自然之化"，佛"因缘而生"⑦；释称"涅槃"，道言"仙化"；释云"无生"，道称"不死"⑧；等等。佛教徒往往抓住释道二教的这些思想差异，抨击道教浅陋低劣，"非道之俦"。对于《老子》五千文及《庄子》一书，佛教徒尚能手下留情，至于三张、葛洪之道术、仙教，佛教徒直斥之为"鬼道""伪法"，并力图把道教与道家分裂开来，指出"仙教非道""服法非老"，以求给道教以更沉重、更彻底的打击。

　　道教之反佛，则或直接与佛教斗法，或请出老庄，用道家思想与佛教学说相抗衡，更多的则是投靠朝廷，通过政治力量，打击佛教。北朝

---

①　《广弘明集》卷一四。

②　同上。

③　《广弘明集》卷八。

④　《与顾道士书》。

⑤　《白黑论》。

⑥　《广弘明集》卷八。

⑦　同上。

⑧　《弘明集》卷七。

两次毁佛,皆以道教的神仙派为主谋者,例如北魏的寇谦之与北周的卫元嵩,均为道家。

总之,佛教作为一种外来宗教,在传入中土之后,曾遭到中国的传统思想、王道政治、民族心理习惯等因素的顽强抵抗与强烈排斥,为了确保自己能在异国的土壤中扎下根来,中国佛教就不能不部分地改变佛教之印度面目,力求符合中国封建王权的要求,以图自身的生存与发展,这也许是中土佛性理论拥有诸多现实品格的另一个社会根据,亦即反面的根据。

儒释道三教之间的相互斗争,在思想领域中又表现为这样一种情形:一方面,儒者和道士们为了有效地抵制、排斥佛教,确保自己在斗争中取胜,就努力学习佛法;另一方面,佛教徒们为了对付儒道二教的攻击,使自己站住脚跟并取得发展,就用心研究儒典、道书。在斗争方法上,三者又都采取既把对方视为异端邪说,贬得毫不足取,又自觉不自觉,私下或公开地从对方学说中吸取对自己有利的东西来丰富、充实和完善自己,力求使自己成为一个既包含对方,又超出对方的庞大的宗教学说或思想体系。这样一来,中土思想文化的发展就表现为三大思想潮流之间既互相排斥,又互相吸收,既相互斗争,又相互融合,并且由总体上的互相排斥、斗争,逐渐走向三教合一的局面。

如果说,三教合一成为一种时代的潮流,是隋唐之后的事,那么,三教一致的思想,在汉魏时期就早已存在,《后汉书》《弘明集》和《广弘明集》记录了许多三教之间互相斗争的情况,也载有不少僧人文士关于"三教共辙"的论述。

佛教在刚传入中土的时候,就曾被视作神仙方术的一种,而道教在创立的过程中,也曾利用佛教的某些教义、仪轨来编造道教的教义和科仪。因此,其时浮屠、黄老曾并称,汉光武的儿子楚王英"喜黄老学,为浮屠斋戒祭祀"①,汉明帝在给楚王英的诏书里也说"楚王诵黄老之微言,尚浮屠之仁祠"②,襄楷在其给桓帝的上书中也说"又闻宫中立黄老浮屠之祠"③,仍将黄老与浮屠等同看待。其时之《牟子理惑论》还从思想内容方面指出了佛教与儒、道并不相悖,而是多有相通契合处。如它指出,佛教是"导人致于无为",主张"恬淡无欲",与道家一致;佛道"居家可以事亲,宰国可以治民,独立可以治身"④,与儒家是一致的。进入魏晋之后,佛教转而依附玄学,其时之僧徒,多擅长文辞,旁通世典,士大夫亦兼习佛理,通达释教。般若理趣,同符老庄,而名僧风格,又酷肖清流。此时之许多文人学者、名僧道士,站在不同的立场上,从不同的角度,阐发了大量三教一致的思想。

晋之著名文学家孙绰已有儒释一致之论,在《喻道论》中,他说:"周孔即佛,佛即周孔,盖外内名之耳……佛者梵语,晋训觉也,觉之为义,悟物之谓,犹孟轲以圣人为先觉,其旨一也,应世轨物,盖亦随时。周孔救时弊,佛教明其本耳。共为首尾,其致不殊。"⑤北周道安的《二教论》载东都逸俊童子的话说:"三教虽殊,劝善义一,教迹虽异,理会则同。至于老嗟身患,孔叹逝川,固欲后外以致存生,感往以知物化,何异释典之厌身无常之说哉!"⑥东晋道安的弟子慧远亦曾论及三教始异终同。在《答何镇南难袒服论》中,慧远说:"道训之与名教,释迦之与周孔,发致虽殊,而潜相影响;出处诚异,终期则同。"只是由于"妙迹隐于常用,指归昧而难寻,遂令至言隔于世典,谈士发殊途之论"⑦。与慧远同时之

---

① 《后汉书·楚王英传》。
② 同上。
③ 《后汉书·襄楷传》。
④ 《弘明集》卷一。
⑤ 《弘明集》卷三。
⑥ 《广弘明集》卷八。
⑦ 《弘明集》卷五。

宗炳在《明佛论》中更明言："孔、老、如来，虽三训殊路，而习善共辙也。"①

　　进入南北朝之后，三教一致的思想有增无已。南朝名僧慧琳著有《白黑论》，评论三教之异同。文章最后说："但知六度与五教并行，信顺与慈悲齐立耳。殊途而同归者，不得守其废轮之辙也。"②一生历宋、齐、梁三朝之著名文学评论家刘勰也有"孔释教殊而道契"③之说。刘宋时代之官僚周颙则明言："吾则心持释训，业爱儒言。"④南齐名士张融更认为佛与道在根本思想上是一致的，并要人在他死后让他"左手执《孝经》《老子》，右手执《小品法华经》"⑤，表示应三教并重。

　　六朝时期之文人名士、佛徒高僧关于三教一致的思想，在《弘明集》《广弘明集》中俯拾即是，这里不一一赘举。

　　其次，我们从道教方面，看看他们是如何看待三教一致的。此时之道教徒，较著名的有葛洪、寇谦之、陶弘景等，统而言之，三者都有三教一致的思想。分而言之，则寇谦之、葛洪是既倡修生，又主匡世之人，陶弘景则援佛入道，融合儒道。葛洪的《抱朴子》是一部把儒之应世与道之养生熔为一炉的代表作。在他看来，应世与修生不但不相违背，而且相辅相成。他认为："若悉弃妻子，独处山泽，邈然断绝人理，块然与木石为邻，不足多也……若幸可止家而不死者，亦何必求于速登天乎！"⑥"古人多得道而匡业，修之于朝隐，盖有余力故也。何必修于山林，尽废生民之事然后乃成乎！"⑦寇谦之与葛洪一样，也是一个"儒道兼修"的

----

① 《弘明集》卷二。
② 《宋书·天竺迦毗黎传》。
③ 《弘明集》卷八。
④ 《弘明集》卷六。
⑤ 《南齐书·张融传》。
⑥ 《抱朴子·内篇·对俗》。
⑦ 《抱朴子·内篇·释滞》。

积极提倡者。他为了以儒家"佐国扶民"的思想来改造民间的原始道教,曾请求崔浩在这方面给以帮助,据《北史》载:"天师寇谦之每与浩言,闻其论古兴亡之迹,常自夜达旦,竦意敛容,深美之……因谓浩曰:'吾当兼修儒教,辅助太平真君,而学不稽古。为吾撰列王者政典,并论其大要。'浩乃著书二十余篇。"这是寇谦之引儒入道、倡儒道结合之一明显事例。与葛洪、寇谦之重儒道融合相比,陶弘景则在倡儒道双修基础上,又重融合佛道,在所作之《茅山长沙馆碑》里,他说"百法纷凑,无越三教之境",意谓三教均有理,无须重此轻彼。他著《真诰》,将轮回转业说引入道教,朱熹说其中之《甄命篇》却是窃佛家《四十二章经》为之[1];另外的几篇,如《运题象》中有"芥子忽万顷,中有须弥山"[2],《协昌期》及《阐幽微》记有酆都及鬼官之事,亦是从佛之地狱说而来。据《广弘明集》记载,陶弘景与冲和子隐居"常以敬重佛法为业,但逢众僧,莫不礼拜,岩穴之内,悉安佛像,自率门徒受学之士,朝夕忏悔,恒读佛经"[3]。至晚年,陶弘景崇佛愈甚,本传记载他曾梦见"佛授其菩提记云,名为胜力菩萨。乃诣鄮县阿育王塔自誓,受五大戒"[4]。临死时,又遗嘱"冠巾法服……通以大袈裟,覆衾蒙首足……道人、道士并在门中,道人左,道士右"[5]。这一切都说明陶弘景是一个儒、道、释三教并重之人。

对于六朝道士之援佛入道,融合佛、道之事,《广弘明集》载当时僧人的话说:"自名道士,而实是学佛家僧法耶。学佛不专,盖是图龙画虎之侔耳,何不去鹿巾,释黄褐,剃发须,染袈裟而归依世尊耶?"[6]意谓道

---

① 《四库全书总目提要》。
② 《南史·陶弘景传》。
③ 《广弘明集》卷一三。
④ 《正史佛教资料类编》卷二。
⑤ 同上。
⑥ 《广弘明集》卷八。

士学佛往往学走了样。实际上,这是情理中事。道士学佛,自与僧人学佛有所不同,若完全一样,则道士亦不成其为道士了。既学又走样,这才是道教吸收、融合佛教的具体表现。

六朝时期之儒、释、道三教之互相吸收、融合,至隋唐进入了一个新的阶段。隋唐二代之统治者,虽然出于各方面的原因,对三教并非无所抑扬,但总的来说都采取兼收并蓄的态度。隋炀帝之崇佛,见之于史传,众所周知,但他也没有全然废弃儒、道。他居东西两都或出游时,常有僧尼、道士、女官随从,称为四道场。李唐一代,由于据说李氏乃柱下之后嗣,故特重道教,但唐代统治者亦没有因此全然废弃儒、佛二教。唐太宗乃一代有为之君,但他对佛教又十分崇敬。他为玄奘之译经作序,玄奘得序后,称颂他一番,他便下敕答谢,曰:"……于内典,尤所未闻。昨制序文,深为鄙拙!惟恐秽翰墨于金简,标瓦砾于珠林!忽得来书,谬承褒赞,循环省虑,弥益厚颜,善不足称,空劳致谢。"[①]不管唐太宗对于佛教的崇敬是出于真心,还是出于利用,他的这种态度,客观上抬高了佛教的地位,为佛教的传布与发展起了推动作用。唐代诸帝,虽然有时扬道抑佛,有时扬佛抑道,但其所谓扬,只是让所扬之教凌驾于诸教之上,并非独尊一家,而其所谓抑,也只是把它的位次摆低一些罢了,并没有全然废除(武宗灭佛,则另当别论)。

本来,儒家思想是中国的传统思想,特别在汉武独尊儒术之后,儒学更上升为社会的统治思想。但是降至东汉末年之后,由于经学自身走入了死胡同,加上当时政治形势等原因,出现了儒学衰、玄学盛的局面,在整个六朝时代乃至隋唐,儒学都不是显学,仅仅由于它是一种传统的思想文化,深深地扎根于这块土地,对于中华民族,特别是封建士大夫的思维方法及心理习惯的影响是根深蒂固的,加之,它是王道政治

---

① 《广弘明集》卷二二。

及宗法制度的理论支柱和思想基础,因此,在佛道盛行的几百年时间内,始终没有被吞并掉,而是作为一股强大的社会思潮潜伏着,当唐代的韩愈提出恢复儒家道统之后,就出现了一种复兴的势头。这时在中国土地上的几个强大的思想文化系统,面临着一场殊死的决战。三教中的有识之士,都站在维护本教的立场上,一方面高唱三教一家,另一方面极力抬高自己,并伺机吃掉对方。道教在"红花白藕青荷叶,三教原来是一家"口号下面,没有放松对儒、佛的攻击和排斥,力图确保或夺回它高居于儒、佛之上的地位;佛教则在加快统一内部的禅教合一步伐的同时,进一步通过权实、方便究竟等说法,把儒、道二家变成隶属于其真源之究竟教的权便说。而儒家凭借着自己在中华民族的心理习惯、思维方式等方面的根深蒂固的影响,以及王道政治与宗法制度的优势,自觉或不自觉,暗地里或公开地把释、道二教的有关思想内容渐渐地纳入自己的学说体系与思维模式之中,经过唐朝五代之酝酿孕育,至宋明时期终于在融摄释、道二教的基础上,建立起一个冶儒、释、道于一炉,以心性义理为纲骨的理学体系。

那么,儒家是怎样融摄释、道二教的?它吸取和糅合了释、道二教的一些什么思想,以及是如何吸取的?换句话说,作为三教合一产物的宋明理学,究竟如何攫取及摄取了多少释、道二教的有关思想呢?这个问题是中国古代思想史研究中的一个大题目,于此,不可能对它进行全面探讨和论述。这里所要做的,是结合本文的主题,具体探讨一下中国佛教的佛性理论是如何影响唐代之后儒学的发展方向的,并从中看看中国佛性理论在中国古代思想发展史上的地位和作用。

要探讨唐宋时代儒学与中国佛性理论的相互关系,研究这一时期儒学的发展方向,唐代著名思想家李翱的《复性书》是一部特别值得注意的著作。《复性书》三篇,上篇总论性情及圣人,中篇评论修养成圣之方法,下篇勉人修养之努力。全书以恢复孔孟道统为己任,以《周易》

《大学》《中庸》为要典,以开诚明、致中和为至义,以去情复性为旨归,以弗思弗虑、情则不生为复性之方。从表面上看,该书所据均儒典,所语亦多属儒言,其目的也在于恢复孔门道统,但是,如果不是停留于表面去考察,而是深入思想内部,人们就不难发现,该书之思想旨趣乃至表达方式,与中国佛教的佛性理论,多有相近或相通之处,以至于从某种意义上可以说,《复性书》是以儒家的语言,讲佛教的佛性理论。

在本文的开头及上面各章,我们已经指出,所谓佛性理论,乃是一种研究佛之本性及众生能否成佛的理论,其中,众生如何转凡入圣是中心的一环。在这个根本性的问题上,中国佛性论自隋唐之后,表现出一种注重心性的唯心倾向,亦即日愈把佛性归诸心性,把成佛诉诸反悟自心、了见自性。而所谓反悟自心、了见自性,亦即体悟众生之本性,发现自我之本来面目。他们认为,众生自性,本来与佛无异,只是由于无明蔽障,迷妄不觉,才"不识庐山真面目",沦为凡俗众生,备受生死之苦;如果能反观心源,悟见自性,则可转凡入圣。这种理论的主要特点之一,是把佛的本性变成人的本性,从而使人的本性变成佛的本性;把佛性论变成人性论,从而使人性论变成佛性论。中国佛性论的这一特点,显然受到中国传统的人性理论的影响,但自隋唐之后,它又反过来影响中国的人性理论,这种影响首先体现在李翱的复性论上。

李翱复性论的思想旨趣,在于教人如何成贤作圣。他认为,"人之所以为圣人者,性也",但"性"又非为圣人所独有,而是一切众生皆悉具有的。圣人与凡夫的区别不在于"性之有无,而在于圣人得天命之性,而不为情所惑",百姓则溺于情,"而不能知其本"。

在李翱看来,凡夫百姓虽有天生的至纯至善的本性,但由于常常被七情六欲所迷惑,故致昏而终身不能自睹其性,这有如水性清澈,由于夹杂了污泥沙石,故浑浊不堪。倘若"沙不浑,斯流清矣",圣人则是这样,他们不为凡情所惑,故性常清明。而要怎样才能达到不为凡情所惑呢？李翱认为最基本的方法是"弗思弗虑""动静皆离"。只要弗思弗虑，情则不生，情不生则无以惑其性；动静皆离，寂然不动是至诚也。既至诚则不但可以"尽人之性"，而且可以"尽物之性"。最后"赞天地之化育"，"与天地参矣"，此亦即复其天命之本性也。李翱的这种复性论，与天台、华严二宗的反观心性和妄尽还源的佛性论简直没有多少差别，而与禅宗的佛性说修养方法更是如出一辙。如果把李翱上面的那些论述，与禅宗的有些话略加比较，除了文字上略有差异外，从思想内容到思想方法都几无二致。慧能就曾说，佛性之于一切众生悉皆平等，而且本性常清净，这有如天常清，日月常明，只因浮云盖覆，故自性不得明朗，若遇风吹云散，则上下俱明。而所谓浮云者，亦即妄念著相。如果能离相无念，则能顿见自心中真如本性。李翱的复性论除了把禅宗的"离相"改为"去情废欲"，把"无念"改为"弗思弗虑"，把真如本性、佛性改为"天命之性"外，就很难再找到它与禅宗佛性思想的区别了。难怪韩愈有"吾道萎迟，翱且逃矣"之叹，并说："今之言性者，杂佛、老之言道。"宋石室祖琇禅师也说，"习之《复性书》，盖得之于佛经，但文字援引为异耳"。

改佛教的"无明""妄念"等名相为邪情人欲，易佛教之佛性为天命之性，进而在反佛的旗号下，偷运佛教之佛性理论以建立去邪情人欲，复天命之本性的人性理论，这不但是李翱复性论之根本特点，也是隋唐之后儒家伦理哲学的基本发展方向。

宋明理学的思想旨趣，在一定意义上，可以用"存天理，去人欲"一言以蔽之。这种思想的学术渊源，从儒学系统看，系得之于以恢复《语》《孟》《学》《庸》为己任的李翱复性论，但正如李翱复性论本身就是融合佛教佛性论的产物一样，宋明理学的人性论，实多借助于佛教之佛性理论。

宋儒自濂溪以降，一变罕言性与天命之儒家传统风格，易之以天人合一的宇宙观和形而上学的本性论为根据,建立一个人生哲学的新体系。这个新体系以周敦颐把天道伦理化和把伦理天道化的《太极图说》为肇端,以张载之天地、气质之性说为构架,大成于程朱之天理人欲之辨。

周子之《太极图说》,虽就其主旨言,是在"明天理之本源,究万物之始终",但落点却回到人、人性、人伦道德之常现。他"推明天地万物之源"的目的,是为了说明道之大源出于天,而他把天道伦理化的目的,却是为了把伦理天道化。这与隋唐佛性论把佛性人性化,从而使人性佛性化所走的是同一条路。周敦颐在《太极图》中所描绘的宇宙生成、万物化生的图画,也多是糅合佛、道二教的有关思想而成,而他的人性理论更援佛、老以入儒,把无极之真,注入人的灵魂,成为人的本性。就《太极图》说,它本身就来自道教的"太极先天之图",而文中所论及的宇宙万物乃至人类形成的理论,更与唐朝名僧宗密站在佛教立场上宣扬三教一合的《原人论》相仿;而"无极之真"一词,也直接来源于唐僧杜顺的《华严法界观》;就修养方法说,其"立诚""主静",更带有面壁禅定、虔诚祈祷的色彩。

张载之天地、气质之性说向来被看作宋明天理人欲说之嚆矢,而张载之曾经出入老、佛也是史学界所公认的,吕大临在《横渠行状》中曾说:"释、老之书,累年尽究其说,知无所得,反而求之'六经'。"说张载深究佛书,这是事实,但说他无所得,则与张载之思想实际不尽相符。张载所谓"性之于人无不善,示其善反不善而已","善反则天地之性存焉",这个论点与李翱的复性论乃至佛教之反观自性说就多可相通,而他的变化气质,进而开通气质之闭塞,"反本尽性","达于天道,与圣合一"的修养论,与佛教之断除烦恼业障,进而证真成圣的修养论也不无契合之处。

程朱之受佛性论的影响,则较横渠更明显。二程自己曾说,"出入释、老者几十年"，而且对释氏之学颇推崇。当有人问及庄周与佛比如何时，伊川曰："周安得比他佛，佛说直有高妙处，庄周气象大都浅近。"①他们还说："释氏之学，又不可道他不知，亦尽极乎高深。"②嘉泰普灯曾说："程伊川问道于灵源禅师，故伊川为文作书，多取佛祖辞意。"程伊川自己也直言不讳："学者之先务，在固心志，其患纷乱时，宜坐禅入定。"这一切都说明二程对佛教颇推崇，与佛教关系很密切。

朱子与佛教关系之密切，对佛学之推崇，并不亚于二程，他曾跟从宗杲、道谦几位禅师学道，对此朱子本人自认不讳："少年亦曾学禅"，"某于释氏之说，盖尝师其人，尊其道，求之切至矣"，等等。

程朱之与僧徒交游，师其人，尊其道，这在一定意义上说还不是最主要的，重要的是，程朱的伦理哲学的许多根本点与佛教的佛性理论多可相通。一者，程朱所说之"天理""天命之性"，实是释氏所言佛性的变化说法。如果说唐宋时期佛性论所说的佛性多是披上一层佛性外衣的人性、心性，那么，程朱所言之"天理"和"天命之性"则是一种天道化了的道德本体。外表虽有所不同，内容则无根本差别。其二，程朱所言之人物天地同一本性之天人合一思想，实是释教自性是佛的异说。朱熹注《中庸》"博厚配地，高明配天，悠久无疆"文曰"此言圣人与天地同体"，"此谓宇宙大化之道体，与圣人之性体乃同一本体"；注《中庸》"惟天下至诚为能尽其性"文曰"人物之性，亦我之性"，是指人物与我同一本性。这些说法，与禅宗所说之自性是佛，莫向性外四处寻觅等，实质是一样的。其三，程朱所言之"尽性知天"等说，与禅宗所说之见性成佛，亦有异曲同工之妙。朱熹注"致中和，天地位焉，万物育焉"文曰："盖天地万物同吾一体，吾之心正，则天地之心正焉；吾之气顺，则天地

---

① 《二程语录》卷一七。
② 《二程语录》卷九。

之气顺矣。故其效验至于如此。此学问之极功,圣人之能事,初非有待于外,而修道之教,亦在其中矣。是其一体一用,虽有动静之殊,然必体立而后用有以行,则其实亦非有两事也。"可见,程朱之学"皆反诸身心性情"。这与禅宗之反悟自心、见性成佛实很难找出其中之差别,至于理学家所说之于静中体认大体未发时气象分明,更类禅家返照直指本心。其四,程朱所谓圣人只是教人"存天理,去人欲"等说,实是佛家去妄证真说之翻版。明清之际的思想家王夫之曾一针见血地指出:朱子"合下连根铲去"之说,"释氏所谓折服现行烦恼,'断尽根本烦恼'之别尔"。①

理学与佛学之相同相通处,如果企图通过这种逐条对照的方法把它全部罗列出来,几乎是不可能的。这里所以举了几个宋明理学与佛性理论相交涉融会的例子,仅想借此说明以修心养性为纲骨之宋明伦理哲学,与佛家之"明心见性"的佛性理论,说法虽有异,而本质实无殊。在一定意义上甚至可以说宋明理学是一种心性之学。当然,如果仅就程朱理学言,似还不能完全得出这个结论,因为,在伊川、朱子的思想中,在对待心性问题上与禅宗是存在差别的。禅宗之谈心性,完全视二者为一物,认为三世诸佛,密密相传,便是要悟此心之本来面目,但程朱对心性却另有说法,他们认为,在未生之前,可谓之性,却非有心,心属气,性属理,心性非为一物,此一分别,把程朱理学与禅宗佛性学说的差别给显示出来了。但是,这个差别却没有使理学与禅学分道扬镳,因为陆王心学很快就弥合了这一裂痕。

陆象山对朱子学有叠床架屋之嫌,他主张把理、性等归诸一心。其兄陆复斋在鹅湖之会前有诗云"古圣相传只此心",象山以为未尽是,和诗云"斯人千古不磨心"。此心千古不磨,即是历劫长存。在《杂说》中

---

① 《读四书大全说》,中华书局,1975 年,第 406 页。

陆说："千万世之前，有圣人出焉，同此心，同此理也；千万世之后有圣人出焉，同此心，同此理也；东南西北海有圣人出焉，同此心，同此理也。"又曰："心，一心也；理，一理也。至当归一，精义无二。此心此理，实不容有二。故孔子曰：'吾道一以贯之'，孟子曰：'夫道一而已矣'。"这里所说"至当"，亦即佛家"究竟"义，而所谓即心即理，实禅宗之即心即佛。字眼有殊，实质无异。后来，王阳明进一步发展象山心学，倡鸟啼花笑、山峙川流皆吾心之变化，主张良知生天生地，成鬼成帝，是造化之精灵、万物之根据，把心学更推至极端，而与禅宗绝对唯心论相契合。至王心斋、王龙溪更专尚气节，讲良知心性，废书不读，使孔孟之学变为清谈，不仅内圣外王之道不明，且使人才华丧尽，进而衍为"无事袖手谈心性，临危一死报君王"的王学风格，把仅有的一层儒者外衣也脱掉了。总之，陆王心学之近禅，较程朱为甚，这一点，史料言之凿凿，学界也早有定评，这里自毋庸赘言。值得指出的是，宋明理学之糅合佛学，特别是禅学，多是在反佛旗号下进行的。从现象上看，他们治学之目的，是欲以《语》《孟》《学》《庸》来对抗佛学，但由于理学家们多涉足释教，出入佛、老，受隋唐之后注重心性的佛性理论的影响，他们往往把儒家的伦理哲学进一步归结为修心养性的学问，从而使得宋明理学成为一种与注重明心见性之禅宗佛性理论相为表里的心性之学。本来作为佛教批判者的宋明理学家，结果变成一批批判的佛学者，而原为佛学对立面的儒家伦理哲学，结果也变成一种披上儒学外衣的禅学。

关于理学与禅学乃至整个佛学的相互关系问题，后儒近人多有评述，他们或目理学为"儒表佛里"，或称心学为"阳儒阴释"，有人则直言没有佛学则没有宋明理学。周予同曰："吾人如谓无佛学，即无宋学，绝非虚诞之论。宋学之所号召者，曰儒学，而其所以号召者，实为佛学。"梁启超则明确主张理学是儒表佛里。明清之际的思想家王夫之也指责王学为"阳儒阴释"。顾炎武则说："今之所谓理学家，禅学也。"明儒黄绾初宗程朱,后转师王守仁,他深知理学之底蕴及其传授秘密,后反戈一击曰:"宋儒之学,其入门皆由禅也。"凡此诸说,都表明前人已认识到并明确指出,理学是一种儒化了的佛学。我们在这里所做的,是进一步指出这种被儒化了的佛学的具体内容,乃是隋唐时期那种已被中国化了的以注重心性为主要特征的中土佛性论。

至此,我们轮廓地描绘了佛性理论在中土的迁流衍变及其发展过程:一方面,由于受到中国社会的经济政治制度、思想文化传统和民族心理习惯的影响,印度佛性理论自传入中土之日起,就走上了逐步中国化的道路;另一方面,这种被中国化了的佛性理论又反过来影响中国的传统思想文化,并与之相融合,形成儒、释、道三教合一的、以心性义理为纲骨的宋明理学。当然,宋明理学的产生,若从根本处立言,与其说是受中土佛性理论的影响、与中土佛性理论相融合的结果,毋宁说是时代的产物。至于宋明理学产生的时代背景与社会历史根据问题,由于已不属本文的研究范围,留待以后有机会再作探讨。

主要参考文献

一、古典文献

(一) 印度佛教典籍

《佛说四谛经》 一卷 东汉 安世高译

《八大人觉经》 一卷 东汉 安世高译

《佛说诸法本经》 一卷 三国 支谦译

《大般涅槃经》 四十卷 北凉 昙无谶译

《金光明经》 四卷 北凉 昙无谶译

《佛说不增不减经》 一卷 北魏 菩提流支译

《涅槃论》 一卷 北魏 达磨菩提译

《入楞伽经》 十卷 北魏 菩提流支译

《唯识论》 一卷 北魏 瞿昙般若流支译

《究竟一乘宝性论》 四卷 北魏 勒那摩提译

《长阿含经》 二十二卷 后秦 佛陀耶舍共竺佛念译

《百论》 二卷 后秦 鸠摩罗什译

《金刚经》 一卷 后秦 鸠摩罗什译

《梵网经》 二卷 后秦 鸠摩罗什译

《佛垂般涅槃略说教诫经》 一卷 后秦 鸠摩罗什译

《佛说弥勒下生经》 一卷 后秦 鸠摩罗什译

《妙法莲华经》 七卷 后秦 鸠摩罗什译

《摩诃般若波罗蜜经》 二十七卷 后秦 鸠摩罗什译

《十二门论》 一卷 后秦 鸠摩罗什译

《维摩诘所说经》 三卷 后秦 鸠摩罗什译

《中论》 四卷 后秦 鸠摩罗什译

"净土四经" 五卷 后秦 鸠摩罗什等译

《大方等如来藏经》 一卷 东晋 佛陀跋陀罗译

《佛说观弥勒上生经》 一卷 南朝宋 沮渠京声译

《胜鬘经》 一卷 南朝宋 求耶跋陀罗译

《百喻经》 二卷 南朝齐 求那毗地译

《大乘唯识论》 一卷 南朝陈 真谛译

《佛说无上依经》 二卷 南朝陈 真谛译

《佛性论》 四卷 南朝陈 真谛译

《大乘起信论》 一卷 南朝陈 真谛译

《金刚般若论》 二卷 隋 达磨笈多译

《大日经》 七卷 唐 善无畏等译

《大方广佛华严经》 八十卷 唐 实叉难陀译

《唯识三十论颂》 一卷 唐 玄奘译

《成唯识论》 十卷 唐 玄奘译

《因明正理门论本》 一卷 唐 玄奘译

《摄大乘论》 三卷 唐 玄奘译

《佛地经》 一卷 唐 玄奘译

《大乘五蕴论》 一卷 唐 玄奘译

《大乘百法明门论》 一卷 唐 玄奘译

《解深密经》 五卷 唐 玄奘译

《大佛顶首楞严经》 十卷 唐 般刺密帝译

《大乘庄严经论》 三卷 唐 波罗颇蜜多罗译

《大乘入楞伽经》 七卷 唐 实叉难陀译

《地藏菩萨本愿经》 三卷 唐 实叉难陀译

《药师本愿经》 二卷 唐 义净译

（二）中国佛教典籍及古代文献

《注维摩诘经》（选读）　后秦　僧肇撰

《肇论》　一卷　后秦　僧肇撰

《世说新语》　南朝宋　刘义庆撰

《弘明集》　十四卷　南朝梁　僧祐编

《魏书》　北齐　魏收撰

《观音玄义》　二卷　隋　智顗撰

《妙法莲华经玄义》　二十卷　隋　智顗撰

《妙法莲华经文句》　二十卷　隋　智顗撰

《摩诃止观》　二十卷　隋　智顗撰

《大乘玄论》　五卷　隋　吉藏撰

《法华游意》　一卷　隋　吉藏撰

《涅槃经游意》　一卷　隋　吉藏撰

《三论玄义》　一卷　隋　吉藏撰

《法华宗要》　一卷　唐　元晓撰

《涅槃宗要》　一卷　唐　元晓撰

《止观大意》　一卷　唐　湛然撰

《广弘明集》　三十卷　唐　道宣编

《成唯识论掌中枢要》　四卷　唐　窥基撰

《大唐西域记》　十二卷　唐　玄奘、辩机撰

《释迦方志》　二卷　唐　道宣撰

《隋书》　唐　魏徵撰

《景德传灯录》（选读）　宋　道原集

《五灯会元》（选读）　宋　普济编

《天台传佛心印记》　一卷　元　怀则撰

二、现代文献

邓之诚:《中华二千年史》（卷一、二、三），中华书局，1956 年。

丁福保编:《佛学指南》,青莲出版社,1916 年。

杜而未:《中国古代宗教研究》,台湾学生书局,1977 年。

杜而未:《中国古代宗教系统》,台湾学生书局,1977 年。

范文澜:《中国通史简编》(第二、三编),人民出版社,1965 年。

范文澜:《唐代佛教》,人民出版社,1979 年。

方立天:《魏晋南北朝佛教论丛》,中华书局,1982 年。

方立天校释:《华严金狮子章校释》,中华书局,1983 年。

方伦:《净土宗概论》,台北大乘文化出版社,1978 年。

郭朋:《隋唐佛教》,齐鲁书社,1981 年。

郭朋:《宋元佛教》,福建人民出版社,1981 年。

郭朋:《明清佛教》,福建人民出版社,1982 年。

郭朋:《〈坛经〉校勘》,齐鲁书社,1981 年。

韩国磐:《魏晋南北朝史纲》,人民出版社,1983 年。

韩国磐:《隋唐五代史纲》,人民出版社,1977 年。

侯外庐主编:《中国思想通史》(第三、四卷),人民出版社,1957 年。

黄忏华:《佛学概论》,商务印书馆,1935 年。

黄心川:《印度佛教哲学》,中国社会科学出版社,1979 年。

蒋维乔:《中国佛教史》,商务印书馆,1935 年。

吕澂:《印度佛学源流略讲》,上海人民出版社,1979 年。

卿希泰:《中国道教思想史纲》,四川人民出版社,1980 年。

任继愈:《汉唐佛教思想论集》,人民出版社,1973 年。

任继愈主编:《中国佛教史》(第一卷),中国社会科学出版社,1985 年。

圣严编述:《印度佛教史》,福建莆田广化寺,1986 年。

石峻等编:《中国佛教思想资料选编》,中华书局,1983 年。

孙叔平:《中国哲学史稿》,上海人民出版社,1981 年。

汤用彤:《汉魏两晋南北朝佛教史》,中华书局,1983 年。

汤用彤:《隋唐佛教史稿》,中华书局,1982 年。

汤用彤:《汤用彤学术论文集》,中华书局,1983 年。

唐君毅:《中国哲学原论》,新亚研究所,1974 年。

王治心:《中国古代思想史大纲》,东方出版社,1931 年。

问桥居士:《入佛问答》,扬州藏经院,1914 年。

印顺:《如来藏之研究》,台北正闻出版社,1982 年。

张曼涛编:《现代佛教学术思想研究丛刊》(选读),台北大乘文化出版社,1978 年。

〔英〕查尔斯·埃尔奥特:《印度教与佛教史纲》(第一卷),商务印书馆,1982 年。

〔英〕迈格文:《佛家哲学通论》,商务印书馆,1933 年。

〔德〕费尔巴哈:《宗教的本质》(选读),商务印书馆,1959 年。

〔德〕费尔巴哈:《基督教的本质》(选读),商务印书馆,1984 年。

〔德〕黑格尔:《哲学史讲演录》(第一卷),商务印书馆,1981 年。

〔德〕黑格尔:《小逻辑》,商务印书馆,1981 年。

〔法〕梅叶:《遗书》(选读),商务印书馆,1959 年。

〔俄〕普列汉诺夫:《论一元论历史观之发展》,生活·读书·新知三联书店,
    1961 年。

〔日〕柏木弘雄:《本觉と始觉》,东京春秋社,1982 年。

〔日〕常盘大定:《仏性の研究》,东京丙午出版社,1930 年。

〔日〕高崎直道:《如来藏·仏性思想》,京都法藏馆,1988 年。

〔日〕高崎直道:《如来藏思想の历史と文献》,京都法藏馆,1988 年。

〔日〕河村孝照:《仏性·一阐提》,东京春秋社,1982 年。

〔日〕平川彰等:《讲座·大乘仏教·如来藏思想》,东京春秋社,1982 年。

〔日〕小野清秀:《佛教哲学》,商务印书馆,1925 年。

〔日〕月轮贤隆:《佛性について》,东京大藏出版社,1967 年。

1988 年上海版后记

　　《中国佛性论》是在我的导师任继愈先生指导下完成的博士论文。在写作过程中，任先生对论文的逻辑构架及如何体现佛教中国化等问题示教再三；初稿成编后，先生又审读全文，订正舛谬，裨补疏遗，用力甚巨，使我获益良多，感激至深。值此拙著付梓之际，对先生的辛勤栽培，谨表衷心的感谢。

　　南京大学孙叔平教授对我的专业学习及论文写作曾给予十分宝贵的指导。孙先生因心脏病猝发，不幸于 1983 年逝世。现博士论文出版了，愿把它作为一束小花，奉献给先生的在天之灵。

　　在论文写作过程中，北京大学和中国人民大学的张岱年教授、石峻教授、楼宇烈教授、方立天教授，中国社会科学院世界宗教研究所的孔繁研究员、杜继文研究员、郭朋研究员、余敦康研究员、杨曾文副研究员、牟钟鉴副研究员等亦曾多所赐教，使我得益匪浅，在此顺向诸师长致以真挚的谢意。

　　最后，"文化：中国与世界丛书"编委会诸君及上海人民出版社对拙著的出版给予了热情的帮助，借此谨致深切的谢忱。

赖永海

1986 年 12 月于紫金山麓

跋

　　1988年在上海人民出版社出版的《中国佛性论》，首次印刷2万册，1990年市面上即告脱销。近几年来，或有报考博士生、硕士生者来信求购是书，或有学界朋友指名索求该书，无奈自1992年后，我手头就仅存一册，因此不管他们是否确实是出于"诚心"或"急用"，我都只好道一声"对不起"，只是在每次回信之后，心里总有些许歉疚之意。今有中国青年出版社同意再版该书，此举于出版社是祸是福不得而知——因为出版学术专著与赚钱通常很难兼得——但愿不至于让出版社赔本！对我而言，自是件幸事：一者可借此机会，重读旧作，梳理一下十几年来自己的学思历程，这对日后的研究也许会有所启发和助益；二是可趁再版之便，订正书中某些错讹，力求使新版的错漏尽可能少一些，以期对得起喜欢它的读者们。

　　近十年来，佛性论问题得到学术界的相当关注和重视，这是件令人欣慰的事。所谓佛性，亦即众生觉悟之因、众生成佛的可能性，对于信仰者来说，这无疑是头顶重要的事；而所谓佛性论，则是关于佛性的思想、学说或理论，进一步说，它是研究众生有没有佛性、能不能成佛、怎样才能成佛等问题的。既然佛教的最终目标是成佛，佛性理论自然成为一切佛教思想的中心或核心。就此而论，佛性理论之得到信仰者和研究者的双重关注，应是件十分自然和理所应当的事。

　　从佛教与中国传统文化的相互关系说，研究中国佛教的佛性理论，对于探讨儒释道三教相互关系、理解佛教中国化等问题亦颇有助益。

佛教传入中国后,就逐渐走上中国化的道路,这是一个不争的事实。但是,佛教究竟是如何被中国化的,它主要表现在哪些方面?对此,人们可以在中国佛性论里找到答案。如果从学理层面上说,所谓佛教的中国化,实际上就是佛性理论的儒学化,或者更准确点说,就是佛性理论的心性化、人性化。至于佛教对中国传统哲学的影响,在某种程度上又可以把它归结为佛性本体思想对传统儒学的影响。如果说,宋明理学是中国古代哲学发展的一个新的阶段,那么,作为理学精髓的"心性义理之学",其理论内涵则是被心性化、人性化了的佛性理论和被本体化了的传统儒家的心性、人性学说。

当然,强调佛性论在中国佛教中的核心地位,丝毫不否定其他问题的重要性,正如任继愈先生在本书的序言中所指出的:"佛性论"无疑是中国佛教的一个十分重要的范畴,但中国佛教的重要范畴不止"佛性论"一个,其他如"缘起论""解脱论""因果观"等等也都是中国佛教思想的重要组成部分,都需要人们不断加以深入的研究。现在我的一批博士生正致力于"佛教心性论""佛教缘起论""佛教解脱论"的研究,有理由相信,经过一代又一代学人的不断努力,中国佛教研究定会呈现新人辈出、后浪推前浪的喜人局面。

赖永海

1998 年 5 月于南京大学南秀村